2024年度河北省哲学社会科学学术著作出版资助
河北经贸大学学术著作出版基金资助
京津冀协同发展河北省协同创新中心资助
国家社会科学基金项目研究成果

王丽 ◎ 著

京津冀协同创新中地方财政策略性互动研究

中国社会科学出版社

图书在版编目（CIP）数据

京津冀协同创新中地方财政策略性互动研究／王丽著.--北京：中国社会科学出版社，2024.12.
ISBN 978-7-5227-4493-3

Ⅰ.F812.72

中国国家版本馆CIP数据核字第202425H7N4号

出 版 人	赵剑英
责任编辑	王　曦
责任校对	殷文静
责任印制	戴　宽

出　　版	中国社会科学出版社
社　　址	北京鼓楼西大街甲158号
邮　　编	100720
网　　址	http：//www.csspw.cn
发 行 部	010-84083685
门 市 部	010-84029450
经　　销	新华书店及其他书店

印刷装订	北京君升印刷有限公司
版　　次	2024年12月第1版
印　　次	2024年12月第1次印刷

开　本	710×1000　1/16
印　张	16.25
字　数	261千字
定　价	89.00元

凡购买中国社会科学出版社图书，如有质量问题请与本社营销中心联系调换
电话：010-84083683
版权所有　侵权必究

前　　言

区域协同发展作为一项至关重要的国家战略，其核心目标在于全面推动国家经济社会的进步。该战略通过促进生产要素的自由流动与高效配置，实现了区域内各地区间的优势互补与互利共赢。这一战略的实施，不仅显著增强了区域的整体竞争力，还加速了产业升级和转型的步伐，有力促进了区域经济的高质量发展。这一进程不仅逐步缩小了区域内的发展差距，还稳步提升了民众的生活水平。京津冀协同发展，作为一项国家级战略，其核心聚焦疏解北京非首都功能及缓解"大城市病"，以此为基本立足点，通过优化城市布局与空间结构，驱动区域经济向高质量发展迈进。历经十年实践，该战略已取得显著成效，京津冀区域凭借其得天独厚的地理位置、丰富的资源储备及深邃的文化积淀，已然成为推动中国经济前行的关键力量。鉴于创新是引领发展的核心引擎，实现高质量发展必由之路在于创新驱动，京津冀区域高质量发展的内在动力无疑根植于协同创新之中。通过促进创新主体间的深度融合与互补，能够不断激发新的经济增长点，保障区域经济增长动力的持久性。这种协同创新模式，不仅为京津冀自身的高质量发展注入了强劲动力，也为更广泛区域的发展提供了持久且强大的支撑。本书综合运用理论分析、实证研究和案例分析等多种方法，力求全面而深入地探讨地方财政在促进京津冀协同创新中的作用机制及其效果。书中既包含了经济协同创新层面的分析，也涉及社会协同层面的研究，以期为读者提供一个多维度的观察视角。

本书的内容安排如下：

第一章：绪论。对研究主题的研究背景、研究意义进行梳理，并基于地方政府间财政互动研究、京津冀协同创新研究、京津冀地方政府间财政互动研究等几个方面的国内外文献观点和方法总结，找寻研究主要切入点，并对本书的研究思路、研究内容和研究方法进行了整体性的设计和安排。第二章：区域协同创新、政府治理及地方财政基本关系分析。依托创新的基本内涵，提出区域内的协同创新既包括区域经济协同创新，又包括区域社会协同创新，并匹配以区域非均衡发展理论、优势演化理论以及经济增长理论，阐释了区域协同创新的内在逻辑机理；以财政分权理论为理论起点，运用最基本的政府效率与公平理论，并辅以与地方政府决策密切相关的博弈理论，从财政分权体制下的地方财政竞争以及地方财政竞争中的协调与合作递进剖析和归纳地方财政的策略性互动基础理论，并进而探究协同创新背景下地方政府间财政策略性互动的作用机理。第三章：京津冀协同创新中地方财政互动的演化历程考察。基于京津冀区域形成过程的梳理以及京津冀功能定位的介绍，总结京津冀协同发展中的经济协同成果和社会协同成果，归纳京津冀区域内的地方财政互动演化历程，经济协同创新与社会协同创新的必要性。第四章：京津冀经济协同创新维度下的地方财政竞争性互动研究。以京津冀协同创新的经济发展视角为切入点，引入空间地理因素，通过构建多层次经济协同创新和地方财政竞争性互动评价指标体系，运用熵值评价法，以及空间计量方法，对京津冀协同创新中的地方财政互动性进行综合评价，深入考察京津冀经济领域的协同创新水平以及评估各辖区间的地方财政互动性效果。第五章：京津冀社会协同创新维度下的地方财政合作性互动研究。采用熵值法构建地方财政合作性互动评价指标体系，运用空间计量方法对京津冀协同创新中财政互动性进行综合评价，深入考察京津冀社会领域的协同创新水平以及评估各辖区间的地方财政互动性效果，探究合作性互动对于京津冀社会协同创新的影响程度。第六章：京津冀协同创新背景下地方财政策略性互动面临的难点。从制度内和制度外两个角度，深度剖析京津冀协同创新进程中，实现地方政府间财政策略性互动所存在的现实困难以及面临的众多阻碍。第七章：国内外区域协同创新的财税政策经验借鉴。对国外东京都市圈、伦敦都市圈、纽约都市圈以及国内长三角、珠三角、粤港澳大湾区三个重点区域，以及广东深圳和上海浦东两个重点新区创新发展情况以及财税政策进行梳理和介绍。第八章：促进京津冀协同创新的地方财政策略性互动机制设计。基于"注重顶层设计规划，增强区域发展 OKR 原则""行政区划相对稳定，加强经济区划作用原则""尊重地方利益诉求，实现区域利益最大化原则""打破系统滞后效应，创新要素优先储备原则"的策略原则，从促进地方政府财政策略性互动的角度出发，从制度内和制度外两个视角对策略性互动机制构建思路进行了设计。

尽管本书的研究取得了一定的突破，但限于研究条件、研究方法以及笔者本身学识、能力的原因，仍存在若干缺陷和不足，笔者有志在以后的研究中再接再厉。需要特别说明的是，本书的研究成果是建立在国家社科基金一般项目《促进京津冀协同创新的地方政府间财政策略性互动机制研究》（17BJY162）的基础上系统化并修改完成的，感谢河北省哲学社会科学学术著作出版资助，感谢河北经贸大学学术著作出版基金的资助、感谢京津冀协同发展河北省协同创新中心研究成果出版资助。本书的编撰过程中，得到了来自多个领域专家学者的大力支持，特别感谢王晓洁教授、辛冲冲博士对本书的贡献。此外，本书第七章是由笔者指导杜莹、郭琰硕、高梦菲、胡楷、潘春洋等几位硕士研究生完成。在此，感谢杜莹、郭琰硕、高梦菲、胡楷、潘春洋、杨璇等对于本书的努力付出。

王　丽

2024 年 3 月

目　　录

第一章　绪论 ………………………………………………………… 1
　　第一节　研究背景及意义 ……………………………………………… 1
　　第二节　研究框架 ……………………………………………………… 10

第二章　区域协同创新、政府治理及地方财政基本关系分析 ……… 16
　　第一节　区域协同创新的理论依据 …………………………………… 16
　　第二节　政府治理的理论依据 ………………………………………… 31
　　第三节　政府间财政互动的理论依据 ………………………………… 42
　　第四节　地方政府间财政互动对区域协同创新的影响机理 ……… 50

第三章　京津冀协同创新中地方财政互动的演化历程考察 ………… 54
　　第一节　京津冀区域的形成及功能定位 ……………………………… 54
　　第二节　京津冀协同成果及区域内的地方财政互动 ………………… 63
　　第三节　京津冀协同中的经济协同创新需求和社会协同
　　　　　　创新需求分析 ………………………………………………… 79

第四章　京津冀经济协同创新维度下的地方财政竞争性互动研究 …… 84
　　第一节　论证逻辑 ……………………………………………………… 84
　　第二节　指标体系构建 ………………………………………………… 88
　　第三节　京津冀经济协同创新中地方财政竞争性互动
　　　　　　关系检验 ……………………………………………………… 102

第五章　京津冀社会协同创新维度下的地方财政合作性
　　　　互动研究……………………………………………………… 115
　　第一节　京津冀社会协同创新中的地方财政合作性
　　　　　　互动评价……………………………………………… 116
　　第二节　京津冀社会协同创新中地方财政治理效果的
　　　　　　案例检验……………………………………………… 135

第六章　京津冀协同创新背景下地方财政策略性互动
　　　　面临的难点……………………………………………………… 158
　　第一节　制度内难点……………………………………………… 158
　　第二节　制度外难点……………………………………………… 168

第七章　国内外区域协同创新的财税政策经验借鉴…………………… 178
　　第一节　国外区域协同创新的财税政策………………………… 178
　　第二节　国内区域协同创新的财税政策………………………… 190
　　第三节　国内重点新区协同创新的财税政策…………………… 200
　　第四节　区域协同创新的财税政策经验借鉴…………………… 213

第八章　促进京津冀协同创新的地方财政策略性互动机制设计…… 215
　　第一节　京津冀地方财政策略性互动机制设计原则…………… 215
　　第二节　京津冀地方财政策略性互动机制设计思路…………… 221

参考文献……………………………………………………………………… 240

第一章 绪论

第一节 研究背景及意义

一 研究背景

自20世纪90年代以来，随着中国改革开放的不断深入和经济的快速发展，区域空间内的经济、社会和生态等各种要素开始发生深刻的结构性变革。这些要素在地域上的重新组合和配置，打破了原有的孤立和分散状态，逐步形成城市群、经济带、经济圈等全新的社会经济空间协同创新形态[1]，区域高质量发展更被视为中国区域发展的高级状态[2]。2022年10月16日党的二十大报告《高举中国特色社会主义伟大旗帜 为全面建设社会主义现代化国家而团结奋斗》在"加快构建新发展格局，着力推动高质量发展"部分，指出要"深入实施区域协调发展战略、区域重大战略、主体功能区战略、新型城镇化战略，优化重大生产力布局，构建优势互补、高质量发展的区域经济布局和国土空间体系"。

区域协同已成为推进区域城市化进程和建设和谐社会的不可或缺的要求[3][4]，在区域协同发展的进程中，地方政府作为关键的行为主体，

---

[1] 王丽：《区域协同的财政路径选择——从财政竞争走向财政合作》，《学术论坛》2018年第3期。

[2] 孙久文、叶裕民编著：《区域经济学教程》（第三版），中国人民大学出版社2020年版。

[3] Krueger, Robert W. Walker and Ethan Bernickz, "The Intergovernmental Context of Alternative Service Delivery Choices", *Journal of Federalism*, 2011, Vol. 41, No. 4.

[4] 李国平、陈红霞等：《协调发展与区域治理：京津冀地区的实践》，北京大学出版社2012年版。

其地方财政在财税政策制定、资金筹措以及资金分配等方面拥有显著的调节和支配能力。这种能力使得地方财政在促进区域内各辖区间的协作，以及加速实现区域协同目标上发挥着重要的推动作用。但各辖区在追求自身地方政府利益和地方财政利益等"单体利益"时，往往会表现出一定的资源竞争和财政竞争。虽然在资源有限的背景下，竞争能激发各个辖区的经济和社会发展活力，从而提升"单体"的发展速度。然而，当视角转向区域发展时，区域内各辖区对于"单体利益"的过分专注与追求，可能会成为制约区域整体利益长期、健康发展的障碍。因此，在促进区域协同发展的框架下，需要平衡单体利益与整体利益，加强各辖区间的沟通和协作，建立有效的利益共享和补偿机制等，通过优化财税政策、创新资金筹措和分配方式等手段，发挥地方财政在区域协同发展中的积极作用，推动区域内各辖区间的互利共赢和整体区域的协同发展，实现区域的可持续与和谐发展。

创新是引领发展的第一动力，实施创新驱动是实现高质量发展的必由之路，区域高质量发展的核心驱动力无疑也在于协同创新。区域内的协同创新旨在促进创新主体间的深度融合与优势互补，以激发区域内新的经济增长点，确保经济增长动能的持续性与稳定性。具体而言，协同创新可以通过打破地域界限，促进知识、技术、人才等创新要素的自由流动与高效配置，为区域经济发展注入新的活力。

鉴于京津冀协同发展已提升至国家战略高度，深化此进程的关键在于直面并调节各辖区间的竞争关系。为此，强化京津冀区域内沟通合作、构建高效的利益共享与协调机制显得尤为重要，以确保各辖区在谋求自身"单体"发展的同时，能够兼顾并助力京津冀整体战略目标的实现。由此，京津冀各地方政府可以积极运用财税政策、资金筹措与分配等手段进行宏观调控与引导，形成更加高效的协同创新模式，促进京津冀区域内资源的进一步优化配置与更好利用，促使协同创新成为驱动区域高质量发展的持续引擎，为区域经济社会全面进步注入强劲动能，为京津冀协同发展战略的顺利实施奠定坚实基础。

为了有效发挥地方财政在区域协同创新中的推动作用，本书以京津冀区域为例，深入探讨了如何理顺各辖区与区域整体的利益关系，以及构建地方政府间策略性互动机制的重要性。本书聚焦通过协同且有序的地方财政竞争，以及构建制度化的合作机制，来推动地方政府间的积极互动，旨在既促进地方财政间的竞争性互动，激发各辖区的经济社会发展活力，又加强合作性互动，凝聚区域发展的整体力量，从而加快京津冀一体化的进程。本书试图设计一系列高效的策略性互动机制，以期充分发挥地方财政对区域协同创新发展的引领与支撑作用，从而优化区域资源配置，提升经济社会发展的综合效益，实现区域经济的协同增长与社会的共同创新，为京津冀区域的持续健康发展提供助力，也为全国其他区域的协同发展提供有益的参考和启示。

二 研究意义

通过文献资料分析以及实际调研，本书实证分析京津冀经济协同和社会协同维度下地方政府间财政策略性互动的诉求以及作用，基于对促进京津冀协同创新的需求，在借鉴国内区域协同创新财税经验的基础上，设计一套地方财政策略性互动机制。本书不仅能够丰富区域协同创新理论与地方政府间财政关系的学术体系，而且能够为京津冀乃至更广泛区域的协同创新提供实践指导和策略建议，促进地方政府间财政关系的优化协调，全方位支持京津冀协同创新，加速京津冀一体化目标的实现，最终实现区域整体的创新能力提升与经济社会可持续发展。本书对于促进京津冀协同创新的有效实现以及其他区域的创新发展具有重要的理论意义和现实意义。

（一）理论意义

理论上，深入的研究对于提升和完善区域财政理论具有重要意义。在当前中国区域协同创新的背景下，地方政府间的关系协调与财政策略性互动显得尤为重要。本书从财政利益协调的独特视角切入，创新性地构建了一个研究地方政府间关系的全新逻辑框架。这一框架不仅聚焦"辖区政府间的利益协调"以及政府行为博弈等核心问题，还致力于探索如何构建系统化的地方财政策略性互动机制。通过研究，将有助于更加深入地理解地方政府在区域协同创新中的角色定位、行为逻辑与策略选择。同时，通过研究还能够有效完善我们对地方政府间关系的认知，进一步丰富区域财政理论，为政府公共管理实践提供新的理论支撑。此外，本书还有助于创新地方政府间以及地方财政间的相处模式，推动形成更加和谐、高效、共赢的区域发展格局,不仅是对现有区域财政理论的有益补充,更为中国区域协同创新的深入发展提供了新的理论视角和实践指导,希冀为推动中国地方政府间关系的优化协调、促进区域整体创新能力提升与经济社会可持续发展贡献智慧和力量。

(二)现实意义

本书的研究对于加速京津冀协同创新的有效实现具有显著的推动作用。以京津冀这一中国重要的经济增长极和城市群为研究对象,运用丰富的区域资料和数据,深入剖析协同创新中的地方财政策略性互动问题,进而科学构建财政互动机制,不仅可以有效促进京津冀区域内各地方政府间的良性互动和合作,还能够推动创新资源的优化配置和高效利用,从而加速京津冀协同创新的进程。更为重要的是,京津冀区域作为中国区域发展的杰出代表,其协同创新的经验和模式对于其他区域具有重要的示范和引领作用。因此,本书成果不仅直接助力于京津冀区域的创新发展,还将为中国其他区域的协同创新提供宝贵的借鉴和参考。通过学习和借鉴京津冀协同创新的成功经验,其他区域可以更加高效地推动自身的创新发展,进而形成全国范围内协同创新的良好格局。

三 研究文献综述

(一)关于政府间财政互动的研究

随着经济和社会的发展,在优质资源有限的前置条件下,经济发展过程中的区域竞争问题、地方政府间竞争问题,甚至地方财政竞争问题愈发凸显。有学者指出地方保护主义、重复建设等问题均是基于此而发生和造成的恶性竞争、无序竞争[1]。但区域竞争、地方政府竞争与地方财政竞争的内涵存在明显的差异。其中区域竞争是指不同区域在市场竞争过程中对各种资源和市场的争夺,从而形成的区域综合能力的差异化,即不同的区域竞争力[2]。而地方政府竞争是不同地区地方政府为增加或者改善本地区公共产品、公共服务,需要吸引企业及资本、人才等生产要素进入本地区,而在投资环境、法律制度环境、政府政策环境等

---

[1] 姚先国、谢晓波:《长三角经济一体化中的地方政府竞争行为分析》,《中共浙江省委党校学报》2004年第3期。
[2] 魏后凯、吴利学:《中国地区工业竞争力评价》,《中国工业经济》2002年第11期。

方面与其他地方政府之间开展的竞争性活动和行为[1]。

首先,关于地方政府间的财政竞争问题。地方财政竞争是指地方政府间为增强本地区的经济实力、提高本地区的社会经济福利,以财政为手段进行的各种争夺经济资源的活动,具体表现为支出竞争和税收竞争[2]。Besley 和 Case[3]、Breton[4] 以及 Pantelis[5] 等都曾指出地方政府已经演化成为地方经济发展的利益主体,作为经济管理者、竞争者以及经济干预者,区域内各辖区间具有明显的空间依赖性。这一观点也得到了 Wilson[6]、Bel 等[7] 以及崔民选与阎志[8]等研究的支持。在这种背景下,为了吸引各种优质资源,诸如人才和资本,各级地方政府间往往存在竞争关系。这种竞争表现在多个层面,包括税收竞争、财政竞争以及标尺竞争等。在税收竞争方面,Brueckner 等[9]、沈坤荣和付文林[10]、李永友和沈坤荣[11]等学者通过深入研究,揭示了地方政府通过调整税收政策来吸引资源的策略;在财政竞争方面,Salmon[12]、吴俊

---

[1] 刘汉屏、刘锡田:《地方政府竞争:分权、公共物品与制度创新》,《改革》2003 年第 6 期。

[2] 钟晓敏:《市场化改革中的地方财政竞争》,《财经研究》2004 年第 1 期。

[3] Besley T. and Case A., "Incumbent Behaviour: Vote Seeking, Tax Setting and Yardstick Competition", *American Economic Review*, Vol. 85, No. 1, 1995.

[4] Breton, *A Competitive Governments: An Economic Theory of Politics and Public Finance*, Cambridge: Cambridge University of Press, 1998.

[5] Pantelis K., "Strategic Fiscal Interaction among OECD Countries", *Public Choice*, Vol. 147, No. 3, 2011.

[6] Wilson J. D., "Capital Mobility and Environmental Standards: Is There a Theoretical Basis for the Race to the Bottom?", *Economic Analysis*, Vol. 1, 1996.

[7] Bel G. and Warnerb M. E., "Factors Explaining Inter-Municipal Cooperation in Service Delivery: A Meta-Regression Analysis", *Public Management Research Association Conference*, WI, 2013-6-22.

[8] 崔民选、阎志:《基于供给侧结构性改革的京津冀空间发展战略研究》,《区域经济评论》2016 年第 5 期。

[9] Brueckner J. K. and Saavedra L. A., "Do Local Governments Engage in Strategic Property-Tax Competition?", *National Tax Journal*, Vol. 54, No. 2, 2000.

[10] 沈坤荣、付文林:《税收竞争、地区博弈及其增长绩效》,《经济研究》2006 年第 6 期。

[11] 李永友、沈坤荣:《辖区间竞争、策略性财政政策与 FDI 增长绩效的区域特征》,《经济研究》2008 年第 5 期。

[12] Salmon P., "Decentralisation as an Incentive Scheme", *Oxford Review of Economic Policy*, Vol. 3, No. 2, 1987.

培和王宝顺①等探讨了地方政府如何利用财政手段进行竞争；在标尺竞争行为方面，郭庆旺和贾俊雪②、张晏等③、张梁梁等④研究揭示了地方政府间通过比较和模仿彼此的政策和行为来争取优势的现象。地方政府在面对这些竞争行为时，需进行策略性的博弈与权衡，旨在实现自身利益的最大化。而此类博弈不仅深刻影响着地方政府间的关系，而且对区域经济发展及资源配置产生了长远的效应。

其次，关于地方政府间的财政合作问题。20世纪50年代以来，学者从公共产品及公共事务的角度出发，对地方政府之间的财政合作进行了深入探讨。Ostron⑤依托多中心治理理论，对地方政府间财政合作的议题进行了独到剖析；而Briffault⑥则深入探讨了因地理接壤所诱发的政府间竞争、财税差异及溢出效应等问题。成为杰⑦借助系统耦合理论，深刻揭示了地方政府财政合作的内在逻辑，为推进此类合作奠定了坚实的理论基础。学者普遍认为，地方政府间的财政合作是驱动区域协同发展、促进资源共享与优化配置的关键路径，可以通过多维度施策，以促进地方政府财政合作。首先，合理配置与运用公共权力，以保障各区域在合作中能各展所长、积极参与；其次，实施针对性的横向财政转移支付制度，作为实现合作的关键手段；最后，构建多元主体间的利益协调机制亦不可或缺。

（二）关于京津冀协同创新的研究

京津冀协同发展上升为国家战略已历经十载，这一战略在过去十年中取得了重大成效，相关的研究也呈现出井喷式的增长态势。学者从多

---

① 吴俊培、王宝顺：《我国省际间税收竞争的实证研究》，《当代财经》2012年第4期。
② 郭庆旺、贾俊雪：《地方政府行为、投资冲动与宏观经济稳定》，《管理世界》2006年第5期。
③ 张晏、夏纪军、张文瑾：《自上而下的标尺竞争与中国省级政府公共支出溢出效应差异》，《浙江社会科学》2010年第12期。
④ 张梁梁、杨俊、罗鉴益：《财政分权视角下地方政府科技支出的标尺竞争——基于265个地级市的实证研究》，《当代财经》2016年第4期。
⑤ Ostron E., *Governing the Commons: The Evolution of Institutions for Collective Action*, Cambridge: Cambridge University Press, 1990.
⑥ Briffault R., "The Local Government Boundary Problem in Metropolitan Areas", *Stanford Law Review*, Vol. 48, No. 5, 1996.
⑦ 成为杰：《区域合作的系统耦合模型及现实分析》，《华北电力大学学报》（社会科学版）2011年第6期。

个角度深入探讨了京津冀协同创新的内涵、机制、路径以及面临的挑战和机遇,为推动该区域的创新发展提供了有力的理论支撑和实践指导。这些研究不仅丰富了协同创新的理论体系,也为京津冀乃至更广泛地区的创新发展贡献了宝贵的经验与启示。

京津冀区域地域相连、文化相近,具有显著的地域完整性和人文亲缘性[1][2]特征,协同创新的纵深进程仍旧面临重重挑战。京津冀三地之间长期存在的生产要素竞争问题[3]以及明显的发展差距[4][5][6]一定程度上制约了协同创新的纵向推进速度和效果。如京津两地对河北省创新资源的虹吸效应[7],以及北京技术转移在全国范围内的"跳跃式"[8]扩散,凸显了京津冀区域间资源竞争与发展差距的问题。这种协同创新的不均衡不仅体现在京津冀三地间,也显著存在于河北省内部[9]。究其原因,首先,京津冀在经济社会发展上存在显著梯度差异[10],增大了协同创新难度;其次,三地产业同质化与同构化[11]现象依然存在,创新资源要素间的竞争持续不断。此外,京津冀三地政府作为创新主体的能力[12]也存

---

[1] 陆军:《论京津冀城市经济区域的空间扩散运动》,《经济地理》2002年第5期。

[2] 李国平、陈红霞等:《协调发展与区域治理:京津冀地区的实践》,北京大学出版社2012年版。

[3] 连玉明:《试论京津冀协同发展的顶层设计》,《中国特色社会主义研究》2014年第4期。

[4] 孙久文、邓慧慧、叶振宇:《京津冀区域经济一体化及其合作途径探讨》,《首都经济贸易大学学报》2008年第2期。

[5] 刘东生、马海龙:《京津冀区域产业协同发展路径研究》,《未来与发展》2012年第7期。

[6] 杨德勇、岳川、白柠瑞:《基于分形理论模型对京津冀地区农村金融差异的研究》,《中央财经大学学报》2016年第1期。

[7] 户艳领等:《京津冀区域科技创新指数构建及协同度测度研究》,科学出版社2020年版。

[8] 孙瑜康、李国平:《京津冀协同创新水平评价及提升对策研究》,《地理科学进展》2017年第1期。

[9] 鲁继通:《京津冀区域协同创新能力测度与评价——基于复合系统协同度模型》,《科技管理研究》2015年第24期。

[10] 佟林杰:《京津冀区域科技创新协同机制构建研究》,《河北地质大学学报》2017年第4期。

[11] 徐晨:《京津冀区域协同创新面临的挑战与对策》,《北京经济管理职业学院学报》2016年第1期。

[12] 陈诗波、王书华、冶小梅、唐文豪:《京津冀城市群科技协同创新研究》,《中国科技论坛》2015年第7期。

在较大差异，这种差异也会进一步削弱区域协同创新的整体进程和效果。为此，祝尔娟[①]强调要处理好中心城市与所在区域、北京与天津分工合作、经济社会生态协调发展以及市场与政府四大关系；孙久文、原倩[②]则提出构建"扁平化"城市体系和多元化动力机制、一体化要素市场和长效化协调机制的建议；齐子翔[③]进一步提出以合同契约形式设计省际经济利益协调机制，以降低协调成本并激发改革内生动力。

（三）关于京津冀地方政府间财政互动的研究

因政府主导对区域一体化和区域高质量经济发展具有有效性[④]，而区域内财政均等化问题依然显著[⑤]，协同发展理当成为地方政府间财政关系的基本发展态势，协同创新亦应是实现区域高质量发展的必由之路，故财政竞争在协同的引导下最终也必然会走向合作性竞争[⑥]。聚焦京津冀区域协同创新问题，祝尔娟、何晶彦[⑦]通过构建包括协同基础、行动、成效、环境四个方面的协同创新指标体系，对京津冀的协同创新进行了评价。陆军[⑧]重点分析了京津城市经济区域的历史变迁，指出其空间形态决定于区域内城际的经济关联关系。郭园庚[⑨]从空间维度解析了雄安新区与京津冀协同创新的内在联系和共生关系。李忠强等[⑩]以及李亚玲、汪戎[⑪]认为人力资本基尼系数与辖区经济发展之间存在较强的

---

① 祝尔娟：《推进京津冀区域协同发展的思路与重点》，《经济与管理》2014年第3期。
② 孙久文、原倩：《京津冀协同发展战略的比较和演进重点》，《经济社会体制比较》2014年第5期。
③ 齐子翔：《京津冀协同发展机制设计》，社会科学文献出版社2015年版。
④ 陈喜强、邓丽：《政府主导区域一体化战略带动了经济高质量发展吗？——基于产业结构优化视角的考察》，《江西财经大学学报》2019年第1期。
⑤ 马斌、袁硕、申伟宁：《京津冀城市群财政均等化趋势及其空间分布》，《地方财政研究》2019年第6期。
⑥ 段铸、程颖慧：《京津冀协同发展视阈下横向财政转移支付制度构建》，《经营与管理》2014年第11期。
⑦ 祝尔娟、何晶彦：《京津冀协同创新水平测度与提升路径研究》，《河北学刊》2020年第2期。
⑧ 陆军：《论京津冀城市经济区域的空间扩散运动》，《经济地理》2002年第5期。
⑨ 郭园庚：《雄安新区与京津冀协同创新共同体建设的互联共生》，《河北学刊》2018年第4期。
⑩ 李忠强、黄治华、高宇宁：《人力资本、人力资本不平等与地区经济增长：一个实证研究》，《中国人口科学》2005年第S1期。
⑪ 李亚玲、汪戎：《人力资本分布结构与区域经济差距——一项基于中国各地区人力资本基尼系数的实证研究》，《管理世界》2006年第12期。

负相关关系，区域间人力资本不平等性的差异是创新差距的重要原因。赵玉[①]认为自然地理条件恶劣、物质资源缺乏、政府政策的制约、扶持补偿机制的缺位都是造成京津冀创新差异的原因。戴宏伟[②]则认为区域之间的定位失衡是造成京津冀差异的根本原因。如何在京津冀区域内实现创新主体间的深度融合与优势互补？皮建才、赵润之[③]从单边或者多边共同治理的视角论证了共同治理的有效性。王丽[④]系统剖析了地方财政合作与区域协同发展的内部关联关系，揭示出地方财政合作促进区域协同发展的作用机理，并提出地方财政合作制度化路径。孙静等[⑤]利用超效率DEA模型验证了京津冀及其周边地区的大气污染治理效率会受到财政分权及政策协同的影响，并提出不仅要加强中央政府统筹协调力度，还要加强地方政府治理力度的建议。叶堂林和祝尔娟[⑥]、祝尔娟和文魁[⑦]指出可以从利益契合点上来处理区域内关系，从"纾解"北京承载压力和"增强"河北承载压力两方面纵向推进京津冀协同发展。王丽、高玉等学者提出可以通过建立京津冀预算协调机制[⑧]、探索产值比例分享的税收协调机制[⑨]、建立合作发展基金[⑩][⑪]、完善横向转移支付制度[⑫]等措

[①] 赵玉：《对环京津贫困带的扶持补偿机制研究》，《经济问题探索》2008年第3期。

[②] 戴宏伟：《区域欲协调必先协作》，《中国社会科学报》2011年5月26日。

[③] 皮建才、赵润之：《京津冀协同发展中的环境治理：单边治理与共同治理的比较》，《经济评论》2017年第5期。

[④] 王丽：《区域协同的财政路径选择——从财政竞争走向财政合作》，《学术论坛》2018年第3期。

[⑤] 孙静、马海涛、王红梅：《财政分权、政策协同与大气污染治理效率——基于京津冀及周边地区城市群面板数据分析》，《中国软科学》2019年第8期。

[⑥] 叶堂林、祝尔娟：《京津冀快速崛起的合作方略》，《人民论坛》2014年第12期。

[⑦] 祝尔娟、文魁：《推进京津冀区域协同发展的战略思考》，《前线》2015年第5期。

[⑧] 王丽：《区域协同的财政路径选择——从财政竞争走向财政合作》，《学术论坛》2018年第3期。

[⑨] 高玉：《京津冀协同发展税收分享政策研究》，《首都经济贸易大学学报》2015年第6期。

[⑩] 白彦锋：《创新财税政策促进京津冀地区协同发展》，《中国经济时报》2014年4月16日。

[⑪] 齐子翔：《京津冀协同发展机制设计》，社会科学文献出版社2015年版。

[⑫] 张牧扬：《治理雾霾还需加强地区间横向财政合作》，《第一财经日报》2014年2月13日。

施，以规范京津冀财政竞争秩序，构建京津冀区域内的地方财政合作模式[1]。徐妍[2]提出可以从税收政策、税收征管等层面解决京津冀协同发展进程中的多头税收竞争、缺乏利益协调等问题，进而充分发挥税收的作用。马斌等[3]通过对京津冀城市群基尼系数、财政贡献系数的测算，建议对河北省相对落后地区的财政转移支付应加大力度。

（四）文献述评

综上所述，国内外学者对于地方政府间财政互动的翔实研究，为辖区间财政开展科学合理的策略性互动提供了充分的论据。但现有文献一方面对区域协同创新和财政策略性互动的内涵尚未达成统一认识；另一方面，多集中于研究京津冀协同创新中的纵向及横向政府间的竞争关系，而从区域"一体化"、区域经济的生产力布局、区域资源合理配置等空间格局角度，就地方政府间和地方财政间的策略性互动的角度展开研究的文献则较少，系统性论证更少，迫切需要构建适用于京津冀协同创新发展的地方政府间财政策略性互动的完整理论框架。

第二节 研究框架

一 研究基本思路及技术路线

本书以京津冀区域为核心研究对象，遵循一套系统性的研究路径："理论研究—现实考察—实证检验—难点剖析—对策研究"，旨在深度挖掘该区域内地方政府间财政策略性互动的内在逻辑与实践效应，搭建促进京津冀协同创新的地方财政互动机制框架。

首先，运用多元化的理论框架，深入剖析地方财政策略性互动与京津冀协同创新之间的内在联系，明确这种互动如何具体作用于区域协同创新进程，为后续实证研究提供坚实的理论基础。

其次，从经济与社会双重协同创新视角，科学构建一套指标体系，

---

[1] 段铸、程颖慧、康绍大、王晓伟、钱宇：《基于生态补偿机制的京津冀财政合作研究》，《经营与管理》2016年第9期。

[2] 徐妍：《京津冀协同发展中的税收协调问题刍议》，《税务研究》2018年第8期。

[3] 马斌、袁硕、申伟宁：《京津冀城市群财政均等化趋势及其空间分布》，《地方财政研究》2019年第6期。

以衡量京津冀在经济协同创新、社会协同创新以及财政在促进竞争与合作方面的实际成效。运用实证方法，验证策略性互动对协同创新的积极促进作用，并深入探索影响互动效果的各种因素。

最后，针对京津冀协同创新过程中策略性互动面临的难点，借鉴国内外区域的经验，提出构建地方政府财政策略性互动机制的创新思路，以进一步推动京津冀协同创新迈向更高层次的发展阶段。

二 研究主要内容及方法

（一）研究主要内容

第一章：绪论。本章首先概述了研究主题的背景与意义，随后通过对地方政府间财政互动、京津冀协同创新以及京津冀地方政府间财政互动等领域的国内外文献进行综述，提炼并总结了各方观点与研究方法，以此为基础明确了研究的主要切入点。并对整体研究思路、研究内容以及采用的研究方法进行了系统性的设计与规划。

第二章：区域协同创新、政府治理及地方财政基本关系分析。基于创新的本质，指出区域协同创新涵盖了经济与社会两大维度的协同，同时融合区域非均衡发展、优势演化及经济增长等理论，深入揭示了区域协同创新的内在逻辑与机制。以财政分权理论为基石，结合政府效率与公平的基本原则，并引入地方政府决策中的博弈论视角，从财政分权体制下的地方财政竞争以及地方财政竞争中的协调与合作递进剖析和归纳地方财政的策略性互动基础理论，进而探究竞争性互动以及合作性互动分别对区域经济协同创新以及区域社会协同创新的影响。

第三章：京津冀协同创新中地方财政互动的演化历程考察。首先，结合京津冀的区位条件、人文环境、要素禀赋等区域性特征，梳理京津冀整体及各辖区的功能定位。其次，从经济协同和社会协同两个维度分析京津冀协同发展成果，并总结出京津冀经历的中央计划性经济协作、地方自发性经济合作、政府主导性经济协同以及国家战略性全面协同四个地方财政演化发展阶段。最后，深入剖析京津冀协同中的经济协同创新需求和社会协同创新需求，挖掘京津冀协同创新背景下地方财政的策略性互动诉求。

第四章：京津冀经济协同创新维度下的地方财政竞争性互动研究。

以京津冀协同创新的经济发展视角为切入点，引入空间地理因素，通过构建多层次经济协同创新和地方财政竞争性互动评价指标体系，运用熵值评价法，以及空间计量方法，对京津冀协同创新中的地方财政互动性进行综合评价，深入考察京津冀经济领域的协同创新水平以及评估各辖区间的地方财政互动性效果。

第五章：京津冀社会协同创新维度下的地方财政合作性互动研究。以京津冀协同创新的社会发展角度为切入点，引入"空间差异—空间过程—空间作用"的研究思路，采用熵值法构建地方财政合作性互动评价指标体系，运用空间计量方法对京津冀协同创新中财政互动性进行综合评价，深入考察京津冀社会领域的协同创新水平以及评估各辖区间的地方财政互动性效果，探究合作性互动对于京津冀社会协同创新的影响程度。并进一步从财政治理效率的视角，运用多阶段超效率 DEA 方法，选择社会养老服务作为案例，深入分析了财政治理效果。

第六章：京津冀协同创新背景下地方财政策略性互动面临的难点。结合第四章、第五章的分析结果，从制度内和制度外两个角度，通过行政区划制度、财政分权制度、经济社会基础条件、个体利益与整体利益异化等多个方面，深度剖析京津冀协同创新进程中，实现地方政府间财政策略性互动所面临的众多阻碍。

第七章：国内外区域协同创新的财税政策经验借鉴。选择国外的东京都市圈、伦敦都市圈以及纽约都市圈，国内重点区域，如长三角、珠三角、粤港澳大湾区，以及深圳和上海浦东进行详尽的财税政策梳理和介绍。

第八章：促进京津冀协同创新的地方财政策略性互动机制设计。从促进地方政府财政策略性互动的角度出发，明确提出"注重顶层设计规划，增强区域发展 OKR 原则""行政区划相对稳定，加强经济区划作用原则""尊重地方利益诉求，实现区域利益最大化原则""打破系统滞后效应，创新要素优先储备原则"等京津冀地方财政策略性互动机制设计原则，并从制度内和制度外两个视角对策略性互动机制进行了进一步的设计。

（二）研究主要方法

1. 历史分析与理论分析相统一的方法

从区位理论、区域发展理论、政府干预理论以及财政分权理论等出发,判别地方政府间财政互动与协同创新发展的内在逻辑机理,揭示地方财政策略性互动对于区域协同创新的促进作用;对京津冀协同创新及政府间的联动演进历程和发展趋势进行梳理,通过历史阶段的划分,分析地方政府、地方财政在京津冀区域形成与区域创新发展中所起的导向性作用,证明京津冀协同创新中对于地方财政策略性互动的诉求。

2. 定量分析与定性分析相结合的方法

通过 Stata、Matlab、R 等统计分析软件,从经济协同创新和社会协同创新两个维度,运用 DEA、TOPSIS 等计量评价方法,筛选适度指标对京津冀协同创新以及地方财政策略性互动进行定量测算与定性评价,并通过构建空间计量、双重差分等模型,实证检验地方财政间策略互动对于区域协同创新的促进性作用。

3. 比较分析法

运用横向与纵向比较相结合的方法,阐述和分析研究对象。如在京津冀区域形成及协同创新的发展历程分析中,拟对比京津冀区域内各辖区的经济发展和社会发展水平,对比京津冀各辖区历年的经济发展和社会发展水平,对比京津冀、珠三角、长三角三个区域的经济发展和社会发展水平等,从而判定京津冀协同创新程度;再如,比较分析国内外发达区域的财政支持政策,从中得到启示以构建地方财政策略性互动机制。

三 研究创新与不足

(一)研究创新

1. 研究视角的创新

一方面,从财税视角研究区域协同创新问题。目前国内基于京津冀区域协同背景下有关地方财政的研究,多从政府间的竞争与合作、政府与企业间的合作等角度展开,从财税角度尤其是从辖区间地方财政互动角度的研究仍然较少。另一方面,采用社会协同和经济协同两个研究维度。区域协同创新既包括经济协同也包括社会协同,但现有研究多是探寻区域协同创新中的经济协同问题,较少进行社会协同的深入研究。本书试图从经济协同和社会协同两个协同创新维度,研究和验证地方财政性策略互动的逻辑机理，为京津冀协同创新发展中构建地方财政竞合机制、实现策略性互动，提供充足的理论与实践依据。

2. 研究内容的创新

首先，财政策略性互动理论的创新。地方财政间策略性互动基础理论的逻辑梳理是本书的一大重点。基于区域协同创新的背景，地方政府间的财政竞争与财政合作行为均在现实中有较为充分的体现，如何透过表征现象探寻地方政府间财政互动的本质目标与需求，进而梳理和提炼出策略性互动理论是研究得以顺利开展的基础。本书在区域协同、政府干预、博弈论等基本理论的基础上，从"竞争性合作"与"合作性竞争"的不同角度，创新研究政府间财政策略性互动理论。其次，财政策略性互动研究的系统化。本书在京津冀协同近景与远景目标的设定下，深入剖析京津冀协同创新与地方政府、地方财政的内在联动关系，揭示地方财政互动对于协同创新的作用价值，试图构建系统且切实可行的地方财政策略性互动机制框架。其中，地方财政竞争性互动以及合作性互动评价指标的遴选和体系构建是本书的又一研究重点。经济协同维度下的竞争性互动以及社会协同维度下的合作性互动，因其实现协同创新目标的具体方式和手段存在一定的差异性，故需要建立相同、差异化的评价指标体系，既包括客观性评价指标又包括主观性评价指标，指标的科学筛选和构建极为重要。此外，地方财政策略性互动机制的创新设计也是本书的重要内容。以促进京津冀协同创新为目标的地方财政策略性互动机制的创新设计，既需要一定程度上遵从现有财税制度的基本框架，又要酌情考虑互动机制的可行性以及有效性，机制的设计需要基于对相关实际部门进行较为充分和深入的调查研究。

(二) 研究不足

评价指标的科学筛选是本书的研究难点。基于现有文献对财政互动的度量还缺乏较为成熟以及公认的指标和测度方法，本书鉴于对地方财政互动理论及京津冀区域特点的基础性认识，对地方财政互动的相关评价方法以及相关指标进行较为科学的设计与筛选。然而，鉴于财政互动固有的复杂性和多变性，加之数据和资料获取上的局限性，本书在构建评价指标体系和选择测度方法时，不可避免地面临一定挑战。具体而言，现有指标体系虽力求全面，但仍难以完全捕捉地方财政互动的所有影响维度。为了增强量化分析的可操作性,部分重要的定性因素被适度量化替换,这一过程可能导致某些指标的测度结果产生偏差。因此,本书在承认这些局限性的同时,也为后续研究指明了方向,即须不断深化理论探索,优化指标设计,以及拓宽数据获取渠道,以期更精准地刻画和评估地方财政互动的实际情况。

第二章　区域协同创新、政府治理及地方财政基本关系分析

区域内各辖区在发展进程中，由于资源禀赋、经济能力、管理能力等发展因素的先天或后天差异性，区域内各辖区间存在差异成为较为普遍的客观事实。为了维持区域发展的可持续性，追求均衡、缩小差距成为区域发展的主流思想。而区域协同是以解决区域内各辖区间的不均衡问题为行动起点，以实现区域均衡发展为目标，但区域协同创新的实现并非一朝一夕之事，而是一个漫长的过程。为了加速实现区域协同创新，需要厘清区域协同中各辖区间内置的利益诉求脉络，促成区域协同内在驱动力的形成，从而高效推动协同创新。

第一节　区域协同创新的理论依据

创新这一概念，自1912年首次提出以来，就备受关注与探讨。最初，它被阐释为五个核心层面：新产品的引入、新技术的开发、新市场的开拓、新材料供给来源的发掘以及新的组织形态的创造。随着时间的推移，不同的专家学者对这一概念进行了深入的细化和广泛的拓展。其中，诺斯的研究尤为引人注目，他从国家层面的政策与环境、市场结构的动态演变、区域创新的特色与模式，以及服务机构在创新中的角色与功能等多个领域，对创新概念进行了全面而深入的演绎，为我们理解和应用创新提供了更为丰富的视角和框架[①]。基于不同的阐释视角，有国

[①] 转引自李婷《协同创新初论：打开创新黑箱的钥匙》，经济管理出版社2020年版。

家创新、区域创新、自主创新、技术创新、理论创新、制度创新、硬创新、软创新等不同的探索。而"协同创新"中目标是"创新","协同"是手段。协同创新,作为一种高效的创新模式,强调不同创新主体之间的紧密合作与协调。通过充分发挥各自的专业优势和资源优势,这些主体能够共同推动创新资源的优化配置,从而更有效地实现创新目标。协同创新的主体广泛多样,包括高校、企业、研发机构、政府等一切具有创新潜力和参与意愿的组织。

而区域价值是一个多元化的概念,涵盖生命支撑价值、生态价值、经济价值、消遣价值、审美价值、科学价值等诸多方面,这些不同层面的价值相互交织,共同构成了区域价值体系。因"区域价值是区域发展的必要条件"[1],正是丰富多元的价值体系,为区域的全面发展提供了必要的条件。区域的发展不仅仅依赖于现有的价值基础,更需要不断实现和创造新的、更高的区域价值。这种持续的价值创造和提升,是区域向前发展的核心动力。而"在信息不对称的多区域体系中,一个区域可以通过调整区域发展战略来获取最大的交换价值,即所谓的比较利益"[2],在多区域体系中,由于信息不对称的普遍存在,一个区域可以通过调整其发展战略,以获取最大的交换价值,也就是我们通常所说的比较利益。这种基于比较利益的战略调整,有助于区域在竞争中获得优势地位。此外,"区域具有作为各种区位因子所组成的商品生产区位的性质"[3]。区域不仅仅是一个地理概念,更具有作为各种区位因子所组成的商品生产区位的性质。这意味着区域的发展需要综合考虑各种生产要素的配置和创新能力的提升。再者,在区域协同创新的过程中,不仅包括区域经济协同中的创新,如产业结构调整、技术创新和市场拓展等;还包括区域社会协同中的创新,如社会治理模式创新、公共服务体系完善和文化交流融合等。这些创新活动的协同推进,有助于提升区域的整体竞争力和可持续发展能力。

---

[1] 韦文英:《区域价值》,知识产权出版社2012年版。
[2] 韦文英:《区域价值》,知识产权出版社2012年版。
[3] 杨开忠:《中国区域发展研究》,海洋出版社1989年版。

一　区域非均衡发展理论

区域非均衡发展理论主要是揭示在地理空间中经济活动之间发展不平衡的问题。它侧重于研究不同地区之间的时空发展差异和发展格局，并强调经济发展之间的差异以及不同区域之间时空发展差异的衡量。该理论的核心思想是在地理空间中，一些地区处于经济落后状态，而一些地区发展迅速，导致明显的发展不均衡。这种不均衡主要是由于技术、运输等物质因素以及政策、文化等非物质因素的综合影响。非均衡发展理论还揭示了几个核心观点，包括产业结构调整优化是地区经济向高梯度发展的根本动力，创新会逐步打破区域平衡，并由高梯度地区向低梯度地区转移。此外，区域劳动力质量，即劳动者自身素质的差异，也是影响区域经济非均衡发展的一个重要因素。区域联合与融合有助于减少区域发展间的壁垒，促进分工协作，并扩大区域间要素流动范围，提高要素配置效率。

此外，从研究方法的视角来看，非均衡发展理论又包括无时间变量的非均衡增长理论和有时间变量的非均衡增长理论。无时间变量的非均衡理论主要包括循环累积因果论、不平衡增长论与产业关联论、增长极理论、中心—外围理论、梯度转移理论等。而有时间变量的增长理论则以倒"U"形理论为代表。这些理论共同构成非均衡发展理论的主要内容，并为研究地理空间发展格局提供了重要的理论工具。但总体而言，非均衡发展理论从经济发展的区域背景出发，揭示了区域经济发展的实质以及区域经济发展与区域空间结构演化的关系。它是改善区域环境、制定区域发展战略的理论依据，对于推动区域经济的协调发展和优化区域空间结构具有重要的指导意义。虽然均衡发展理论强调空间资源的均衡配置，但是在现实中，由于资源的有限性和区域内各辖区在经济社会发展中的竞争与互补关系显著，使得大规模投资的效果受到多重因素制约，如管理水平、技术水准和资源品质等。这些因素使得投资效果呈现出较强的不确定性和难以预测性，有时甚至导致投资初衷与实际成效的背离。在审视众多国家和地区的区域经济发展历程时，不难发现非平衡发展是一种常态。这种"不平衡——平衡——新的不平衡——新的平衡"的循环路径已成为专家学者们的共识。基于这一现实观察，区域非均衡理论应运而生，作为对均衡理论的补充和完善。

由此，区域非均衡理论作为一种揭示地理空间中经济活动发展不平衡问题的理论工具，运用区域非均衡理论来分析京津冀协同创新和地方政府间财政策略性互动机制问题，有助于深入理解区域发展的不平衡现象及其背后的动因，为制定更为精准和有效的区域发展政策提供理论支持和实践指导。京津冀区域作为一个整体，区域内部仍旧存在发展不均衡的现象，这既体现在经济发展水平上，也体现在创新能力、产业结构等多个方面。因此，运用非均衡理论有助于深入理解这种不均衡现象及其背后的动因。而又因地方政府间的财政策略性互动是影响区域发展的重要因素之一，在京津冀协同创新的背景下，地方政府可以通过财政手段引导和调节经济活动，推动创新资源的配置和产业的协同发展。然而，这种财政策略性互动往往受到多种因素的影响，包括地方政府间的竞争关系、产业结构的互补性等，可以运用非均衡理论分析这些因素如何影响财政策略性互动的效果，进而提出更为有效的政策建议。

（一）核心—边缘理论

核心—边缘理论是区域非均衡发展理论中极其重要的一部分。核心—边缘理论是一种解释区域空间演变模式的理论，主要从发达与欠发达地区之间关系的角度阐述自由市场经济中空间结构演变的过程，涉及核心与边缘的划分、经济活动的空间结构形态、扩散效应与次中心的形成、相互关联的平衡发展等内容。该理论由美国地理学家弗里德曼在瑞典经济学家缪尔达尔和美国经济学家赫希曼的理论基础上提出。

在经济发展过程中，劳动力、资本和技术这三个关键生产要素都具备显著的流动性。然而，地区间劳动力要素的差异不仅体现在数量上，更体现在质量上。这种质的差异性对地区经济增长产生深远影响，与经济增长的非均衡性相互作用，形成复杂的因果关系。丰富的高素质劳动力资源对地区经济增长具有强大的推动作用，而边缘地区在发展中往往依赖于核心地区。而资本作为经济增长和发展的"血液"，其投资方向受到趋利性的驱动，因此特别注重投资环境、投资收益等区域融资能力的体现。这导致核心区能够吸引更优质的生产要素，包括资本和劳动力，从而促进技术进步、生产高效和发展创新。这种集聚效应进一步强化了边缘地区生产要素向核心区流动的可能性，形成典型的"虹吸效应"。然而，地区的经济发展不仅受流动性生产要素的制约，还深受其自身自然条件、区位条件、基础设施、市场化程度及文化传统等多重不可流动要素的影响。这些不可流动要素的形成根植于复杂的人文与历史背景，且往往难以在短期内实现显著变化。因此，要实现核心区与边缘区间可流动生产要素的自主逆向流动，以及缩小非流动性生产要素环境差距，单纯依靠市场的自发行为具有较大难度。在这一背景下，弗里德曼的核心—边缘理论主张通过政府干预来打破这种二元发展结构，以改善由此带来的极不平衡的发展现状。特别是在经济全球化和区域协同化发展的趋势下，各经济辖区间的相互关联性日益增强，政府干预的重要性愈发凸显。

核心—边缘理论对于解释区域经济发展差异、制定区域发展政策以及促进区域协调发展具有重要的指导意义。它揭示了区域经济发展的非均衡性和动态性，强调了政府干预在打破二元发展结构、促进区域协调发展中的重要性。同时，该理论也为我们提供了一种分析区域空间结构演变的方法和视角。运用核心—边缘理论来分析京津冀协同创新和地方政府间财政策略性互动机制问题，有助于深入理解区域间经济互动的内在逻辑，把握核心与边缘地区的动态关系。京津冀区域作为中国北方的重要经济圈，其核心区与边缘区的划分明显，资源分布与发展水平存在差异。在协同创新过程中，应充分利用核心区的科技、人才和资本优势，带动边缘区的创新发展，形成区域间的良性互动。地方政府间的财政策略性互动机制，则依托核心—边缘理论的指导，通过设立跨区域合作项目、建立利益共享机制、实施差别化财政政策等措施，引导资本、技术和人才向边缘区流动，优化财政资源配置，缩小区域发展差距，以促进生产要素的合理流动，增强区域经济的整体竞争力，实现区域经济的均衡与可持续发展。

（二）产业梯度转移理论

产业转移是指为了顺应市场经济发展的需求，发达地区的部分产业依据比较优势而将部分产业的生产转移到相对不发达区域的现象。产业转移是经济发展过程中由于地区间经济发展不平衡而造成的生产成本条件差异性，进而引发的资源重配的过程①。发达地区的劳动密集型产业向欠发达地区转移的主要原因是发达地区人口自然增长率下降，其非熟练劳动力不足，造成劳动力成本上升，对于劳动力成本较为敏感的劳动密集型产业得不到比较优势，进而转向欠发达地区②。

产业梯度转移理论，也称为区域生命周期理论或产业区位周期理论，是在工业生产生命周期阶段论与区域生产周期理论的基础上形成的。区域经济的发展状况取决于其产业结构的状况，尤其是受主导产业在工业生命周期中所处阶段的影响。其中，工业产品和生产也与生物生命周期相类似，其发展都需要经历一个由弱变强再变弱的周期。而一种新开发的产品一般经历新产品、成熟产品和标准化产品三个阶段，而产品生命周期的循环过程，就是与产品相关的技术等生产优势由高梯度地区向低梯度地区传递的过程，如果一个地区的主导专业部门都是由那些处在成熟阶段后期或衰老阶段的衰退部门所组成，则该种地区属于低梯度地区③。在这种理论框架下，创新活动被认为是决定区域发展梯度层次的决定性因素，而大多数创新活动发生在高梯度地区。产业技术的盛衰和区位的兴替会导致产业在空间上的扩散或转移。这种转移主要通过多层次的城市系统进行，即产业会由高梯度区域向低梯度区域转移。在这一过程中，高梯度区域会不断引入新的创新技术，保持其领先地位，而低梯度区域则通过接受转移的产业和技术，逐步提高其发展水平。即若一个地区的主导产业部门正处于创新阶段，表明该地区正处于生命周期的上升期，为高梯度地区；而与此相对，若一个地区的主导产业部门处于衰退阶段，则该地区处于生命周期的下降区，为低梯度地区。不同梯度的产业与区域之间，也存在由高向低的空间转移。

梯度转移理论创立至今，从最初的静态梯度转移到动态梯度，再到反梯度转移和广义梯度转移，不断发展。梯度转移理论中产品生命周期理论表明，产业的发展确实存在区域性的梯度差距，该种差距具有典型的客观性，但在持续的资源优化配置和创新的过程之中，随着产品成熟

---

① 周长林、孟颖：《京津滨产业带战略性新兴产业发展与布局研究》，《2010 年度京津冀区域协作论坛论文集》，2010 年 7 月。
② 谭崇台：《怎样认识发展经济学》，《经济学动态》2001 年第 11 期。
③ 俞国琴：《国内外产业转移理论回顾与评述》，《长江论坛》2007 年第 5 期。

度的进一步推进,人才、技术等因素的输出和输入,以及生产规模扩大、生产费用节约等更多诉求的发生,高梯度地区生产优势逐渐淡化,高梯度地区处于"夕阳状态"的产业会选择向相对落后的低梯度地区转移,从而在一定程度上会弱化各个地区间的差异性。总之,产业梯度转移理论强调了创新在区域发展中的重要性和产业在不同生命周期阶段的转移规律,为理解区域经济发展和制定相关经济政策提供了有价值的理论工具。同时,这一理论也强调了政府和其他利益相关者在推动区域发展中的重要作用。通过产业梯度转移理论,可以剖析京津冀各地区所处的不同产业生命周期阶段,拥有的不同主导产业和创新能力,指导各地区进行产业转移和升级,加强区域间的产业协作和对接,推动创新资源共享,优化资源配置,完善财政政策支持等,以促进产业梯度转移和协同创新的顺利进行,提高整体产业竞争力。

(三) 增长极理论

增长极,这一区域经济学的核心概念,最初由法国经济学家弗朗索瓦·佩鲁 1955 年在《略论增长极概念》中提出。随后,该理论在众多经济学家的共同努力下得到了深化和完善,现已成为区域不均衡发展理论中最具影响力和代表性的理论之一。佩鲁(Perrous)[1]认为经济增长并非在所有地区同时且均匀地发生,其强度和对整个区域的"终极影响"也呈现出显著的差异性。简而言之,增长极理论揭示了经济增长在地理空间上的不均衡性及其深远影响。他巧妙地借用物理学中的"磁极"概念来阐释经济增长的现象。他指出,在经济增长的过程中,由于资本密集、技术密集以及规模经济等因素的影响,区域空间内会形成若干个增长点或增长极。这些增长点或增长极就像"磁极"一样,产生吸引或排斥经济增长的力量,从而深刻地影响整个区域的经济增长方向和程度。然而,经济增长并非在所有地理空间点同时发生,而是以不同的强度集中在某些特定的增长点或增长极上。随后,这些增长点或增长极会成为经济活动的核心,通过各种渠道将经济增长的效应扩散到外部地区。增长极理论认为,增长极与其腹地之间存在复杂的相互作

---

[1] Perrous F., "Note on the Concept of Growth Pole", in Mckee D., Dean R. and Leahy W., eds. *Regional Economics, Theory and Practice*, New York: The Free Press, 1970.

用。一方面，增长极会通过极化效应吸引腹地的生产要素，使得两者之间的差距进一步拉大，形成所谓的"虹吸效应"。另一方面，随着经济增长的深入，扩散效应逐渐显现，生产要素开始从增长极向腹地流动，从而缩小两者之间的差距。在经济增长的初期阶段，由于规模经济的作用，极化效应通常占据主导地位，使得增长极与腹地之间的差距不断扩大。然而，当经济增长达到一定阶段后，扩散效应逐渐增强，而极化效应则因拥挤成本的增加而受到抑制。这时，生产要素开始更多地流向腹地，推动整个区域的均衡发展。

增长极的培育与形成是一个长期积累的过程，其实现依赖于一系列特定条件的满足。一般而言，一个地区若崛起为增长极，必须同时具备区域优势、规模经济效益及科技创新能力三大核心要素。从历史演进的角度看，经济与人口的分布往往基于资源禀赋与历史进程的差异，在地理空间上自然形成集聚点。这些集聚区域在基础设施、劳动力素质及市场环境等方面相较周边地区具有显著优势，这种优越性进一步促进了周边地区的资本、高端人才等生产要素向此流动，为增长极的形成奠定了坚实基础。在资源条件方面，拥有丰富原材料、能源等资源优势的地区，凭借其生产上的区位优势，更容易发展成为增长极。这些资源优势为地区经济发展提供了强大的物质基础，加速了经济增长的步伐。此外，技术条件同样是增长极形成不可或缺的因素。科技创新能力强的地区，劳动生产率更高，对各类生产要素的吸引力也更强。这种技术优势不仅为地区经济发展注入了强劲动力，还为增长极的形成提供了有力支撑。增长极的形成主要有两种途径：一是市场机制的自发作用，二是政府的主导建设。一旦增长极形成，它将在产品市场供求关系和生产要素流动等方面对非增长极地区产生自然的导向与拉动作用，甚至形成支配性影响。这将进一步吸引周边资源向增长极集聚，从而加剧区域间的发展不均衡。值得注意的是，增长极理论还特别强调了政府在区域经济发展中的关键作用。政府的规划与集中投资对于区域发展具有主导与引领作用，能够有效地推动增长极的形成与持续发展。

聚焦京津冀区域，北京、天津作为区域内增长极，拥有显著的经济优势和创新能力，对周边地区产生强大的吸引力和辐射效应。通过运用增长极理论，可以深入分析这些增长极是如何形成和发展的，以及它们对周边地区的影响机制和效应。此外，因增长极理论强调了政府在区域经济发展中的重要作用，而在京津冀协同创新的过程中，地方政府的财政策略性互动是一个关键因素。政府通过制定优惠税收政策、提供基础设施建设、扶持科技创新等措施，可以引导和促进增长极的形成和发展。同时，政府间的财政策略性互动也会影响资源的配置和要素的流动，进而影响整个区域的经济格局和发展轨迹。因此，运用增长极理论来分析地方政府间的财政策略性互动机制，有助于揭示政府在区域经济发展中的角色和作用，以及政策调整的潜在影响。

二 优势演化理论

（一）区位理论

区位理论，作为探索人类空间活动选择与优化组合的重要学说，融合了自然地理、经济地理与交通地理的精髓，并构成了区域经济学不可或缺的支柱。其研究范围广泛，涵盖从专业化生产、资源禀赋到规模经济和区域贸易等多个领域，展现了其在多学科交叉中的核心地位。沃尔特·艾萨德在1956年出版的《区位与空间经济》和1960年出版的《区域分析方法》两部著作，均被誉为区域科学的基石。特别是《区位与空间经济》一书，它打破了运输费用为零的传统假设，创新性地将区位和空间变量引入一般均衡理论中。他提出"建立涵盖经济活动的空间和时间的一般理论"的构想，成功地将产业区位理论、市场区理论、土地利用理论、城市结构理论等与传统的一般均衡理论相融合，为后来的新经济地理理论奠定了坚实的思想基础。[1]

从19世纪初至20世纪中叶，古典区位论经历了逐步的形成与发展。在这一时期，杜能、韦伯、胡弗等杰出学者分别提出了农业区位论、工业区位论以及交通区位论[2]，深入探讨了如何合理布局产业的问题。随着人类活动领域的不断演变，区位理论也经历了数次重大变革。在农业经济时代，杜能的《孤立国同农业和国民经济的关系》率先揭

---

[1] ［美］沃尔特·艾萨德：《区位与空间经济》，杨开忠、沈体雁、方森、王滔等译，北京大学出版社2011年版。

[2] 转引自孙久文、叶裕民编著：《区域经济学教程》（第三版），中国人民大学出版社2020年版。

示了农业区位的重要性。他深入分析了景观、资源与经济要素之间的内在联系，指出农业生产收益的关键不仅在于优越的自然条件，更在于生产地与市场之间的相对距离，即运输成本。这一见解为后来的土地利用理论奠定了坚实基础。进入工业革命时期，工业经济逐渐崛起，区位理论的研究焦点也随之转移。韦伯的《工业区位论》成为这一时期的里程碑。他通过详尽的数据分析与逻辑推理，探讨了运输成本、劳动力成本及人口密度等多个要素如何共同影响工业区位的选择，并提出了寻求最优平衡这些要素的理想区位以最小化成本的观点。随着市场因素日益受到重视，区位论得以发展，衍生出市场区位论、中心地理论及区位平衡理论等更为先进的分支。伴随人类活动重心从生产领域向流通与消费领域的转移，中心地理论应运而生，这一理论不仅深化了区位论的研究，还极大地丰富了其内涵。克里斯泰勒的《德国南部的中心地》中创新性地提出了"中心地"概念，并强调了这些服务中心在区域发展中的核心作用。他不仅为中心地划分了明确级别，还深入探讨了不同级别中心地所能提供的服务种类与其规模、级别的内在联系，同时指出了每个中心地都存在确保其正常运营所需的最低购买力和服务水平门槛。经济的持续繁荣与发展使得区位间的相互依赖关系日益紧密，市场因素在区位选择中的重要性也日益凸显。在这一新的历史阶段，廖什基于克里斯泰勒的中心地理论，引入市场需求作为空间均衡的关键变量，提供了更为全面的市场区位分析框架。他在《区位经济学》一书中详细阐述了区位平衡理论，强调企业在追求利润最大化的过程中需综合考虑市场状况、规模经济效应及交通成本等多重因素。尽管正六边形被视为一种理想的高效市场区域模型，但现实世界中中心地与其市场区域的分布往往更为复杂且不规则。相同级别的中心地之间常存在互补效应，有助于提升整个区域的市场效率。同时，富裕地区的交通网络通常比贫困地区更为发达和密集，反映了经济与交通之间的紧密联系。因此，在选择节点区域[1]时，企业必须综合考虑市场区域状况、规模经济效应及交通成本等多个因素，以确保作出最为合理和有利的选择。

  区位问题是区域发展中的一个根本性问题。从区位理论的发展历程

---

[1] 安虎森主编：《区域经济学通论》，经济科学出版社2004年版。

来看，它始终基于"经济人"追求利润最大化的角度。随着社会的进步、人类活动领域的不断扩展以及市场机制的日益完善，区位选择所需考虑的因素也变得越来越复杂和多样化。区位理论为科学合理地规划区域发展，以及实现区域内各地区间的均衡发展提供了坚实的理论基础。特别是在当前区域协同发展的需求下，区域发展的基本目标是缩小甚至消除区域内各辖区间的经济社会差距，从而实现区域内的均衡发展。然而，由于区域内各辖区在自然环境条件、创新能力、技术水平以及发展机遇等方面存在差异，导致各辖区在地理区位、经济区位、政治区位上明显不同。因此，为了加速实现区域协同，推动经济和社会发展的进程，需要清晰地认识到区域内各辖区的区位作用，并据此作出正确的区位规划和安排。这样做不仅能够事半功倍，还能够更有效地促进整个区域的持续、健康和均衡发展。在京津冀协同创新的背景下，各地区之间的空间关联和相互作用显得尤为重要。通过区位理论，可以深入剖析京津冀区域内不同城市之间的空间关系，以及这些关系如何影响协同创新的进程和效果。且因地方政府间的财政策略性互动很大程度上会受到各自区位条件的影响，运用区位理论，可以更深入地理解地方政府在制定财政政策时如何考虑区位因素，以及这些政策如何反过来影响区位条件和协同创新的环境，从而更准确地评估京津冀区域的协同创新潜力，以及地方政府间财政策略性互动对协同创新潜力的影响。

（二）比较优势理论

比较优势理论是现代工业化理论的核心组成部分，它根植于分工学说，强调相对优势的概念。这一理论由李嘉图在其经典著作《政治经济学及赋税原理》中首次系统阐述。该理论的核心观点是，国际贸易的基石在于各国生产技术的相对差异及其导致的相对成本差异。根据比较优势理论，各国应遵循"两利相权取其重，两弊相权取其轻"的策略原则，专注于生产和出口那些本国具有比较优势的产品，同时进口那些本国处于比较劣势的产品。这种策略性选择能够使各国节约劳动力资源，并通过专业化分工提升劳动生产率，从而实现互利共赢。理论的核心思想进一步指出，即便一个国家在所有产品的生产上均不具备绝对优势，但只要在某些产品上拥有相对优势，便可通过参与国际贸易来获取利益。这种相对优势可能体现为同一产品在不同国家间生产成本的相对差异，或是同一国家内不同产品之间生产成本的相对差异。根据世界历史经验数据，各国的实际贸易模式与其比较优势的吻合度大约仅为50%[1]，这表明实际贸易决策受到多种复杂因素的影响，而不仅仅是比较优势这一单一因素。

而根据比较优势理论，区域的发展应该集中发展其具有比较优势的产业，这样可以提高劳动生产率、降低成本，从而增强产业竞争力。与此同时，比较优势并非一成不变，而是需要不断挖掘和培育的，通过持续创新和努力，区域可以不断提升其比较优势，实现更加可持续和繁荣的发展。在新城市主义的视角下，城市的发展应追溯其本源，并重新塑造其价值[2]。当前，中国正迎来以特大城市或超大城市为核心的大城市群发展模式，这一趋势体现了城市演进的内在机制和基本规律。重要的是，大城市群并非多个城市的简单集聚，而是一个由大城市引领小城市、城镇带动乡村的协同发展区域体系。当城市化率达到60%时，便标志着中国特色逆城市化的初现。这一过程以城乡资源要素的平等交换和双向流动为显著特征。逆城市化的加速推进得益于两大力量：一是新发展格局所提供的战略支撑，二是乡村振兴所带来的战略推动。正如亚里士多德所言，城市是人们追求更高生活品质的场所。因此，生活质量理所当然地成为衡量城市价值的根本标准[3]，也理应成为城市规划、建设及管理的出发点和归宿。

聚焦京津冀的发展，运用比较优势理论，应明确京津冀三地在协同创新方面的比较优势，制定差异化的财政政策，建立有效的互动机制，以引导创新资源的合理配置，平衡各地在协同创新过程中的利益诉求，确保财政策略性互动机制的有效性和可持续性。如北京作为首都，拥有丰富的科研资源和高端人才，是科技创新的源头，可以加大对科研机构和高校的支持力度，鼓励原始创新和科技成果转化；天津拥有先进的制造业基础和港口优势，是科技成果转化和产业化的重要基地，可以设立专项资金，支持制造业企业引进消化吸收再创新，推动产业转型升级；河北则具有土地、劳动力等资源优势，是承接产业转移和发展配套产业的重要区域，可以出台优惠政策，吸引京津两地的科技成果到河北进行产业化。

---

[1] 赵红军：《中国经济奇迹：政府治理的作用》，北京大学出版社2021年版。
[2] 连玉明：《城市的战略》，社会科学文献出版社2021年版。
[3] 连玉明：《城市的战略》，社会科学文献出版社2021年版。

三 经济增长理论

（一）新经济增长理论

新经济增长理论，或称"内生技术变革理论"，主要研究内容包括经济系统内部因素如何相互作用以推动经济增长，并特别关注技术进步和创新在经济增长中的核心作用。该理论突破新古典经济增长理论的假设，将相关变量如技术进步、知识积累等内生化，以解释经济增长的持续性和差异。该理论指出，经济增长是经济系统内部因素相互作用的结果，而非仅仅由外部力量推动，这些内部因素包括技术进步、知识积累、人力资本投资等，其中技术进步是经济增长的决定性因素，知识积累、技术进步和人力资本投资等具有外部效应。

索洛模型作为经济增长理论的经典之作，深入阐述了资本积累在经济增长中的核心作用，明确指出"增长率随资本密集度的变化而变化"[①]，从而强调了增长率与资本密集度之间的紧密联系。此处的资本概念不仅包含物质资本，还涵盖人力资源。全要素生产率的显著提升被视为经济增长的主要驱动力，能够解释高达80%的经济增长现象。随着理论的不断发展，新经济增长理论对传统观念进行了深化与拓展，特别强调了技术进步和创新的重要性。罗默在1986年的《收益递增经济增长模型》第一代模型中阐释了知识积累如何自然产生于资本积累过程中。库兹涅茨、兰德斯、罗森伯格和莫基尔等学者也相继指出技术进步在发达国家经济增长中具有主导作用，技术对地区的经济活动具有深远的塑造作用。赫尔普曼从创新、相互依赖、不平等及制度四个维度全面探讨了经济增长的复杂性。[②] 他强调了技术进步与资本积累之间的相互作用，认为技术进步能够提升资本的生产率，进而促进资本积累。在这一理论框架下，创新被视为经济增长的根源。当创新的潜在利润超过其研发成本时，企业会倾向于投资创新。同时，创新具有溢出效应[③]，

---

① ［以色列］埃尔赫南·赫尔普曼：《经济增长的秘密》，王世华、吴筱译，中国人民大学出版社 2020 年版。

② ［以色列］埃尔赫南·赫尔普曼：《经济增长的秘密》，王世华、吴筱译，中国人民大学出版社 2020 年版。

③ 溢出效应是指后一代创新者会从上一代、多代创新者的研发、努力中获得收益。

即后续创新者能够从先前的研发中获益,这种正向的外部性有助于经济的持续增长。然而,创新过程也并非总是带来收益的递增,因为新商品的多样化可能会在一定程度上抵消其带来的利润。此外,赫尔普曼还深入探讨了制度差异对创新活动的影响。良好的制度设计能够通过法律、合同等手段保护创新免受不当干预,从而激发创新活力。然而,制度也可能成为保护既得利益的工具,进而抑制新的创新。"政府能够保护私有产权免受其他人侵犯,但政府自身也可能侵犯私有产权"[1]。因此,政府在创新中的角色受到制度安排的深刻影响,而有效的制度设计需要在维持秩序与限制行政权力之间找到恰当的平衡。

聚焦京津冀协同创新,运用新经济增长理论,可以更深入地理解京津冀区域协同创新的内在动力机制,为地方政府制定更有效的财政策略提供理论支撑。地方政府应识别出对京津冀协同创新至关重要的增长要素,如高素质人才、研发投入、创新平台等,应通过财政政策激励企业、高校和科研机构等创新主体加大研发投入,推动自主创新和技术突破,还可以支持技术转移和成果转化,加速先进技术在区域内的扩散和应用。地方政府间的协调与合作至关重要,各地政府应加强沟通与协作,共同制定和实施促进协同创新的财政政策,避免恶性竞争和资源浪费,形成推动创新发展的合力,更加科学地制定和实施财政策略性互动措施,从而更有效地促进京津冀区域的协同创新和发展。

(二) 内生增长理论

经过二百多年的探讨,经济学家们对经济增长的理解逐渐深入和完善,对驱动经济增长的因素达成了共识,即生产性资源的积累、资源存量使用效率的提升以及技术进步是三大核心要素。然而,对技术进步的理解与应用在经济增长理论中经历了显著的演变。内生增长理论起源于新古典增长理论。20 世纪 60 年代起,新古典经济增长理论将技术进步视为外部因素,并关注资本积累对经济增长的影响,用它来解释对经济增长的影响,但却无法解释经济增长的长期差异和持续性问题。到了 20 世纪 80 年代中期,内生增长理论开始兴起,部分学者主张经济可以

---

[1] Djankow S., Glaeser E. L., Porta R. L., Lopez-de-Silanes F. and Shleifer A., "The New Comparative Economics", *Journal of Comparative Economics*, Vol. 31, No. 4, 2003.

依赖其内部的技术进步实现持续增长，而无须依赖外部力量。其中，罗默在1986年通过设定三个条件，构建了一个具有内生技术变化的完全竞争均衡模型。他提出知识作为生产要素具有边际生产力递增的特性，新知识的生产则呈现递减回报，并认为政府干预能够实现帕累托福利改善[1]。卢卡斯则在1988年提出了最优化增长模型，假定人力资本的积累具有外部性，并指出其均衡状态会收敛于一条曲线。此外，金和罗伯森、阿格赫恩和豪威特等学者还从知识传播、创造性消化以及国际贸易等视角对经济增长的内生因素进行了深入解读，认为人力资本和技术变化等也是推动经济增长的重要因素。而到了20世纪90年代，内生增长理论进入了一个新的发展阶段，学界开始将包括发明、创新等活动在内的技术进步要素内生化[2]。如巴罗在1990年从政府支出与经济增长关系的视角出发，建立了关于政府支出的经济增长模型，指出政府效率的优化对经济增长效率有积极贡献，甚至政府在提高经济增长效率中起着决定性作用[3]。

总的来说，内生增长理论多次证明获取新知识，如革新、技术进步和人力资本积累，并有效地将它们运用于生产中，是经济增长的关键。同时改善市场条件、产权保护和政治稳定以及通过人力、资本和进口品等提供运用新知识的资源也是促进内生增长和助力经济增长的重要因素[4]。经济增长的实质，在于通过转变发展方式来改善和夯实其根基。这种转变意味着要寻找并采纳在当前及未来环境下更为高效、适宜的发展路径，以替代那些长期沿用的传统增长模式。这一过程融合了"破"与"立"[5]，既包含对旧有模式的革新与突破，也涉及新模式的构建与确立。在这个过程中，创新被赋予了举足轻重的地位。创新不仅是推动经济发展方式转变的关键抓手，更是实现经济长效、可持续发展的必然选择。特别是在区域层面，协同创新的重要性更加凸显，它能够有效地汇聚和整合区域内的创新资源，形成推动经济增长的强大合力。从区域

---

[1] 彭国华：《内生增长理论发展综述》，《经济前沿》2009年第Z1期。
[2] 安体富、郭庆旺：《内生增长理论与财政政策》，《财贸经济》1998年第11期。
[3] Barro R. J., "Goverment Spending in A Simple Model of Endogenous Growth." *Journal of Political Economy*, Vol. 98, No. 5, 1990.
[4] 吴易风、朱勇：《内生增长理论的新发展》，《中国人民大学学报》2000年第5期。
[5] 洪银兴：《论创新驱动经济发展》，南京大学出版社2013年版。

发展的视角来看,满足整体性发展需求与回应各地区个性化发展诉求,都离不开技术进步等核心内生因素的支撑。因此,对于区域或地区而言,不断推动技术创新、培育内生增长动力,是实现经济持续、健康增长的关键所在。

因此,人才、创新、科技等能够推动技术进步的内生性要素,自然而然地成为区域整体发展和地区经济快速增长的核心需求。然而,资源总是有限的,尤其是优质资源更是稀缺难求。当整体性经济增长需求和单体式经济增长需求面对相同或相似的生产要素市场时,如何合理地分配这些内生性生产要素就显得尤为重要。如果单纯依赖市场的竞争机制、价格机制和供求机制来进行资源配置,很可能会导致短期内要素的过度集中甚至是堆积,进而造成资源的浪费与不足并存,出现要素分配的"马太效应"。为了避免这种情况的发生,我们需要通过更加合理的布局,充分发挥不同地区和区域的综合比较优势,实现地区与区域的单体和整体的共同发展。在这个过程中,政府治理的参与是不可或缺的。政府需要通过制定和实施相关政策,引导和调节资源的流向,确保资源的合理配置和高效利用。同时,政府还需要加强地区间的协调与合作,打破行政壁垒和市场分割,促进生产要素的自由流动和优化配置,从而推动区域经济的持续健康发展。

聚焦京津冀协同创新,运用内生增长理论深入探讨京津冀经济增长的内部动力机制,特别是技术进步、知识积累和人力资本等要素对经济增长的推动作用,更准确地把握京津冀区域经济增长的规律和特点,为地方政府制定更加科学有效的财政策略提供理论支持。即通过重视技术进步和知识积累、加强人力资本投资、优化财政策略性互动以及推动产业结构升级和区域协同发展等措施的实施,可以推动京津冀区域实现更高质量、更可持续的经济增长和创新发展。

第二节　政府治理的理论依据

治理一词语义丰富。《荀子·君道》中"明分职,序事业,材技官能,莫不治理,则公道达而私门塞矣。"而《汉书·赵广汉传》中"壹切治理,威名远闻。"《孔子家语·贤君》中"吾欲使官府治理,为之奈何?"王士禛《池北偶谈·谈异六·风异》中"帝王克勤天戒,凡有垂象,皆关治理。"瞿秋白《乱弹·水陆道场》中"然而阿斗有自知之明,自己知道昏庸无用,所以就把全权交给诸葛亮,由他去治理国家。"其中"治理"二字多表达为管理、统治之义;袁宏《后汉纪·献帝纪三》中"上曰:'玄在郡连年,若有治理,迁迁之,若无异効,当有召罚,何缘无故徵乎?'"的"治理"二字语义为理政的成绩;严有禧《漱华随笔·限田》中"蒋德璟出揭驳之:'……由此思之,法非不善,而井田既湮,势固不能行也。'其言颇达治理。"的"治理"二字语义为治理政务的道理;而平时提及的治理黄河、专项治理、治安专项治理行动等内容,"治理"二字语义则为整修、处理①。而政府治理是指为了维护社会稳定,保证社会平稳运行,政府对公共事务的治理过程。政府治理现代化是国家治理现代化的重要组成部分,但政府治理及其内涵是一个复杂而多维的概念体系,它要求政府在不断变化的社会环境中不断调整和优化自身的治理理念、结构、方式及机制以实现公共利益最大化和社会稳定发展的目标。

一 政府治理的目标管理依据

公平与效率,这两者作为评估政府经济行为的基石,相辅相成。然而,关于它们之间的关系,长期以来一直是学术界热衷探讨的焦点,也是衡量政府在经济社会发展中表现的重要标尺。追溯历史,古希腊哲学家亚里士多德在其经典之作《政治学》中便深刻指出,政府唯有遵循"正义原则"并致力于"树立社会秩序"②,方能确保其合法性与效能。这一观点不仅彰显了政府在维护社会公平与激发经济效率方面的双重责任,也为后世提供了宝贵的思想启示。威廉·配第、弗朗斯瓦·魁奈及亚当·斯密等经济学家一脉相承的政府观,进一步阐释了在不违背正义③法律的前提下,政府应赋予经济发展充分的自由。他们倡导的是一种既保障公平又不失效率的政府治理模式。即便在弗里德里奇·哈耶克

---

① https://www.chazidian.com/r_ci_54aa75177f0df1bd40465a3e8465f525/.
② [古希腊]亚里士多德:《政治学》,吴寿彭译,商务印书馆1965年版。
③ [英]亚当·斯密:《国民财富的性质和原因的研究》,郭大力、王亚南译,商务印书馆1972年版。

眼中，政府的主要责任也是创造并维持竞争条件，以充分发挥市场经济的活力。尽管如此，哈耶克也认识到，为了保障社会竞争的顺利进行，政府必须承担起提供"最低限度收入保障"的公平性职责①。从公平与效率的关系视角来看，二者并非相互排斥，而是可以和谐共存的。生产力的提高与共同富裕的实现并不矛盾，反而相互促进。共同富裕作为人类发展的终极目标，既依赖于高效的经济活动，也离不开公平的社会环境。只有在公平正义的社会关系中，经济的积极性、活跃性和创造性才能得到充分发挥②，进而实现经济效率的最大化，最终推动社会走向共同富裕③。综上所述，维护经济效率与社会公平，是政府不可推卸的重要责任。政府应在这两者之间寻求平衡，以推动经济社会的持续健康发展。

（一）经济效率④

效率是经济学研究的中心议题⑤，主要聚焦对投入与产出之间效益关系的深入探究。鉴于人类需求的无限扩张与现实资源的有限性、稀缺性之间的根本矛盾，效率的追求变得至关重要。它旨在通过优化和合理配置各种资源，实现资源的最大化利用，从而尽可能满足人类的多样化需求。从经济学的视角来解读，效率的内涵显得尤为丰富且复杂，它涵盖了技术效率、配置效率以及制度效率三个核心层面。这三个层面相互关联、相互影响，共同构成了经济学中对于效率的全面而深入的理解。首先是技术效率，它主要关注经济发展中生产过程的投入与产出关系。追求效益最大化是技术效率的核心目标，意味着在给定产出下追求投入最小化，或在给定投入下追求产出最大化。英国经济学家 Farrell 提出的效率衡量方法侧重于在产出规模不变的情况下，比较最小成本与实际

---

① 范周主编：《雄安新区发展研究报告》（第五卷），知识产权出版社 2018 年版。
② 厉以宁：《经济学的伦理问题——效率与公平》，《经济学动态》1996 年第 7 期。
③ ［英］弗里德里希·冯·哈耶克：《哈耶克文选》，冯克利译，河南大学出版社 2015 年版。
④ 该部分内容发表于王丽《雄安新区建设中的政府责任与政府边界》，《甘肃社会科学》2019 年第 2 期。
⑤ ［古希腊］亚里士多德：《政治学》，吴寿彭译，商务印书馆 1965 年版。

成本的比例，以此衡量生产过程中的效率①。而美国经济学家 Leibenstein 则提出了另一种衡量方法，他关注的是在投入规模保持不变的基础上，实际产出与最大可能产出之间的比率，这一比率反映了生产活动的效能和潜在提升空间②。这两种方法都是评估技术效率的重要手段，有助于我们全面了解生产过程的优化程度和资源利用情况。其次是配置效率，它建立在技术效率的基础之上，并通过调整资源配置的格局来进一步提升整体效率。这种调整包括等价交换等多种方式，旨在实现资源的最优配置。意大利经济学家 Pareto 提出的帕累托最优理论，就是配置效率的一个经典理论。该理论认为，当资源配置达到一种状态，任何进一步的变动都会导致效率损失时，这种状态就被称为最优效率状态。最后是制度效率③，它是指通过合理的制度安排来影响投入与产出之间的技术关系和配置关系，从而最终达到提升整体效率的目标。制度效率并非孤立存在，而是需要依托于配置效率和技术效率的支撑。技术效率主要受到资源品质、技术水平以及生产工艺等多重因素的影响，而政府作为政策制定者和财政资金的管理者，在生产、经营等制度安排以及资源配置格局调整方面拥有重要的权力和能力。因此，政府可以通过制定相应的政策进行干预，旨在提升制度效率和配置效率，进而在资源稀缺有限的背景下实现资源的最大化利用和效益的最大化。在经济发展的进程中，政府致力于提升制度效率，这不仅是其职责所在，也是推动经济社会持续健康发展的重要体现。

而关于制度对经济增长的影响，马克思强调制度对经济增长往往具有双重效应，甚至对经济社会发展起着决定性作用。马克思认为经济制度可以分为三个层次，分别是生产资料所有制、各种具体产权制度以及资源配置调节机制④。当生产力和生产关系相互适应时，私有产权制度对经济社会发展具有积极作用；当生产力和生产关系存在矛盾时，私有

---

① Farrell M. J., "The Measurement of Production Efficiency", *Journal of the Royal Statistical Society: Series A (General)*, Vol. 120, No. 3, 1957.
② Leibenstein H., "Allovative Efficiency vs. 'X-efficiency'", *American Economic Review*, Vol. 56, No. 3, 1966.
③ 张艺缤：《论公平的价值诉求》，《前沿》2011 年第 22 期。
④ 转引自李中《制度创新与我国经济发展方式转变》，人民出版社 2016 年版。

产权制度反而会抑制经济增长和社会发展,但生产力与生产关系的矛盾是制度创新的动力。1981年诺斯提出石器革命加快了人类进步的速度,但产权明晰化所带来的影响对市场机制的发展和社会的进步起着至关重要的作用。1990年在进一步对比制度与组织的区别时,他明确指出制度是构成博弈的基础规则,而组织则是这些博弈中的参与者。重要的是,他强调两者间存在相互影响的关系:一方面,参与者能够对硬性制度规则的制定产生影响;另一方面,制度规则也会对参与者的行为构成约束。但格雷夫对制度含义进一步拓展,将制度视为"规则、信念和组织的集合"[①],并提出由于制度的存在,即使人们拥有不充分的信息也能开展有效率的行动。奥尔森[②]提到,政府在市场发展过程中起关键作用,不同类型政府对经济增长产生的作用不同,并倡导"强化市场型政府"。而戴维斯和诺斯[③]指出,有效的制度安排可以降低交易费用,进而带来经济增长。由此,制度效率的高低会影响经济的发展情况,而制度效率的高低则是政府治理效果好坏的一个核心表现。

在京津冀协同创新中,各地方政府需要运用经济效率理论来指导财政资金的分配,确保资金能够投向最具创新潜力和经济效益的项目,从而实现资源的优化配置;经济效率是衡量创新成果的重要指标,地方政府应更加科学地评估创新项目的经济效益,从而筛选出具有市场前景和竞争力的创新项目,提高整个区域的创新效率;通过建立效率评估机制、制定差异化财政政策、加强政府间沟通与协作以及引导社会资本参与等方式,可以推动京津冀区域的协同创新和经济高质量发展。

(二)社会公平[④]

公平这一概念蕴含了伦理学的判断视角[⑤]。美国经济学家弗里德曼

---

① [以色列]埃尔赫南·赫尔普曼:《经济增长的秘密》,王世华、吴筱译,中国人民大学出版社2020年版,第116页。
② [美]曼瑟·奥尔森:《权力与繁荣》,苏长和、嵇飞译,上海世纪出版集团2005年版。
③ [美]兰斯·E.戴维斯、[美]道格拉斯·C.诺斯:《制度变迁与美国经济增长》,张志华译,格致出版社、上海人民出版社2018年版。
④ 该部分内容发表于王丽《雄安新区建设中的政府责任与政府边界》,《甘肃社会科学》2019年第2期。
⑤ 厉以宁:《经济学的伦理问题——效率与公平》,《经济学动态》1996年第7期。

强调，不应存在任何专制障碍来阻止社会成员享有均等的机会①。而伦理学家弗兰克纳则进一步阐释，社会成员在法律面前平等以及受教育机会平等等基本分配原则上的平等才是合理的②。然而，由于个人在天赋、功能能力和资源禀赋等先天条件上存在差异，市场机制所形成的分配格局往往容易偏离甚至背离公平目标。因此，政府需要充分发挥其干预的有效性，通过税收政策、财政补贴政策以及政府投资等收入调控手段，对非均等的分配格局进行纠正。这不仅有助于实现社会公平和社会正义，更能维护社会的稳定。

为了实现地区的繁荣与进步，经济运行和社会发展必须相互协调、相互促进。社会发展不仅是地区经济稳健增长的基石，更是其持续的动力源泉和最终目标。因此，一个区域或城市群的发展，不能局限于经济层面的合作与共进，更应追求基于社会公共服务水平和社会发展条件全面提升与优化的协同创新。若要解决地区间的社会不均衡问题，我们必须以此为出发点，整合各类社会管理资源，加速推进公共服务在各地区的均衡分布，确保每个地区都能享受到高质量的社会服务。这不仅能为区域经济的持续发展创造有利的外部环境和支撑条件，更有助于构建稳定和谐的经济社会发展机制。通过这样的努力，我们将实现区域内各地区在经济与社会各领域的全面进步与繁荣。

由此可以推断，维护经济效率和社会公平都是地方政府履行治理职责的重要组成部分。在地方政府的责任担当中，效率与公平占据举足轻重的地位，且二者之间相辅相成、相互促进。一个公平的社会环境能够为经济效率的发挥提供更为有利的条件，进而促进经济的持续增长；而经济效率的提升所带来的经济增长，又将进一步改善社会环境，为社会公平的实现提供更为坚实的物质基础。这种良性循环的形成，不仅有助于地方政府的治理目标的实现，更能够推动整个社会的全面进步与和谐

---

① ［美］米尔顿·弗里德曼、［美］罗斯·弗里德曼：《自由选择：个人声明》，胡骑、席学媛、安强译，商务印书馆1982年版。

② ［美］威廉·K. 弗兰克纳：《善的求索：道德哲学导论》，黄伟合、包连宗、马莉译，辽宁人民出版社1987年版。

发展[①]。在区域发展过程中，地方政府作为关键的行为主体，可以通过相互间的行政指令、政策协同以及财政扶持，为辖区内各地区营造更为优越的经济发展和社会进步环境。这不仅有助于地方政府切实履行提升经济效率和维护社会公平的责任，还能促进政府与市场之间关系的和谐共生。进一步来说，这样的干预措施能够加速区域协同发展的步伐，推动非均衡状态向均衡状态、"一体化"发展模式的转变，从而实现整个区域的持续、健康和全面发展。

总之，社会公平理论强调资源的合理分配和社会成员之间的平等机会，这与京津冀协同创新的目标——实现区域整体发展和共同繁荣——是高度契合的。京津冀协同创新中，运用社会公平理论将有助于确保创新发展的成果能够惠及更广泛的社会群体，充分考虑到不同地区、不同行业、不同社会群体的利益诉求，确保资源的分配能够兼顾各方利益，减少区域内部的不平等现象，从而营造更加稳定和谐的社会环境。即通过遵循公平原则、注重公平效果以及强化公平导向，可以推动京津冀区域的协同创新向更加公平、包容、可持续的方向发展。

二 政府治理的效果评价依据

（一）委托代理理论

委托代理理论是制度经济学中契约理论的核心组成部分，它建立在委托人和代理人作为理性经济人的基础之上。该理论深入探讨了信息不对称环境下委托人与代理人之间利益的非一致性，并致力于研究如何通过构建有效的契约机制来协调双方关系。这种协调的目的是减少代理问题、降低代理成本，并最终提高代理效率。政府预算作为政府治理中至关重要的管理环节，同样体现了这种委托与代理的关系。在这个框架下，政府作为公众的代理人，通过预算的制定和执行来管理和分配公共资源，以满足社会的公共需求。

在非完全竞争的市场经济环境下，市场配置往往无法充分满足有效需求。因此，政府肩负起了为公众提供公共产品和服务的职责，这些职

---

① 王丽：《区域协同的财政路径选择——从财政竞争走向财政合作》，《学术论坛》2018年第3期。

责涵盖制度、秩序、物品及劳务等方面。相应的，公民则根据相关规则向政府缴纳税费，以补偿政府提供这些公共产品和服务的成本。从这个角度来看，政府预算管理实质上是一个委托代理的实践过程：政府接受公民的委托和授权，以社会公众的代理人身份，通过安排预算收入和支出来满足社会的公共需求。然而，在委托代理过程中，多种因素可能导致问题的出现。由于人的自利性和有限理性，以及信息不对称和未来的不确定性，再加上契约本身的不完备性，政府代理过程中可能会面临诸多挑战。此外，政府目标的复杂性和代理的多层级性[①]也可能加剧这些问题的复杂性。因此，在委托代理过程中，可能会出现诸如以权谋私、寻租设租、政治机会主义等代理问题，这些问题可能导致政府代理人的行为偏离公众的期望，进而损害委托人的利益。

预算监督被视为提升政府预算管理效率的重要机制，这主要是因为它通过制度化的安排，能够有效地解决委托代理过程中的各种问题，成为一条不可或缺的路径。同时，在预算监督的实践中，纳税人的角色尤为突出，这不仅仅是因为他们是政府预算资金的主要提供者，更是因为他们是预算支出的最终受益者。这种双重身份使得纳税人对政府预算的参与和监督成为一种理所当然的权利。人大预算监督制度的设立与实施，正是这种权利的具体体现和有力保障。在新时代的背景下，我们更应坚持和完善人民代表大会制度，确保人大监督权得到充分行使，从而推动政府预算管理向更加高效、透明的方向发展。

总而言之，对于一群相互依赖的委托人而言，要实现自主治理并持久地维护共同利益，尤其在面对搭便车、规避责任或其他机会主义行为的诱惑时，他们必须解决以下几个关键问题：首先，提高自主组织的初始可能性，为自主治理奠定坚实基础；其次，持续增强人们自主组织的能力，确保治理过程的顺利进行；最后，在缺乏外部协调的情况下，通过自主组织有效解决公共池塘资源问题，从而提升治理效能。这三个问题的解决是相辅相成、缺一不可的，只有将它们有机地结合起来，才能实现真正的自主治理和共同利益的持久维护[②]。因此，在明确了边界界

---

① 王金秀：《"政府式"委托代理理论模型的构建》，《管理世界》2002年第1期。
② [美]埃莉诺·奥斯特罗姆：《公共事物的治理之道：集体行动制度的演进》，余逊达、陈旭东译，上海译文出版社2012年版。

定、建立了集体选择安排以及实施了分级制裁等条件下，人们便有能力"把自己组织起来，进行自主治理，从而能够在所有人都面对搭便车、规避责任或其他机会主义行为诱惑的情况下，取得持久的共同利益"[①]。治理具有其内在的层次性，而善治则被视为治理的至高境界[②]。善治，作为一个社会管理过程，旨在最大化地实现公共利益。其本质在于政府与公民对公共生活的协同管理，体现了政治国家与公民社会间的一种创新关系，是双方互动的最佳状态[③]。善治包含几个核心要素：合法性，确保治理的正当性与权威性；透明性，保障信息的公开与可获取；责任性，明确各方的职责与义务；法治，奠定治理的法律基础；回应性，及时对公众需求作出反馈；有效性，确保治理目标的实现与效率。这些要素共同构成了善治的基石，推动社会治理向着更加公正、高效的方向发展。

在京津冀协同创新的背景下，地方政府间财政策略性互动涉及多方主体，各主体间的目标可能不完全一致，且存在信息不对称的情况。可以将中央政府视为委托人，而地方政府则作为代理人。中央政府的目标是促进区域协调发展，而地方政府则负责具体执行相关政策和措施。为了激励代理人按照委托人的意愿行事，需要设定合理的激励机制，如中央政府应该通过财政转移支付、税收优惠等政策措施激励地方政府积极参与协同创新；为了确保代理人的行为符合委托人的利益，需要建立有效的监督机制，如建立信息公开和共享机制，提高透明度；由于环境的不确定性和信息的不完全性，设计灵活的契约机制，如中央政府与地方政府之间应建立一种动态的、可调整的合作关系，根据实际情况对财政策略进行适时调整。

（二）信息不对称理论

信息不对称理论是指在市场经济活动中，各类人员对有关信息的了解是有差异的。具体来说，信息掌握比较充分的人员，往往处于比较有利的地位，而信息掌握贫乏的人员，则处于比较不利的地位。这种信息不对称的现象广泛存在于各个领域，包括商品交易、劳动力市场、金融

[①] 刘尚希、李成威：《现代财政论纲》，经济科学出版社2019年版。
[②] 高轩：《当代中国政府组织协同问题研究》，上海三联书店2015年版。
[③] 俞可平主编：《治理与善治》，社会科学文献出版社2000年版。

市场以及政府治理等。而信息不对称状态会带来"逆向选择"和"道德风险"问题，从而严重降低市场运行效率。信息不对称理论强调信息在市场经济中的重要作用，以及信息不对称对市场交易双方可能带来的影响。为了缓解信息不对称带来的问题，各方需要采取措施来提高信息透明度，例如建立信息披露制度、加强监管力度、提高信息获取能力等。通过这些措施，可以降低信息不对称的程度，促进市场交易的公平性和效率。

在公共支出过程中，政府部门与社会公众之间以及政府各部门之间都存在信息不对称的问题。这种问题可能导致政府支出方案无法准确反映社会公众的偏好，同时，也可能造成信息优势的下级部门与信息劣势的上级部门在资源分配顺序上存在偏差。例如，政府预算编制部门和人民代表之间就存在典型的信息不对称情况。由于政府预算编制部门掌握着预算编制的信息源，并且预算编制具有政策性、法律性和专业性强的特点，这使得人大在预算审查监督权力的行使上受到很大制约。为了解决这种信息不对称所带来的问题，信息不对称理论认为，建立有效的信号传递机制是一个关键途径。这种机制能够确保信息优势一方将信息有效地传递给信息劣势一方，从而减少信息不对称所带来的危害。通过这样的机制设置，我们可以更好地促进政府部门与社会公众之间的信息沟通，提高政府支出的透明度和效率，确保资源分配的公正性和合理性。同时，这也有助于加强人大在预算审查监督方面的作用，提升整个公共支出过程的规范性和民主性。在数字化经济的蓬勃发展中，"数字化"已经超越"信息化"[1]，成为当今时代的核心议题。数字化监督不仅为提升人大预算审查监督的能力与水平创造了新的机遇，而且预算联网监督作为对传统监督方式的创新性改进，也显得尤为必要。因此，我们应当充分利用大数据和信息技术手段，融合线上线下监督模式，进一步推动财政数据和绩效信息的公开化与有效传递。这不仅能有效降低预算管理中的信息不对称，更能实质性提升人大在预算监督审查方面的工作水平，进而优化政府预算绩效，实现预算管理效率的全面提升。

在协同创新过程中，地方政府间往往存在信息不对称的情况，即某

---

[1] 刘尚希：《数字财政或将重构财政体系》，《新理财（政府理财）》2020年第12期。

些地方政府可能拥有更多的关于本地经济、产业、资源等方面的信息，而其他地方政府则相对信息匮乏。这种信息不对称可能会导致合作中的不信任、资源错配、利益冲突等问题，从而影响协同创新的效率和效果。地方政府需要认识到在协同创新过程中，信息不对称是普遍存在的现象，并可能对合作产生负面影响。通过对信息不对称的识别和分析，可以更好地理解合作中的潜在问题和挑战。如可以搭建信息平台或数据库，收集和发布各地的经济、产业、政策等信息，以便各地方政府能够更好地了解彼此的情况和需求；设计激励机制来鼓励地方政府主动分享信息、参与合作。

（三）新公共管理理论

新公共管理理论代表了一种前沿的公共管理理念和实践方法。它以市场机制为基石，通过融入竞争机制和私营部门的管理策略，致力于提升公共部门的运作效率和整体绩效。相较传统行政管理理论，该理论不再局限于政治学、管理学、社会学和社会心理学的范畴，而是深植于公共选择理论、制度经济学、交易成本理论以及私营化管理理论等经济学和企业管理理论的沃土中。这一理论是新管理主义在公共行政管理领域的具体应用，其核心研究目的在于追求公共行政管理的绩效最大化和结果的可量化[1]。新公共管理理论主张政府应采纳企业化的管理方式，以高效率为管理导向，并重新定义了社会公众与政府之间的关系，将其视为一种新型的"公共受托责任"[2]。在这种责任框架下，公共资源的优化配置、合理利用、公共部门绩效的评价以及透明度的提升被视为核心要务。这一理论呈现出公共管理理念向市场法则的实质性回归，从更深层次上反映了从"管理型"政府向"服务型"政府的根本性转变。

新公共管理理论深刻认识到，为了构建有效政府，绩效预算管理和预算资金使用效率的提升是不可或缺的环节。这一理论倡导将目标管理、绩效评估以及成本核算等先进理念和方法融入政府公共管理之中，旨在降低公共产品的提供成本，同时提升政府支出的效率和公共产品与服务的供给效率。通过与政府治理的紧密结合，这些措施不仅有助于实

---

[1] 何颖、李思然：《新公共管理理论方法论评析》，《中国行政管理》2014年第11期。
[2] 郑涌、郭灵康：《全面实施预算绩效管理：理论、制度、案例及经验》，中国财政经济出版社2021年版。

现公共产品和服务的有效供给，更能推动政府治理体系的现代化和高效化，从而更好地满足社会公众的需求和期望。

在京津冀协同创新中，通过引入市场竞争机制和私营部门的管理经验，为了推动地方政府优化流程、降低成本、提高行政效率，地方政府应更快速地响应创新需求，为区域内的企业和创新活动提供更高效的支持；为确保财政投入能够产生实际效益，通过设定明确的创新目标和绩效评估指标，地方政府可以更有针对性地制定财政策略，积极寻求与区域内企业、科研机构等私营部门的合作，共同投入资源、分享风险与收益。这种公私合作模式有助于汇聚更多的创新资源和要素，推动协同创新的深入发展。

第三节　政府间财政互动的理论依据

传统财政理论一般是以市场失灵为逻辑起点，论证政府作用及财政职能，在该理论中政府与市场具有一定的二元关系。传统财政理论更侧重于政府的收支平衡和财政管理，其核心在于维护国家财政的稳定性和可持续性。由此，主要关注如何通过税收、政府支出等手段来调节经济，以实现宏观经济的稳定和社会的公平分配。但与此种理念不同，现代财政理论认为政府与市场是一体的，两者之间是一种分工及合作的关系[1]，现代财政理论则呈现出更为复杂和多元的特点。现代财政理论不仅继续关注政府的财政平衡，更加强调政府在经济中的积极作用，还深入探讨政府如何通过财政政策来主动引导和推动经济发展，特别是在促进经济增长、优化资源配置、推动创新以及应对社会风险等方面的职能。现代财政理论广泛吸纳了经济学、政治学、社会学等多学科的理论成果，从而使其分析框架更为全面和深入。

一　博弈论

博弈论在经济、管理中具有极其重要的作用和地位。博弈论（Game Theory）在理解人类行为方面扮演着至关重要的角色，因为人类

---

[1] 刘尚希、李成威：《现代财政论纲》，经济科学出版社2019年版，第20页。

不仅参与各种博弈,还能够对博弈的发展动态施加影响并促使其发生变化①。因此,深入研究博弈成为洞察人类行为动态变化的关键所在。博弈论是一种多人决策理论,它主要探讨的是参与者在各类活动中的理性行为,并基于一个核心假设:所有参与者均采取理性行为。在此前提下,博弈论分析并预测博弈的可能结果。在这一理论中,每位参与者的选择不仅关乎自身利益,还会对其他参与者的利益及选择产生连锁影响②。经典博弈论主要分为合作博弈和不合作博弈,经典的完全信息静态博弈模型、完全信息动态博弈模型、不完全信息静态博弈模型、不完全信息动态博弈模型均是非合作博弈,分别对应纳什均衡、子博弈精炼纳什均衡、贝叶斯纳什均衡、精炼贝叶斯纳什均衡③四个稳定的博弈结果。其中,纳什均衡是经典完全信息静态博弈的一个概念,指出参与人需要持有共同的理念、信念,理性的行动者才会采纳相关建议。但随着新古典经济学及传统博弈论中"理性行为假设"存在缺陷获得越来越多人的关注,演化博弈得以蓬勃发展。如演化稳定策略(Evolutionary Stable Strategy, ESS)④和复制动态(Replicator Dynamics, RD)⑤是演化博弈论两个最重要的基本概念。演化博弈(Evolutionary Game Theory)"共同的主题是动态过程中描述博弈者如何在一个游戏的重复较量过程中调整他们的行为以重新适应,将均衡看做过程调整的结果"⑥,即演化博弈不再像传统博弈论那样将参与人假定为超级理性的,而是认为参与人作为人类如同生物进化过程一般,经常会通过试错的方式、模仿的方式,来不断修正和改进自己的行为,由此历史、制度、社会习俗等都是影响演化博弈的因素。

---

① [美]赫伯特·金迪斯:《理性的边界:博弈论与各门行为科学的统一》,董志强译,格致出版社、上海三联书店、上海人民出版社2011年版。
② 于维生、朴正爱编著:《博弈论及其经济管理中的应用》,清华大学出版社2005年版。
③ [法]朱·弗登博格、[法]让·梯若尔:《博弈论》,黄涛等译,中国人民大学出版社2015年版。
④ ESS概念的提出被公认为是演化博弈理论的诞生,是1973年由美国生态学家史密斯和普赖斯在将生物进化的优胜劣汰理论与经典博弈理论结合研究生态演化现象的基础上,开创性提出的。
⑤ RD概念是泰勒和琼克在考察生态演化现象时提出的基本动态概念。
⑥ 王国成:《行为—制度—增长:基于博弈模型的分析框架及应用》,中国社会科学出版社2012年版。

基于演化博弈论，区域发展过程中各个地方政府之间存在个体利益与区域整体利益的不同关注，各个地方政府间往往会存在"相互考察"，即各个政府之间即使存在合作可能，影响其政府合作策略、合作决策以及合作程度的选择，一般会依赖其对于实现相互合作的"直觉判断"以及"纯个体理性"[1]的简单策略偏好之间的矛盾。当对方选择"合作"时，本地方政府亦选择"合作"；当对方选择"拒绝合作"时，本地方政府亦可能选择"拒绝合作"，也可能选择"处罚"方式以阻止"拒绝合作"现象的发生，努力实现"合作"。由此，合作倾向的变化和实现，与博弈参与人之间的相互判断以及互动影响的策略行为紧密相关。

二 契约理论

契约与合同、合约、协议等词义相近，合同是两人或多人之间达成的具有一定约束力的协定、条款[2]，而合同是最为古老的经济法律形式之一，是一种核心的契约表现形式。由此契约是"规范多主体之间的交互行为以实现共同利益的最常用和最有效的方式"，其目的是"规范和保障结合与交换中交互行为的有效形成"[3]。20世纪30年代，科斯阐述了市场中协调成本的存在，并证明可以借助于不同的协调机制来处理组织内存在的协调障碍，构成了现代契约分析的基础。而随后的卡纳基行为学派、产权学派等对契约理论的主要内容和发展都有着深远的影响，特别是20世纪70年代以来，契约理论探究较为活跃并与组织行为学、信息经济学等相融合形成现代契约经济学。现代契约经济学主要包括激励理论（IT）、不完全契约理论（ITC）和交易成本理论（TCT）[4]等内容。

契约思想源远流长，在实践中长期扮演着重要角色。大约公元前1762年古巴比伦颁布的《汉谟拉比法典》中就有53%以上的契约关系

---

[1] 王国成：《行为—制度—增长：基于博弈模型的分析框架及应用》，中国社会科学出版社2012年版。

[2] Young H. P., *Individual Strategy and Social Structure: An Evolutionary Theory of Institutions*, Princeton, NJ: Princeton University Press, 1998.

[3] 王国成：《行为—制度—增长：基于博弈模型的分析框架及应用》，中国社会科学出版社2012年版。

[4] ［法］埃里克·布鲁索、［法］让·米歇尔·格拉尚编：《契约经济学：理论和应用》，王秋石、李国民、李胜兰等译校，中国人民大学出版社2011年版。

条款，之后的古罗马的《十二表法》以及西欧教会的发展和管辖，乃至专职法院、立法机关的产生，都是契约的集中性表现①。因此，契约的最初功能就是通过明确条款来最大限度地使各个签约方都能获益，契约的签署本就是一个交互过程，存在一方利益被另一方利益侵蚀的可能，也存在通过合作实现共赢的可能。进而契约的形成过程，也可以视为一个博弈的过程，即契约环境就如同博弈环境，而契约订立的结果就是多方在不完全信息下交互博弈的结果。在整个契约的签订过程中，既要考虑各个签署方的个体利益，还要考量和强调集体、整体、联合体利益，从而实现契约整体收益与各个签约主体的个体利益的权衡。相对而言，博弈论基于个体利益最大化，侧重探究参与人相互影响而带来的个体利益的得失以及策略的变化；契约理论则可通过条款等方式实现整体收益和个体化收益的兼顾。

区域的协同创新一定程度上体现的就是一种契约精神。随着市场经济的不断深入和发展，契约在社会中所扮演的角色也变得愈发重要，市场经济甚至被直接称为"契约经济"，并运用到社会的各个领域。而市场经济的健康发展需要一个良好的法治环境，法治的核心就是契约，遵守法律就是一定程度地遵守契约，但契约精神的含义却又更加丰富和饱满，既包括法律条文的契约性，还包括文化和道德层面的契约性。契约理念的形成不单单是对个人的要求，企业、政府都应提倡契约精神，尤其是"政府存在于社会公众的期望中"，其"权利和义务是政府与社会之间契约的结果"，政府的契约理念更为重要。但契约精神的培养也并非法律体系的简单构建和完善，更需要贯彻从个人到整体、从私人组织到公共组织、从法律到道德、从个人诚信到政府信誉等各个领域对公平、公正和效率的追求②。

三 财政竞合理论

基于区域发展的视角，探究竞争必然涉及区域竞争、地方政府竞争、财政竞争等相关概念。各个概念之间存在密切的联系，但又有一定

---

① 王国成：《行为—制度—增长：基于博弈模型的分析框架及应用》，中国社会科学出版社 2012 年版。
② 王丽：《雄安新区建设中的政府责任与政府边界》，《甘肃社会科学》2019 年第 2 期。

的差异性。区域竞争是指各个区域为了在市场竞争中获取短期或者长远利益而展开的各种资源要素的争夺。区域竞争力则是各个区域获得各种资源和要素的能力。

（一）竞争、合作与竞合

竞争理论可以追溯到"物竞天择，适者生存"进化论思想，而进化论中的竞争实际包含了三种竞争形态：种内竞争、种间竞争和环境竞争。其中，种内竞争是指一个物种内个体之间的竞争，此种竞争因能力禀赋、生存需求条件都极为相似，更加体现出一种直接对抗的模式，来争取甚至是"掠夺"资源以获取生存的资格。种间竞争是指物种之间的竞争，其物种特征存在一定差异性，为了避免物种之间的直接竞争而造成过多伤害，会通过演化和发展差异性达成和平共处的局面，以在相同的生存空间占据不同的生态位置；种间竞争发展到一定的程度甚至会演化发展成为一种物种之间的互利共生关系[1]，由最初的竞争关系演化为合作共生关系。环境竞争是指物种为适应自然环境而进行的物种演化过程，即适应自然环境就继续生存，无法适应自然环境就面临死亡，这是"适者生存"的最基本生存考核标准。而将自然界中的竞争理论引入人类的经济社会发展之中也同样适用，即无论是企业、自然人抑或是区域发展，若想"生存"，其最大的使命就在于寻找适合自己的生态位，能够与其他企业、自然人或是区域好好相处，形成有效的合作共生关系。而合作关系的达成并不是因为"完全为他人着想"，是着眼于自己的"长远私利"，而不是局限于当下的"短期利益"[2]。换言之，如果要获得合作带来的长期回报，可能需要当事人放弃一定的短期诱惑，即合作的达成需要基于互惠互利的考量，由此这种对于合作的诉求其本质上也是基于理性人的假设。但问题在于，更为现实的情况是，何为长远利益，何为短期利益，不同的人认识会有所不同，由此，阿马蒂亚·森将目光短浅自私自利的人称为"理性的傻子"[3]，即该"理性的傻

---

[1] 诸如高山和极地的地衣，其实质是苔藓和真菌的共生体。苔藓为真菌提供了养料，而真菌又为苔藓提供了保护，以适应较为恶劣的生存环境。

[2] ［英］马特·里德利：《美德的起源：人类本能与协作的进化》，吴礼敬译，机械工业出版社2015年版。

[3] 转引自［英］马特·里德利《美德的起源：人类本能与协作的进化》，吴礼敬译，机械工业出版社2015年版。

子"作出了短视的决定,此时已经不再是理性的,而仅剩短视。

除了进化论中的竞争与合作,企业管理中也存在竞争与合作。合作的起点并不是谁更强,而是匹配、合作、共赢,即"自然界的法则从来不是强者生存,而是适者生存"。故无论是区域的整体发展和定位,还是区域内各个辖区的发展和定位,关键是根据自己的要素条件和未来发展目标合理进行功能定位,找到适合自我发展的赛道和生态位置,在竞争与合作相互影响中实现"适者生存"的共赢合作共生关系。

竞合理论来源于企业在经营活动的对抗中而发展起来的竞争与合作相结合的战略形式,是一种双赢模式的非零和博弈。其区别于零和博弈[1],是一种具有合作特性的博弈模式,博弈后的收益和损失之和不再为零,可以分为正和博弈和负和博弈两种可能性。当博弈双方的利益均有所提升,或者其中一方的利益有所增加,但另一方的利益并未受损,其整体的利益之和仍旧有所提高时,呈现出"双赢"的结局,称之为正和博弈;反之,当博弈双方因冲突或斗争,造成双方的收益都小于损失,整体的利益也随之有所下降时,呈现出"两败俱伤"的结局,称之为负和博弈[2]。因竞合是在企业之间竞争关系之上延伸和拓展而来的,其根本的落脚点仍在竞争之上,即通过合作,促进自身的发展与不断强大,进而在以后的竞争中得到更大的优势,由此,本质上是"合作性竞争"的表现。

(二)财政竞争、财政合作与财政竞合[3]

地方财政竞争是实现地方政府竞争的一种手段,地方政府竞争是区域竞争的重要组成部分。通过财政竞争手段的实施具有提升地方政府竞争力的可能性,而通过地方政府竞争也具有提升区域竞争力的可能性。但地方财政竞争的参与主体主要是地方政府,其实施的主要地域边界主要依托行政管辖边界;地方政府竞争的参与主体也主要是地方政府,其实施的主要地域边界也主要依托行政管辖边界;而区域竞争的参与主体

---

[1] 零和博弈是指参与博弈的双方不具有合作的可能性,只存在一方获得全部收益而另一方只能全部损失这一种情况,收益与损失相抵为"零"。

[2] 王丽:《区域协同的财政路径选择——从财政竞争走向财政合作》,《学术论坛》2018年第3期。

[3] 王丽:《区域协同的财政路径选择——从财政竞争走向财政合作》,《学术论坛》2018年第3期。

却不单单包括政府，亦包括企业、居民等，其实施的主要地域边界可以是行政管辖边界，也可以是都市圈、城市圈等非行政管辖边界。此外，无论是区域竞争、地方政府竞争，还是地方财政竞争，其与自然界、市场的"完全自由放任的竞争"中"优胜劣汰"不同，区域竞争、地方政府竞争、地方财政竞争虽然会出现"优胜""适者生存"，但一般不会出现"劣汰"，故具有准竞争性的特点，是一种"规制"下的竞争。[1]

作为政府间竞争方式的财政竞争更是充分表现出各个地方政府利益独立性的追逐。地方政府间的财政竞争一般是指各级地方政府为了有效争夺有助于增强本地区经济实力和提高本地区社会福利的稀缺或优质资源、资本、技术等生产要素，而运用税收优惠、提高公共财政支出等财政收支手段的行为和活动。对于地方政府间的财政竞争，早就存在"效率悖论"[2]。Tiebout[3] 在论证地方政府存在必要性的过程中就已提出，"用脚投票"促使政府间展开以吸引选民为目的的公共服务提供竞争，而这种政府间的财政竞争对地方政府支出效率的提高是有利的。但与之相反，Oates[4] 认为地方政府间通过竞相压低税率的财政竞争行为虽然可以在引资中取得优势，但却会造成公共支出水平的下降。之后，Zodrow 和 Mieszkowski[5] 及 Wilson[6] 通过一个标准的税收竞争模型进一步验证了地方政府间的理性竞争行为会造成社会非理性后果的结论，政府间的财政竞争负面效应被更多专家和学者所重视和接受。然而，Teather[7] 在经济增长、资本市场有效性、企业发展和政府行为等多方面又论证了税收竞争的推动作用。由此，政府间的财政竞争行为较为

---

[1] 魏后凯：《区域经济理论与政策》（下卷），中国社会科学出版社2016年版。
[2] 郑尚植：《财政竞争与地方政府的公共支出结构——基于国内外文献的一个思考》，《云南财经大学学报》2011年第6期。
[3] Tiebout C. M., "A Pure Theory of Local Expenditures", *Journal of Political Economy*, Vol. 64, No. 5, 1956.
[4] Oates W. E., *Fiscal Federalism*, New York: Harcourt Brace Jovanovich, 1972.
[5] Zodrow G. R, Mieszkowski P., "Pigou, Tiebout, Property Taxation, and the Underprovision of Local Public Goods", *Journal of Urban Economics*, 1986, Vol. 19.
[6] Wilson J. D., "Capital Mobility and Environmental Standards: Is There a Theoretical Basis for the Race to the Bottom?", *Economic analysis*, Vol. 1, 1996.
[7] Teather R., *The Benefits of Tax Competition*, IEA Hobart Paper, Available at SSRN, 2005, No. 153.

普遍，在吸引外资、调动政府积极性方面确实具有有效的一面，但同时在政府间的竞争过程中，由于监管不到位确实也存在扭曲性的行为。

地方政府具有天然的自我发展的需求，必然形成地方政府间的竞争驱动，在区域发展中，为了纠正竞争中的扭曲行为，切合区域共同发展的目标需求，遵循竞合理念选择政府间的竞争与合作相结合的战略形式，引导形成正和博弈结果成为区域发展的一种新理念和新尝试。基于区域协同创新理念，区域经济协同与区域社会协同同时成为区域发展的目标，协同创新并不是追求区域内各辖区独立经济和独立社会的发展，而是通过各方利益的交换程序、争端解决机制和公共决议等方式①，以满足区域内各辖区的共同利益为驱动目标，以确定整体区域的社会、经济发展为未来发展趋势，区域内各辖区间的竞争为其相互间更好的合作而服务。因此，地方政府间财政竞合关系的本质与一般政府间财政竞合关系有所不同，其本质发生了变化，调整政府间的"合作性竞争"关系为"竞争性合作"关系，整合区域内辖区间的单纯竞争关系，协整为区域合作中的竞争，其区域协同的最终结果是在竞争中实现区域整体的提高。

区域经济合作是"经济主体为了谋求经济社会利益而促使生产要素在区域之间流动和重新组合的过程"，区域经济合作涉及合作主体、合作对象以及合作效益三个要素②。其中合作主体既可以是企业、事业单位、地方政府等各种经济组织，也可以是自然人，并在合作中应具有对等的地位；合作对象应该包括资本、技术、劳动力、信息等各种生产要素；合作效益则根据合作目的的不同，具体内涵和表现形式也存在差异性，主要包括经济效益和社会效益，如一般企业更倾向于追求利润等经济利益，而政府等组织更倾向于诸如经济地位、城市吸引力等整体性效益。

---

① Crespo J. L., Cabra J., "The Institutional Dimension to Urban Governance and Territorial Management in the Lisbon Metropolitan Area", *Análise Social*, Vol. 45, No. 197, 2010.
② 孙久文、叶裕民编著：《区域经济学教程》（第三版），中国人民大学出版社2020年版。

第四节 地方政府间财政互动对区域协同创新的影响机理[①]

根据区域协同创新理论可以看出，区域的发展最初多基于经济互补的目标展开竞争与合作，且随着区域内各辖区经济的快速发展以及辖区间相互依赖程度的相应提升，区域内市场、资本、人才、技术竞争加剧，为减少区域内各辖区间的内耗，增强整体区域凝聚力，区域的协同创新必将成为区域的长期发展路径选择。但在区域协同创新发展的过程中，由于行政区划与市场范围的非一致性，区域内各辖区的各自发展诉求与区域整体发展需求的契合状态难以"自洽"，再加上辖区间的资源禀赋条件等先天自然条件和经济发展水平、市场发育成熟度以及历史发展进程等后期经济技术发展水平存在较大的地域差异，致使区域内各辖区间的经济和社会发展依然存在差距。而为了实现缩小辖区间经济与社会差距的区域协同发展目标，在市场经济体制不完善的背景下，可以通过区域内各辖区间的具有政府导向性的地方策略性互动，打破固有行政区划权力的绝对化分割，化解区域内各辖区间的行政壁垒，调整辖区间的利益关系，形成区域统一性市场，促使行政权力所控制的人力、技术、资本等要素资源在区域内得以更有效地重新配置，以平衡辖区间经济与社会发展的基础环境差距，实现协同。

一 竞争性互动对区域经济协同创新的影响

技术创新是实现自主创新的必然路径选择，而以创新驱动为核心的区域发展，才能促成经济利润的有效增加和实现，达到经济增长的持续。与此同时，通过驱动创新的制度安排，促使政府制度变革与技术创新的协同演化，是制度对技术创新的保驾护航。因政府的制度安排可以通过简政放权等方式，不仅促成市场在资源配置中真正起到决定性作用，由此更多的创新资源和要素涌入市场，通过市场竞争、参与"优

[①] 王丽、刘京焕：《区域协同发展中地方财政合作诉求的逻辑机理探究》，《学术论坛》2015年第2期。

胜劣汰"来达到资源配置的更优化；政府还可以通过政策引导、行政指令等多元化方式，对创新资源和要素流入领域、流入方向、流入规模等进行干预和影响，以更好发挥政府的"设计"作用。

一个区域的创新能力往往与该地区的创新资源丰裕程度相关，包括人才、资金、知识、技术、信息等创新要素。创新被称为"要素的新组合"①，创新要素、创新资源是区域创新的基石。创新要素和资源存在两种情况：一种是基于现有的知识、技术、资本、劳动力等创新要素，进行重新"排列组合"，进而获得新的知识、新的技术改造、新的产品、新的管理等，从而获得更高的资源生产率，达到新技术、新产品的更新和迭代，实现经济增长；另一种是引入新的知识、新的技术、更多的资本等创新要素，进行全新的产品、技术创造，实现经济增长。两种路径的选择标准和原则，主要是效益和成本，即新产品、新技术等创新带来的经济增长的可能性、规模性和持续性；再有，就是创新的成本高低，抑或是创新投入的资源与获得的产出之间的合理性。此外，创新的生态环境也是影响创新驱动的重要因素。因工业化的发展，环境污染问题、生态平衡问题成为当下不可回避的全球问题，"碳中和""碳达峰"的环保时代背景，也进一步阐述"控制环境污染""减少碳排放"等促进绿色技术、倡导绿色发展，是当下创新的重要方向，这与地区的产业结构升级优化有着必然的联系，并需要统筹安排。

无论如何，创新要素、创新资源不足，创新的实现就是"巧妇难为无米之炊"。基于创新投入视角，区域创新资源可以分为人才与资金，其中创新人才是最重要的创新资源，创新资金依托创新人才而发挥作用；基于创新产出视角，区域创新资源可分为知识与技术②。一个区域的创新能力还与该地区的创新资源转化效率密切相关。竞争作为市场效率的一种有效工具，保持竞争是发挥市场效率的一个重要条件。《中共中央 国务院关于加快建设全国统一大市场的意见》在"进一步规范不当市场竞争和市场干预行为"的"破除地方保护和区域壁垒"部分提出"建立涉企优惠政策目录清单并及时向社会公开，及时清理废除

---

① 洪银兴：《论创新驱动经济发展》，南京大学出版社 2013 年版。
② 毛伟：《创新发展的理论与评价》，浙江工商大学出版社 2020 年版。

各地区含有地方保护、市场分割、指定交易等妨碍统一市场和公平竞争的政策，全面清理歧视外资企业和外地企业、实行地方保护的各类优惠政策，对新出台政策严格开展公平竞争审查"①。通过该意见，不仅可以看出全国统一大市场推进的决心和信心，还可以判断出地方未来经济社会的发展，尤其是本地区产业、企业的壮大，其依赖本地区优惠政策保驾护航的空间和可能性均在大大压缩。本地区存量经济和增量经济的加持，需要依赖较为优质资源的吸引和占有，而作为全国统一大市场的发展前景，要素的流通壁垒作用会大大减弱，各个地区吸引和留住优质生产要素和资源的压力会进一步提升，地区间的财政竞争以及税收竞争可能性也会进一步加大，进而加大了"用脚投票"的可能性。

因此，创新作为发展新质生产力的核心驱动力，其进程既受市场机制的调节，也受行政手段的影响。政府通过精简行政程序、下放权力等方式，能够有效推动市场在资源配置中发挥决定性作用，进而引导更多创新资源和要素自由进入市场，并在市场竞争中经历"优胜劣汰"过程，实现资源配置的高效优化。政府还能运用政策引导、行政指令等多元化手段，对创新资源和要素的流动领域、方向及规模进行精准干预，以更好发挥政府的战略规划职能。

二 合作性互动对区域社会协同创新的影响

《中共中央 国务院关于加快建设全国统一大市场的意见》中提出"鼓励……在维护全国统一大市场前提下，优先开展区域市场一体化建设工作，建立健全区域合作机制"。如在市场基础制度建设方面，提出"完善知识产权法院跨区域管辖制度"；在现代流通网络建设方面，提出要"推动交通运输设施跨区域一体化发展"；在健全商品质量体系方面，提出"推动认证结果跨行业跨区域互通互认"。即使在具有一定竞争性的产业发展方面，关于产业布局也在"进一步规范不当市场竞争和市场干预行为"中，提出依照"推动产业合理布局、分工进一步优化"原则，通过"加强地区间产业转移项目协调合作，建立重大问题协调解决机制"，倡导各个地区发挥"综合比较优势"，以避免"低层

---

① 《中共中央 国务院关于加快建设全国统一大市场的意见》，人民出版社 2022 年版。

次重复建设和过度同质竞争"现象和问题的发生①。

"好"或"高质量"通常不仅仅是指经济效益，还意味着许多其他方面的东西②。在区域协同发展的背景下，区域社会发展的"一体化"和经济发展的"一体化"相互影响，缺一不可，致使在缩小区域内各辖区间差距的过程之中，也必然包含经济发展的均衡以及社会发展的均衡，而社会发展的均衡首先需要保障区域内各辖区间公共服务的均等化。社会公共服务提供制度的逐渐统一，打破了实现公共服务均衡化的制度瓶颈，为公共服务提供均等化的有效实现创造了良好的环境。但鉴于公共服务（公共物品）一般具有"非排他""非竞争"以及效益外溢等特点，而提供公共服务又是政府的基本职责所在，故地方政府对于公共服务的提供往往具有属地性特点，即本辖区政府承担本辖区居民的社会公共服务提供责任。而在区域协同发展的进程之中，基于区域内各辖区间在历史条件、自然条件、经济条件、社会条件、政府政策等方面的差异性，各辖区间极易存在不同的社会发展水平、不同的公共服务水平，给缩小和消除辖区间差距，并实现区域"一体化"的区域协同发展带来障碍。因此，通过区域内各辖区间在税收政策、财政支出以及转移支付等方面的地方财政合作，以社会公共服务均等化提供为起点，推动区域内各辖区间优质社会公共资源的流动和共享，降低各辖区公共服务提供服务成本以及拓展辖区公共服务受益范围，在实现区域内各辖区公共服务数量与质量"双"提升的基础上，逐步缩小区域内各辖区的社会公共服务水平差距，实现区域内的公共服务均等化，进而逐步缩小区域内各辖区的社会发展水平差距，促进区域社会协同的实现。

---

① 《中共中央 国务院关于加快建设全国统一大市场的意见》，人民出版社2022年版。
② ［瑞典］索伦·霍姆伯格、［瑞典］博·罗斯坦主编：《好政府：政治科学的诠释》，包雅钧、梁宇、刘舒杨、孙响译，北京大学出版社2020年版。

第三章 京津冀协同创新中地方财政互动的演化历程考察

第一节 京津冀区域的形成及功能定位

一 京津冀区域的形成[①]

京津冀区域位于中国的华北平原北部，所辖"两市一省"，其中"两市"指北京市和天津市两个直辖市，"一省"则是指河北省全境，京津冀共计辖13个地级以上城市，203个县级区划单位，共占土地面积21.78万平方千米，为全国土地面积的2.3%。

其中，北京市作为全国首都、直辖市，至今已拥有三千多年的历史，并早在公元1421年就已经成为真正意义上的首都，其特殊的政治属性，不仅长期集聚了较高的人气，加速了本地市场和经济的发展，还有效提高了该地区的行政管理水平。北京凭借特殊的政治地位、历史积淀，吸引了周边地区的各种优质生产要素，逐渐成长为京津冀区域的经济和政治中心，2014年北京常住人口2152万人，地区生产总值2.133万亿元，分别约占京津冀的19.47%和32.09%；2020年北京常住人口2189万人，地区生产总值3.61万亿元，分别占京津冀的19.83%和41.79%。而天津地跨海河两岸，自古以来就因漕运而兴起，曾有"畿辅门户"的称谓，凭借其独特地理位置所形成的绝对优势，天津的

[①] 该部分内容发表于王丽《促进京津冀区域协同发展的地方财政合作研究》，人民出版社2018年版。

进出口贸易较为繁荣，在鼎盛时期，其贸易总额能够位居全国第二①，而在华北地区则更是首屈一指。天津凭其港口性的区位条件，经济发展也极为迅速，在京津冀区域晋升为仅次于北京的第二大经济中心，与北京共同组成了京津冀区域的"双核心"，2014 年天津常住人口 1517 万人，地区总产值 1.572 万亿元，分别约占京津冀的 13.72% 和 23.65%；2020 年天津常住人口 1387 万人，地区生产总值 1.41 万亿元，分别占京津冀区域的 12.57% 和 16.30%。而河北省所辖石家庄、唐山、廊坊、保定、秦皇岛、张家口、承德、邯郸、邢台、衡水和沧州 11 个地级市，2014 年共计常住人口 7384 万人，地区总产值 2.942 万亿元，分别约占京津冀的 66.81% 和 44.26%；2020 年常住人口 4481.6 万人，地区生产总值 3.62 万亿元，分别占京津冀的 59.2% 和 41.91%。

在京津冀区域的历史发展进程中，其称呼从 1982 年包含内圈和外圈②的"首都圈"，到 1996 年"2+7"③的"首都经济圈"，到 2001 年的"大北京"，到 2004 年"2+8"④的"京津冀都市圈"，再到 2010 年的"环首都经济圈"，以至现在"2+11"⑤的"京津冀协同"，愈发体现出京津冀区域向"一体化"的发展趋势。2014 年京津冀区域共计人口 11053 万人，已占全国总人口的 8.08%，当年地区总产值 6.647 万亿元，占全国地区总产值高达 10.48%⑥，与珠江三角洲和长江三角洲共同组成了中国东部沿海地带三大以城市集聚为形式的"经济带""城市群"。而截至 2020 年年底，京津冀人口为 11040 万人，占全国总人口的 7.82%，京津冀地区生产总值 86393.17 亿元，占全国地区生产总值的 8.56%。而相较其他区域，京津冀区域的形成与发展有其天时、地利、人和的缘由，京津冀区域作为一个包含"两市一省"的特殊区域，呈

---

① 陆军：《论京津冀城市经济区域的空间扩散运动》，《经济地理》2002 年第 5 期。
② 内圈是指北京、天津、唐山、廊坊、秦皇岛；外圈是指承德、张家口、保定、沧州。
③ "2"指北京和天津，"7"是指河北省的唐山、保定、秦皇岛、承德、廊坊、沧州、张家口。
④ "2"指北京和天津，"8"是指河北省的唐山、保定、秦皇岛、承德、廊坊、沧州、张家口、石家庄。
⑤ "2"指北京和天津，"11"是指河北省的石家庄、唐山、保定、秦皇岛、承德、廊坊、沧州、张家口、衡水、邢台、邯郸。
⑥ 国家统计局网站（http://data.stats.gov.cn/easyquery.htm?cn=E0103）。

现出区位条件相近、人文环境相似、要素禀赋互补、政府导向显著四大特征。

(一) 相近的区位条件

京津冀区域内"2+11"个城市中，城市与城市间多为相邻关系。作为京津冀区域内的两个核心城市，北京与天津地界相连，两城市之间的主要城镇公路里程数仅为136千米，而其他城市以北京和天津为经济核心辐射散开。其中，被誉为"京津走廊上的明珠"的廊坊市地处京津之间，是距离北京、天津最近的城市，地理距离仅为63千米和83千米；而距离北京和天津最远的邯郸市，公路里程分别为456千米和460千米；在所有城市中，两个城市间地理距离最远的要算京津冀区域内最南端的邯郸市与最北端的张家口市，两个城市的公路里程距离为736千米。

随着京津冀区域经济的逐步发展，区域内辖区间的交通设施愈加完善，高速公路、城际铁路、市郊铁路、高速铁路延伸，北京、天津作为京津冀的中心城市，有助于对其周边其他城市发挥扩散、辐射作用，如京山、陇海、京张、津浦、津榆、芦汉等众多交通铁路的修筑，促使京津冀区域内的唐山、石家庄等城市也慢慢发展成为华北地区的次级市场，与北京、天津的经济关系愈发密切，使得京津冀各个辖区间的时间距离不断缩短，地理距离的影响正在逐步被弱化。如北京与天津两个核心城市之间仅需花费31分钟就可基本抵达对方的城市中心，而廊坊与北京、天津之间也仅是21分钟、18分钟的距离，即使是地理距离最远的邯郸市，也仅需1小时54分钟和2小时13分钟就可以抵达北京和天津[①]，越织越密的京津冀交通大网，将京津冀区域内各个辖区紧紧地集聚在一起。

(二) 相似的人文环境

在中国漫长的历史长河中，京、津、冀三地间具有较深的历史渊源。早在春秋、战国时期，太行山各流域就已经成为京津冀人口频繁活动的区域，又因北京在明朝时期成为首都，其逐渐演变成为京津冀区域

---

① 数据来源：中国铁路客户服务中心，http://www.12306.cn/mormhweb/，2022年6月15日。

的政治、经济、军事和文化中心，无论是明朝初期的北平府，还是清朝时的顺天府，首都的地域管辖范围都较大，河北的部分地域如遵化、霸州等地区就包含在作为首都北京的地域板块之内；而在民国时期，北京曾被改名为北平，与天津同属河北，直至中华人民共和国成立，北京重新被确定为首都，天津成为直辖市；而到了1958年2月，天津由直辖市转变成河北省的省会，1967年河北省省会迁至石家庄，天津重新成为直辖市。这一系列的历史更迭，促使京、津、冀三地的地理区划在交叉与变更中形成了较为稳定的京津冀区域，不仅使得京津冀区域拥有了相连的地脉，更使得冀文化和京津文化拥有了高度同源的文脉，再加上京、津两市内嵌于冀域之内，三地间长期的人口往来与流动，还形成了相通的人脉。

（三）互补的要素禀赋

京津冀区域内各辖区间的要素禀赋优势各有不同，北京坐拥雄厚的政治资源，天津拥有良好的港口优势，而河北省各辖区在土地、矿产和劳动力等方面存在一定的资源优势，促使"2+11"组成模式的京津冀区域在经济与社会发展的过程中，彼此需求、不可或缺，构成了较为稳固的相互依存且相互服务的互补关系。

北京作为一座历史悠久的古都，众多朝代的首府都在此设置，曾有"燕都""燕京""北平""京兆"等多个别称。作为首都，北京是中央政府办公所在地，所拥有的政治地位和政治影响力，使其具有其他城市不可比拟和无法复制的独特性。而北京得天独厚的政治资源，不仅将北京打造成为全中国独一无二的政治中心，更将其培育成为具有超强资源吸附能力的财富集聚之地。但北京作为典型的消费型城市，在中华人民共和国成立初期许多基本的日化用品均来自天津的企业。

天津拥有丰富的水资源，附近汇集了海河、北运河、永定河、大清河、子牙河、南运河六条河流，以及子牙新河、独流减河、马厂减河、永定新河、潮白新河、还乡新河六条人工河道，以及20世纪80年代兴修的引滦入津水利工程。天津临水而建，现已经成为中国北方最大的沿海开放城市，其在滨海新区建成了世界等级最高的人工深水港——天津港，为京津冀及周边地区服务。

相较京、津，河北省具有较为明显的土地资源、矿产资源和劳动力资源优势，为北京和天津的发展提供了必要的基础条件，有效地弥补了京津两市在工业化发展进程中对于生产要素资源的迫切需要。其中，河北省已发现矿产 156 种，占全国总矿产种类总量的 65.82%，分布在唐山、保定、邯郸等 9 个设区市，其中分布较为广泛，且资源储量占据全国前五位的已有 39 种。如唐山和沧州的地下苦卤资源储量较高，河北全省的年海盐产量占全国的 21.2%；河北省海域的油气资源也较为丰富，主要分布在冀东、大港、渤海三大油田；河北省长达 487 千米的海岸线，设有秦皇岛、唐山、黄骅三大港口。而与京、津比较，河北省的可用土地资源仍较为丰富，河北省共计土地面积 18.85 万平方千米，其中农用土地为 13.168 万平方千米，建设用地 2.011 万平方千米，未利用土地 3.675 万平方千米①。除此之外，河北省的劳动力资源也较丰富，2019 年河北省的就业人员为 4182.5 万人，北京的就业人员为 1273 万人，天津的就业人口仅为 896.6 万人，河北省就业人口占京津冀合计就业人口的 85.8%，其中河北省第一产业就业人口占京津冀合计第一产业就业人口的 93%，河北省第二产业就业人口占京津冀合计第二产业就业人口的 75.8%，河北省第三产业就业人口占京津冀合计第三产业就业人口的 47.4%。

（四）显著的政府导向

自京津冀区域形成以来，其发展历程始终带有鲜明的政府导向性特征。无论是京津冀的区划布局、区域发展目标的确立，还是区域内各辖区的发展功能明确定位，乃至整个京津冀区域发展路径的选择，无一不彰显出政府在京津冀的当前发展及未来发展中所体现的以及扮演的导向性作用。京津冀区域是北京市、天津市以及河北省三地行政区划地理范围的简单加总，并未基于京津冀区域发展趋势而对其进行重新的地界整合与划分。而中国具有较为特殊的行政等级管理体制，行政等级的高低与资源配置的主动性和资源的优质程度往往有着直接的联系，即行政等级越高的地区，资源配置的自主性越高，资源吸附的能力越强；反之，

---

① 数据来源：河北省国土资源厅，http://www.hebgt.gov.cn/index.do? templet = zygk_list&cid = 984&id = 17158。

行政等级越低的地区,资源配置的自主性越弱,一定程度上资源吸附能力也越弱。基于行政级次的考量,京津冀区域之内,首都身份的北京、直辖市身份的天津以及普通省份身份的河北,无论是在京冀关系中还是在津冀关系中,河北省均处于相对弱势地位。然而,京津冀的长远发展并非单纯依赖京、津、冀三地的直接经济合作与社会融合,而是倾向于构建"2+11"的城市群发展模式,即两大直辖市与河北11个地级市间的携手共进。

首先,在京津冀目标设定方面,具有较为明显的政府主导性。一般的区域发展,主要以缩小区域内辖区间的差距,实现区域整体快速、长效发展为最终目标。但京津冀有所不同,京津冀区域的发展虽然也提倡通过优化产业结构、提高资源配置效率等途径实现京、津、冀经济与社会差距的缩小,但在区域发展目标设计初衷更注重和强调北京首都功能的保障和非首都功能的疏解。而无论是非首都功能的有效疏解,还是区域内产业的升级转移,其根本目标均在于实现京津冀区域的高质量发展,并逐步缩小区域内的差距,两者在本质上是一致的。

其次,在京津冀区域发展的路径选择方面,也具有明显的政府主导性。与许多区域依赖各自辖区的比较优势、通过市场机制自发形成产业分工和功能定位不同,京津冀区域的发展则是在政府明确的顶层设计下推进的。为有效推动京津冀区域发展并实现预设目标,中央政府已明确界定了该区域三地的功能定位。2015年,《京津冀协同发展规划纲要》提出遵循"功能互补、区域联动、轴向集聚、节点支撑"的建设原则,依托"一核、双城、三轴、四区、多节点"的空间布局,全力推进京津冀协同发展战略的实施。

二 京津冀区域的功能定位

(一)京津冀整体功能定位

《京津冀协同发展规划纲要》不仅清晰阐述了京津冀三地的功能定位,而且为整个区域的发展设定了宏伟目标:将京津冀打造成以首都为核心的世界级城市群、区域整体协同创新的改革引领区、全国创新驱动的经济增长新引擎以及生态修复与环境改善的示范区。这一整体功能定位深刻体现了三省市"一盘棋"的战略思想,强调功能互补、错位发展与相辅相成,以协同推进区域发展。

(二)北京的功能定位

北京,作为中国的首都,其功能定位为全国政治中心、文化中心、国际交往中心及科技创新中心。即(1)强化政治中心安全,严控中心城区建筑高度,治理隐患,确保政务环境安全优良;(2)深化文化中心建设,保护历史文化,构建现代公共文化体系,提升文化软实力与国际影响力;(3)前瞻规划国际交往中心,健全国事活动服务保障机制,加强国际交往设施建设;(4)加速科技创新中心建设,实施创新驱动发展战略,依托科技、金融、文化创意等服务业及高技术产业,构筑北京发展新高度。[①] 进入新的历史时期,北京的政治与文化中心定位保持不变,同时新增了科技创新与国际交往中心的角色,这促使城市空间结构进行相应调整。为实现这一多功能定位,需妥善处理北京的"都"与"城"、"舍"与"得"、"疏解"与"提升"的关系。而疏解非首都功能、推动京津冀协同创新是一项庞大的系统工程,通过功能疏解优化经济与空间结构,践行北京内涵集约发展新路径。

一方面,行政功能优化布局。北京作为首都与地方性城市的双重角色"大城市病"问题越发凸显,因此需保"都"去"城",围绕"都"的功能规划"城"的发展,以"城"的高质量发展服务"都"的功能。通过实施"一核两翼"[②] 战略,实现中心城区功能的有序疏解与分散。另一方面,产业向津冀转移。根据北京"四个中心"定位,发布《北京市新增产业的禁止和限制目录(2022年版)》《北京市工业污染行业生产工艺调整退出及设备淘汰目录(2022年版)》,采取"严控增量、调整存量"策略,对不符合首都功能的产业需进行疏解,涵盖"三高一低"制造业、区域性集贸市场、非生产型事业单位等五大类。再者,构建科技创新中心。为打造"科技创新中心",发布《〈中国制

---

① 《北京城市总体规划(2016年—2035年)》,http://www.beijing.gov.cn/gongkai/guihua/wngh/cqgh/201907/t20190701_100008.html。

② 以北京为核心,以通州和雄安为两翼。

造2025〉北京行动纲要》等多项政策,明确"三四五八"① 发展战略,推动产业向高精尖转型,引导高端要素集聚于创新产业,实现从"北京制造"到"北京创造"的转变。

(三) 天津的功能定位

《京津冀协同发展规划纲要》为天津设定了"一基地三区"的战略定位,旨在将其打造成为全国先进制造研发基地、北方国际航运核心区、金融创新运营示范区及改革开放先行区。(1) 加快建设全国先进制造研发基地。针对全国先进制造研发基地建设,《关于进一步加快建设全国先进制造研发基地的实施意见》和《中国制造2025》出台,指出天津以战略性新兴产业为引领,先进制造业为支撑,重点发展十大支柱产业,聚焦于世界一流的制造研发基地建设、高端产业集群建设,以促进生产性服务业的协同创新②。(2) 加快建设北方国际航运核心区。天津作为北京的出海门户及北方关键港口,占据中国交通枢纽的重要位置,是连接欧洲与亚太地区的交通要道,拥有构建北方国际航运核心区的坚实基础。为加速实现这一目标,天津市颁布《关于进一步加快建设北方国际航运核心区的实施意见》,围绕规划功能布局优化、航运枢纽功能强化、航运产业壮大、航运服务水平提升及通关环境完善等五大核心领域,明确部署19项重点工作,为北方国际航运核心区的建设提供明确指导和根本遵循。(3) 打造金融创新运营示范区。天津市发布《关于进一步加快建设金融创新运营示范区的实施意见》《关于推动金融创新运营示范区高质量发展的政策措施》等政策,既清晰界定了金融创新运营示范区建设的时间表与路线图,又系统性推出政策措施,促进金融与全产业链深度的协同,进而推动天津金融领域的创新发展。③ (4) 打造改革开放先行区。2015年4月21日天津自贸试验区正式成立,标志着天津滨海新区在扩大开放方面实现了区域形态的质的飞跃。随后,紧密围绕重大战略布局和滨海新区的改革发展需求,在2016年12月滨海新区区委出台《激励干部改革开放创新 勇于担当容

---

① "三转"调整、"四维"创新、五类高精尖产品、八个新产业生态建设专项。
② 《天津全面落实功能定位 加快"一基地三区"建设》,http://tjec.gov.cn/xinxxw/65080.htm,2018年8月10日。
③ 《天津:加速推进金融创新运营示范区建设》,《天津日报》2017年2月22日。

错免责实施办法（试行）》，旨在激励干部先行探索并勇于在改革创新中担当作为。①

（四）河北省的功能定位

《京津冀协同发展规划纲要》为河北省明确了"三区一基地"的功能定位，即打造全国现代商贸物流重要基地、产业转型升级试验区、新型城镇化与城乡统筹示范区以及京津冀生态环境支撑区，这标志着国家首次对河北省的功能定位进行了清晰界定。为了有效落实这四大功能定位，河北省精心制定了四项专项规划：《河北省建设全国现代商贸物流重要基地"十四五"规划》《河北省建设全国产业转型升级试验区"十四五"规划》《河北省新型城镇化与城乡统筹示范区建设规划（2016—2020 年）》《河北省建设京津冀生态环境支撑区"十四五"规划》。（1）全国现代商贸物流重要基地。河北省依托其优越的地理位置和交通网络，一方面，加强物流基础设施建设，优化物流网络布局，提升物流信息化水平，推动物流产业与制造业、商贸业深度融合；另一方面，积极引进和培育具有国际竞争力的物流企业和平台，促进物流资源高效整合，实现高效、绿色、智能的现代商贸物流体系的加速构建，打造具有国际影响力的商贸物流枢纽和产业集群。②（2）产业转型升级试验区。积极响应经济新常态的挑战，将产业转型升级置于核心战略地位，聚焦创新驱动、技术改造与绿色发展三大关键路径，致力于推动传统产业的深度优化与高端升级，并同步助力新兴产业与现代服务业的蓬勃发展，加速构建起以创新驱动为核心、支撑经济增长与转型升级的新经济体系和发展模式。③（3）新型城镇化与城乡统筹示范区。一方面，优化城镇空间布局，确保发展的有序与高效；另一方面，持续完善城镇基础设施与公共服务体系，提升居民生活质量；同时，积极推进农业转移人口市民化进程，加快其融入城市社会的步伐。致力于推动以人为核心的新型城镇化进程，着眼于增强城镇综合

---

① 《天津全力打造改革开放先行区：先行先试以新赢新》，天津网，2018 年 1 月 24 日。
② 《河北省建设全国现代商贸物流重要基地"十四五"规划》，http://fgw.lf.gov.cn/Item/168.aspx。
③ 《河北省建设全国产业转型升级试验区"十四五"规划》，http://hebei.hebnews.cn/2017-02/12/content_6300525.htm。

承载力,促进城乡资源要素的自由流动与公平配置,进一步缩小城乡发展差距,促进城乡间的均衡发展,加速河北省城乡发展一体化的新格局构建。(4)京津冀生态环境支撑区。深刻把握生态环境保护的重要性,将生态文明建设作为首要任务。一方面,积极推动绿色低碳发展模式,致力于优化能源结构,提高能源使用效率,从而有效减少污染物排放;另一方面,加强区域间的联防联控机制建设,与京津及周边地区紧密合作,共同应对生态环境挑战,为京津冀协同发展提供强有力的生态支撑和保障。[①]

第二节 京津冀协同成果及区域内的地方财政互动

2014年京津冀协同发展上升为国家战略,历经十载,区域重大战略引领性不断增强,协同发展交出亮眼的答卷。京津冀区域空间发展格局日渐清晰、经济整体实力持续增强,区域内各辖区之间的协作范围和协作程度愈加宽泛和深入,辖区之间的关系也愈发紧密。而随着高质量经济发展目标的确定,京津冀协同承担着新的使命和任务,更高维度的"竞争性合作"成为推动京津冀协同发展不断迈上新台阶的必由之路。

一 京津冀区域的协同成果

(一)经济协同成果

经过十年的协同创新,北京市在缓解"大城市病"方面取得了显著成效,实现了"瘦身提质"的目标,京津冀区域产业升级转移也逐步推进。不断的协同创新为区域经济价值的增长注入了新的活力。其中,北京市已有累计3000多家一般制造企业退出,近1000家区域性专业市场和流通中心得到疏解提升,城市副中心和雄安新区亦迅速崛起。总体而言,北京市非首都功能疏解起势良好,文化中心、科技创新中心

---

① 《河北省新型城镇化与城乡统筹示范区建设规划(2016—2020年)》,http://info.hebei.gov.cn/hbs zfxxgk/329975/329982/6609970/index.html。

等核心功能持续增强。而京津冀三地产业对接方面，协作频率日益增加，产业链上下游的协同不断强化，区域产业结构得以持续优化。2023年京津冀区域经济总量达到10.4万亿元，约占全国的8.3%，整体经济实力呈现出持续增强的良好态势。京津冀协同进程的不断推进，所带来的经济发展水平和产业结构都已然有所变化。

1. 经济发展水平差距变化

京津冀三地的经济发展水平，受历史发展轨迹、功能定位差异及产业结构布局等多重因素影响，长期以来呈现出较为显著的差距。然而，随着京津冀区域协同发展战略的持续深入实施，三地的经济发展水平均呈现稳步提升的态势。从表3-1及图3-1的数据中可以清晰地看到，2007年时，北京市的人均GDP达85928.4078元，天津市为43357.3141元，而河北省则为17503.8168元。而时间推进至京津冀协同发展之后的2020年，北京市的人均GDP已跃升至164927.3641元，相较2007年增加了0.9194倍；天津市人均GDP也达到101024.0877元，相较2007年增加了1.33倍；而河北省人均GDP更是达到了48250元，相较2007年增加了1.7565倍；此外，京津冀三地人均GDP增长率均为正值。说明，2007年至2020年京津冀人均GDP差距有所降低，京津冀经济发展水平整体提升。

通过观察图3-1和表3-1，还可以清晰地发现，2007年至2020年，北京市的人均社会消费品零售额始终位居京津冀三地之首，三地经济活力、市场活力的差距正在逐步缩小。具体来看，2007年北京市的人均社会消费品零售额达到35502.6952元，相比之下，天津市为16721.3012元，河北省则为5838.6864元；时间推进到2020年，北京市的人均社会消费品零售额增长至62660.5756元，天津市为25839.4634元，河北省为17021.7042元。因此，从2007年至2020年的整体趋势来看，虽然京津冀三地人均社会消费品零售额的增长率存在一定的波动，但京津冀三地人均社会消费品零售额的差距正逐渐减小。

2. 经济增长变化情况

图3-2是京津冀三地GDP增长率和人均GDP增长率水平变化情况。从图中可以观察到，京津冀三地的经济增长趋势呈现出整体一致性，

图 3-1 京津冀三地经济发展水平

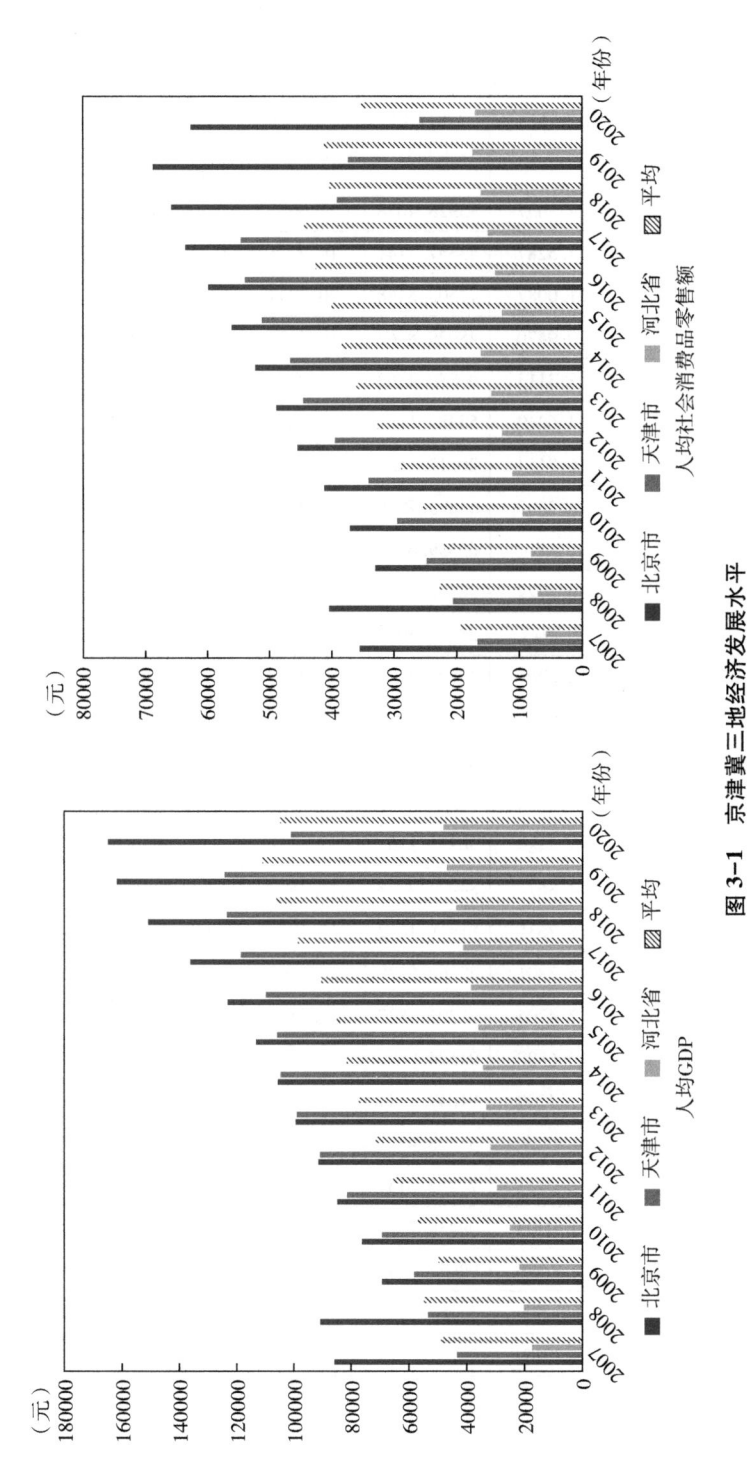

资料来源：根据历年《中国统计年鉴》整理计算。

表 3-1　京津冀经济发展水平

年份	地区	GDP 增长率（%）	人均 GDP（元）	人均 GDP 增长率（%）	人均社会消费品零售额（元）	人均社会消费品零售额增长率（%）
2007	北京市	24.3037	85928.4078	22.6993	35502.6952	15.7489
	天津市	17.5287	43357.3141	16.2775	16721.3012	16.9419
	河北省	21.0087	17503.8168	20.2244	5838.6864	17.2258
	平均	20.9470	48929.8462	19.7337	19354.2276	16.6388
2008	北京市	13.3113	90880.4862	5.7630	40446.9747	13.9265
	天津市	24.6249	53489.1162	23.3681	20646.1230	23.4720
	河北省	16.8454	20317.7851	16.0763	7141.3650	22.3112
	平均	18.2605	54895.7958	15.0692	22744.8209	19.9032
2009	北京市	9.2084	69359.6774	−23.6803	33010.7527	−18.3851
	天津市	10.1729	58270.7381	8.9394	24808.4381	20.1603
	河北省	7.7943	21761.3022	7.1047	8195.7634	14.7647
	平均	9.0585	49797.2392	−2.5454	22004.9847	5.5133
2010	北京市	15.9919	76273.0007	9.9674	37071.2065	12.3004
	天津市	19.6371	69358.7856	19.0285	29472.0008	18.7983
	河北省	17.6175	25025.8549	15.0016	9482.6244	15.7015
	平均	17.7489	56885.8804	14.6658	25341.9439	15.6001
2011	北京市	14.8677	84933.2938	11.3543	41183.9115	11.0941
	天津市	18.7635	81418.1052	17.3869	34073.2637	15.6123
	河北省	18.7801	29569.5520	18.1560	11111.0343	17.1726
	平均	17.4705	65306.9837	15.6324	28789.4032	14.6263
2012	北京市	10.6808	91574.9699	7.8199	45440.1925	10.3348
	天津市	11.4700	91049.1341	11.8291	39482.7687	15.8761
	河北省	7.9159	31778.4357	7.4701	12743.0460	14.6882
	平均	10.0222	71467.5132	9.0397	32555.3358	13.6330
2013	北京市	11.0903	99438.2234	8.5867	48849.6283	7.5031
	天津市	9.9790	99057.7689	8.7959	44526.1812	12.7737
	河北省	5.1223	33287.0472	4.7473	14430.1592	13.2395
	平均	8.7305	77261.0132	7.3766	35935.3229	11.1721

续表

年份	地区	GDP 增长率（%）	人均 GDP（元）	人均 GDP 增长率（%）	人均社会消费品零售额（元）	人均社会消费品零售额增长率（%）
2014	北京市	8.4761	105596.2415	6.1928	52254.6175	6.9703
	天津市	6.9904	104662.5224	5.6581	46610.4696	4.6810
	河北省	3.9131	34424.2797	3.4164	16141.6086	11.8602
	平均	6.4599	81561.0145	5.0891	38335.5652	7.8372
2015	北京市	8.0830	113234.4742	7.2334	56079.6052	7.3199
	天津市	2.2451	105945.1748	1.2255	51195.8321	9.8376
	河北省	4.7186	35940.6399	4.4049	12753.5739	-20.9894
	平均	5.0155	85040.0963	4.2880	40009.6704	-1.2773
2016	北京市	9.1291	123194.5330	8.7960	59840.0911	6.7056
	天津市	5.4970	109896.2083	3.7293	53962.0835	5.4033
	河北省	7.8630	38608.9492	7.4242	13818.8475	8.3527
	平均	7.4964	90566.5635	6.6498	42540.3407	6.8205
2017	北京市	10.5091	136203.2817	10.5595	63508.2042	6.1299
	天津市	8.4774	118577.8912	7.8999	54569.0911	1.1249
	河北省	7.6094	41356.1884	7.1156	15033.7427	8.7916
	平均	8.8653	98712.4538	8.5250	44370.3460	5.3488
2018	北京市	10.7854	151099.9544	10.9371	65825.1940	3.6483
	天津市	7.3279	123544.2804	4.1883	39118.7375	-28.3134
	河北省	6.0501	43757.8777	5.8073	16124.2930	7.2540
	平均	8.0545	106134.0375	6.9776	40356.0748	-5.8037
2019	北京市	7.0655	161849.7717	7.1144	68784.0183	4.4950
	天津市	5.1828	124310.1496	0.6199	37306.7535	-4.6320
	河北省	7.6443	46970.0551	7.3408	17437.2230	8.1426
	平均	6.6309	111043.3255	5.0250	41175.9983	2.6685
2020	北京市	1.8550	164927.3641	1.9015	62660.5756	-8.9024
	天津市	-0.3379	101024.0877	-18.7322	25839.4634	-30.7378
	河北省	2.9595	48250.0000	2.7250	17021.7042	-2.3829
	平均	1.4922	104733.8173	-4.7019	35173.9144	-14.0077

资料来源：根据历年《中国统计年鉴》整理计算。

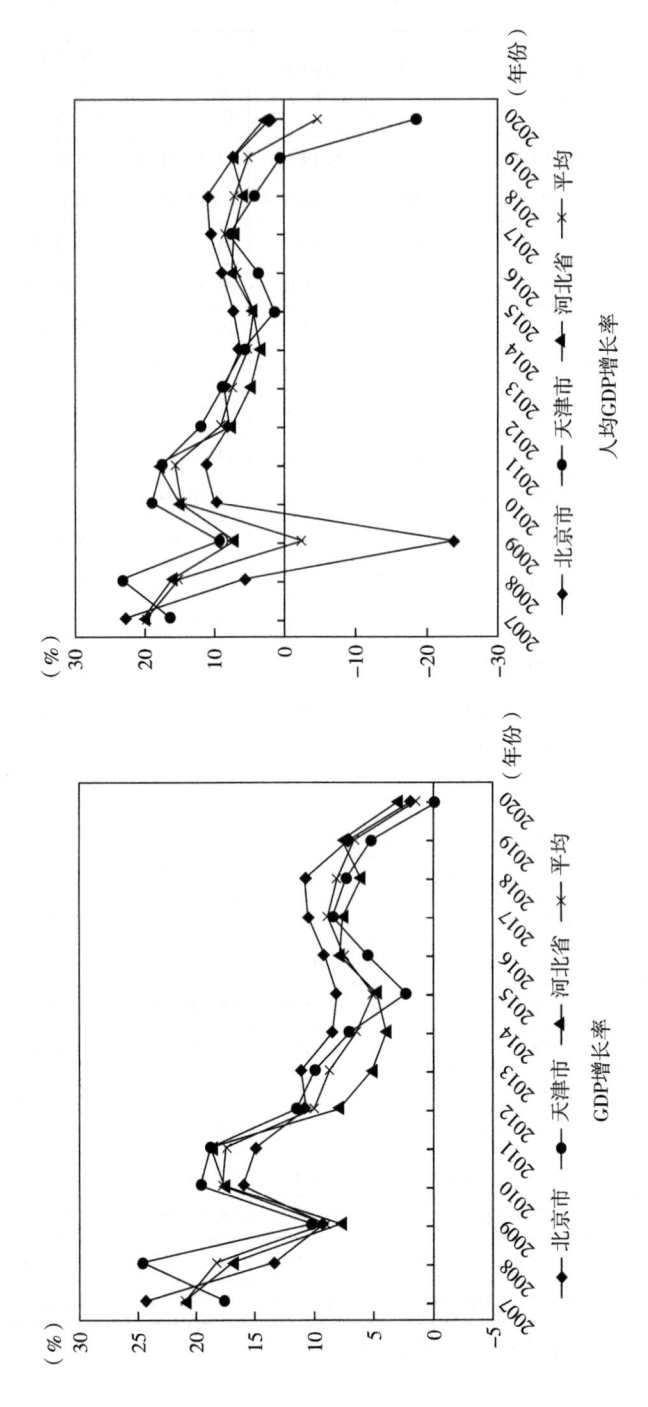

图 3-2 京津冀经济增长情况

资料来源：根据历年《中国统计年鉴》整理计算。

凸显了作为整体区域的相关性。京津冀协同发展对三地的经济增长速度和情况产生了不同程度的影响。特别是北京市，在疏解非首都功能的过程中，京津冀协同发展对其经济的快速发展起到了显著的促进作用。

3. 产业结构差距变化

从表3-2、图3-3可以看出，2007年北京市第一、第二、第三产业占比分别为0.951%、23.1493%和75.8996%；天津市的三个产业占比分别为2.5851%、51.0677%和46.3472%；河北省的三个产业占比分别为14.2929%、48.1325%和37.5746%；而2020年北京市的三个产业占比分别为0.298%、15.8338%和83.8682%，天津市2020年的三个产业占比分别为0.9508%、34.2953%以及64.7449%，河北省的三个产业占比分别为10.7745%、38.2217%和51.0038%。由此可以看出，京津冀三地2020年相较2007年三大产业占比，均具有第一和第二产业生产总值贡献率进一步下降、第三产业贡献率越来越高的趋势，且三地之间的第三产业占比梯度差距正在逐步缩小。因一个地区的第三产业占比不仅代表着该地区服务业在经济总值中占的份额，可以一定程度反映该地区的市场化水平、经济发达程度。结合表3-2中的数据可以看出，北京市、天津市以及河北省三地的市场化水平、经济发达程度都在不断提高，其中北京市的第三产业占比仍旧高于天津市及河北省，也说明北京市的市场化水平和经济发达程度依然高于天津市和河北省。

表3-2　　　　　　　　京津冀产业结构情况

年份	地区	第二产业占比（%）	第三产业占比（%）	第二产业增长率（%）	第三产业增长率（%）
2007	北京市	23.1493	75.8996	16.4712	27.0704
	天津市	51.0677	46.3472	15.7591	20.4337
	河北省	48.1325	37.5746	22.5822	18.0162
2008	北京市	21.3890	77.6689	4.6946	15.9526
	天津市	51.3218	46.4283	25.2449	24.8430
	河北省	49.1651	37.0547	19.3521	15.2286

续表

年份	地区	第二产业占比（%）	第三产业占比（%）	第二产业增长率（%）	第三产业增长率（%）
2009	北京市	21.2109	77.8837	8.2994	9.5105
	天津市	49.1926	48.7127	5.6021	15.5937
	河北省	46.8050	39.3332	2.6198	14.4228
2010	北京市	21.6059	77.5735	18.1516	15.5299
	天津市	47.7206	50.3499	16.0573	23.6580
	河北省	47.0489	39.2144	18.2304	17.2621
2011	北京市	20.7304	78.4872	10.2131	16.2206
	天津市	46.3026	51.9593	15.2345	22.5598
	河北省	48.0507	39.3103	21.3092	19.0708
2012	北京市	20.2684	78.9516	8.2143	11.3357
	天津市	45.7149	52.6496	10.0551	12.9507
	河北省	47.3175	40.0555	6.2693	9.9615
2013	北京市	19.7226	79.5213	8.0991	11.8919
	天津市	44.3129	54.1316	6.6062	13.0747
	河北省	46.0783	40.9706	2.3691	7.5240
2014	北京市	19.3361	79.9699	6.3503	9.0882
	天津市	43.3762	55.1312	4.7287	8.9661
	河北省	45.5272	41.9189	2.6703	6.3184
2015	北京市	17.8368	81.5966	−0.2978	10.2815
	天津市	41.2665	57.2416	−2.7280	6.1591
	河北省	43.6371	44.6179	0.3712	11.4608
2016	北京市	17.2544	82.2659	5.5659	10.0243
	天津市	38.0566	60.4725	−2.7089	11.4516
	河北省	43.3106	45.8638	7.0559	10.8750
2017	北京市	16.8972	82.6948	8.2215	11.0853
	天津市	36.6575	61.9855	4.4893	11.1914
	河北省	41.7026	48.0823	3.6141	12.8146
2018	北京市	16.5450	83.0910	8.4763	11.3161
	天津市	36.1845	62.5037	5.9430	8.2252
	河北省	39.7115	50.0145	0.9869	10.3117

续表

年份	地区	第二产业占比（%）	第三产业占比（%）	第二产业增长率（%）	第三产业增长率（%）
2019	北京市	15.9892	83.6883	3.4688	7.8351
	天津市	35.1975	63.4831	2.3138	6.8310
	河北省	38.2911	51.6499	3.7941	11.1642
2020	北京市	15.8338	83.8682	0.8646	2.0739
	天津市	34.2953	64.7449	-2.8926	1.6430
	河北省	38.2217	51.0038	2.7729	1.6716

资料来源：根据历年《中国统计年鉴》整理计算。

（二）社会协同成果

经过十年的协同创新，京津冀在公共服务共建共享方面取得了显著进展，不断拓展的渠道使得人民群众的获得感和幸福感持续增强，区域的均衡性创新引导作用功不可没。交通领域，"轨道上的京津冀"已初步形成，京津冀机场群布局逐步完善，区域内主要城市间1—1.5小时交通圈的实现，为民众出行带来了极大便利；医疗卫生领域，双向转诊和检查结果互认、异地就医门诊直接结算等政策实施，医疗服务的便捷性和可及性有效提升；教育领域，高校发展联盟和协同创新中心成立、优质课程资源共建共享合作等举措，为教育资源共享、教育水平提升注入了新动力。此外，京津冀的生态协同治理成效亦较为显著，生态环境质量获得重大改善，天更蓝、地更绿，PM2.5浓度下降了65%以上，森林覆盖率超过35%，区域生态环境价值不断提升。交通、医疗、教育、生态等公共领域的不断协同创新，给京津冀区域带来了城镇化水平差距缩小、居民收入水平差距缩小以及消费水平差距缩小的良好协同成果。

1. 城镇化水平差距缩小

一个地区的城镇化水平一定程度上代表了一个地区的整体社会发展水平。图3-4展示了全国、京津冀区域及其内部三省市在2010年至2020年间的城镇化水平变化情况。数据显示，这十年间，无论是全国层面还是京津冀区域及三省市，城镇化水平均呈现稳步上升趋势。具体而言，2010年全国城镇化率为49.9%，京津冀区域整体为56.6%，其中北京市高达86%，天津市为79.6%，河北省为44.5%。至2020年，

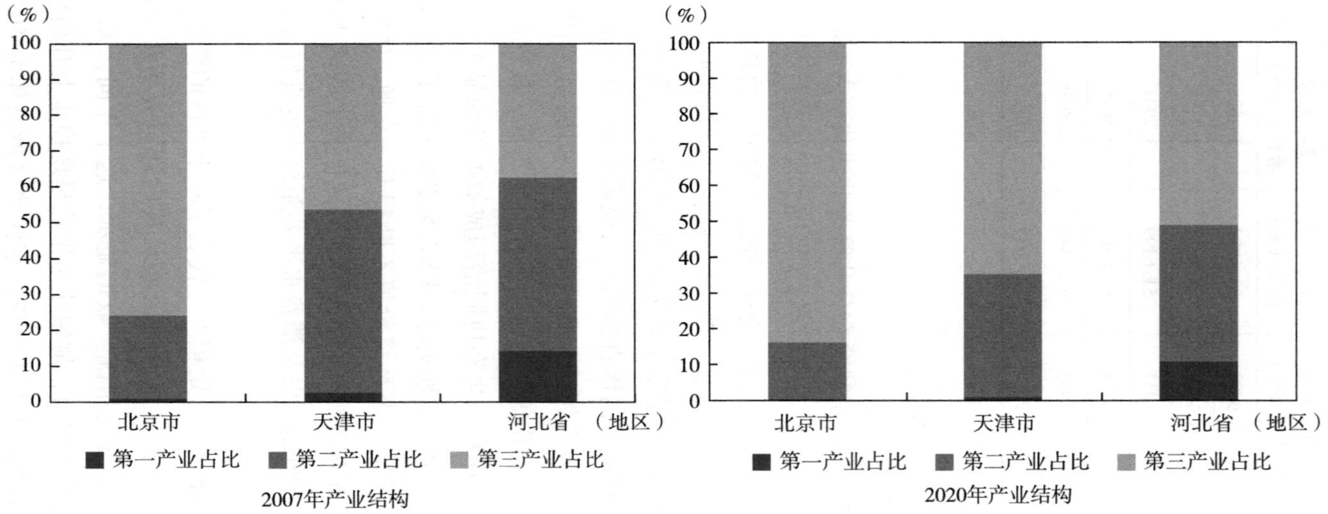

图 3-3　京津冀产业结构

资料来源：根据历年《中国统计年鉴》整理计算。

全国城镇化率提升至63.9%，京津冀区域则达到68.6%，北京市和天津市分别增长至87.5%和84.7%，河北省也显著提升至60.1%。进一步观察可知，北京市和天津市的城镇化水平始终高于全国平均水平，且自2010年以来保持稳定增长态势。自2014年京津冀协同发展战略被确立为国家战略后，这一趋势并未发生显著变化，两地城镇化水平依旧稳中有升。相比之下，河北省的城镇化水平虽然起初低于全国及京津两地，但自2015年后，其城镇化进程明显加速，不仅与全国平均水平的差距逐渐缩小，与北京市、天津市的差距也在显著减小。

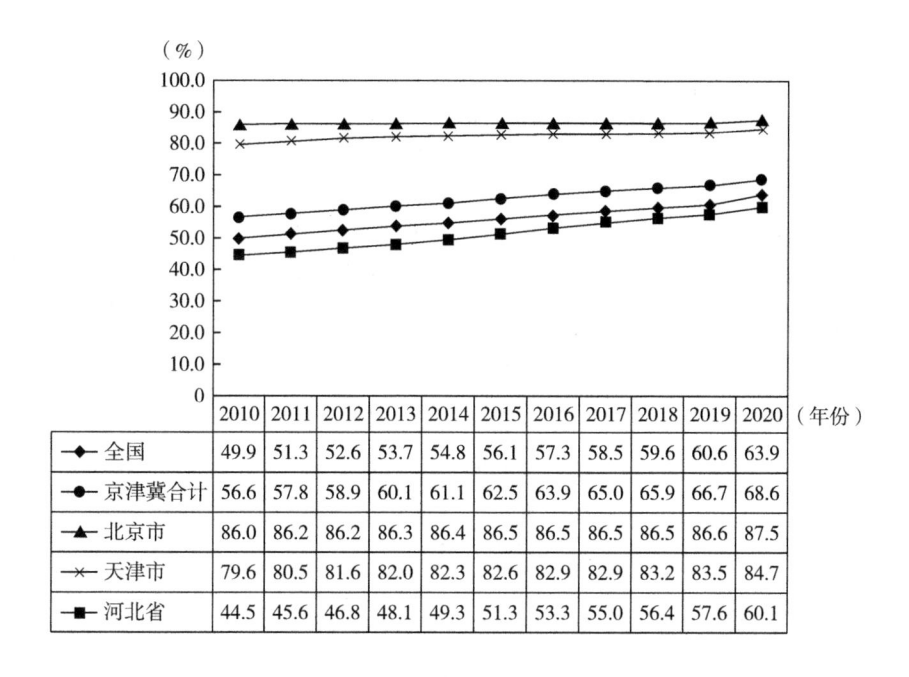

(%)	2010	2011	2012	2013	2014	2015	2016	2017	2018	2019	2020
全国	49.9	51.3	52.6	53.7	54.8	56.1	57.3	58.5	59.6	60.6	63.9
京津冀合计	56.6	57.8	58.9	60.1	61.1	62.5	63.9	65.0	65.9	66.7	68.6
北京市	86.0	86.2	86.2	86.3	86.4	86.5	86.5	86.5	86.5	86.6	87.5
天津市	79.6	80.5	81.6	82.0	82.3	82.6	82.9	82.9	83.2	83.5	84.7
河北省	44.5	45.6	46.8	48.1	49.3	51.3	53.3	55.0	56.4	57.6	60.1

图 3-4　全国及京津冀城镇化水平

资料来源：历年《中国统计年鉴》《河北统计年鉴》。

2. 居民收入水平和消费水平差距缩小

一个地区的居民人均可支配收入和消费支出是衡量其社会发展水平的重要指标。表3-3详细列出了京津冀三地居民的收入水平与消费水平，而图3-5和图3-6则直观展示了三地城镇居民与农村居民在人均可支配收入及消费支出方面的情况。根据图3-5城镇居民人均可支配收入和城镇居民人均消费支出来看,河北省与全国、北京及天津的差距均较为显著;根据图3-6农村居民人均可支配收入和农村居民人均消费支出来看,虽然河北省与全国的差距较为稳定,但京冀、津冀的差距正在逐步缩小。

表3-3　全国及京津冀居民的收入水平和消费水平

年份	城镇居民人均可支配收入 全国与河北省	京冀	津冀	农村居民人均可支配收入 全国与河北省	京冀	津冀	城镇居民人均消费支出 全国与河北省	京冀	津冀	农村居民人均消费支出 全国与河北省	京冀	津冀
2005	1.1522	1.9384	1.3878	0.9349	2.2576	2.0686	1.1856	1.9768	1.4408	1.1797	2.5465	1.6576
2006	1.1412	1.9388	1.3861	0.9435	2.2673	2.0890	1.1843	2.0188	1.4364	1.1337	2.4290	1.5345
2007	1.1792	1.8809	1.3992	0.9644	2.2264	2.0385	1.2140	1.8616	1.4607	1.1568	2.4501	1.4777
2008	1.1741	1.8395	1.4450	0.9927	2.2411	2.0165	1.2373	1.8114	1.4772	1.1712	2.4494	1.4695
2009	1.1669	1.8167	1.4541	1.0007	2.3275	2.0729	1.2672	1.8487	1.5293	1.1922	2.7289	1.4706
2010	1.1750	1.7876	1.4937	0.9935	2.2259	1.9807	1.3056	1.9319	1.6051	1.1396	2.6292	1.4580
2011	1.1923	1.7987	1.4717	0.9800	2.0698	1.6702	1.3059	1.8937	1.5870	1.1082	2.3514	1.4275
2012	1.1957	1.7752	1.4421	0.9796	2.0388	1.6793	1.3306	1.9189	1.5980	1.1014	2.2145	1.5542
2013	1.1721	1.7857	1.2834	1.0360	2.0146	1.6925	1.3553	1.9262	1.6352	1.2203	2.2095	1.6555
2014	1.1948	1.8189	1.3051	1.0297	1.9857	1.6703	1.2323	1.7285	1.4990	1.0163	1.7615	1.6657
2015	1.1928	2.0212	1.3039	1.0336	1.8614	1.6725	1.2164	2.0835	1.4915	1.0221	1.7523	1.6335
2016	1.1900	2.0275	1.3137	1.0373	1.8718	1.6844	1.2079	2.0023	1.4836	1.0339	1.7686	1.6240
2017	1.1915	2.0429	1.3185	1.0428	1.8819	1.6888	1.1866	1.9585	1.4701	1.0397	1.7854	1.5552
2018	1.1903	2.0617	1.3032	1.0418	1.8880	1.6439	1.1801	1.9400	1.4758	1.0651	1.7741	1.4814
2019	1.1853	2.0664	1.2905	1.0422	1.8817	1.6135	1.1950	1.9741	1.4824	1.0773	1.7686	1.4422
2020	1.1756	2.0276	1.2782	1.0403	1.8295	1.5602	1.1658	1.8011	1.3336	1.0845	1.6540	1.3322

资料来源:根据历年《中国统计年鉴》《河北统计年鉴》整理计算。

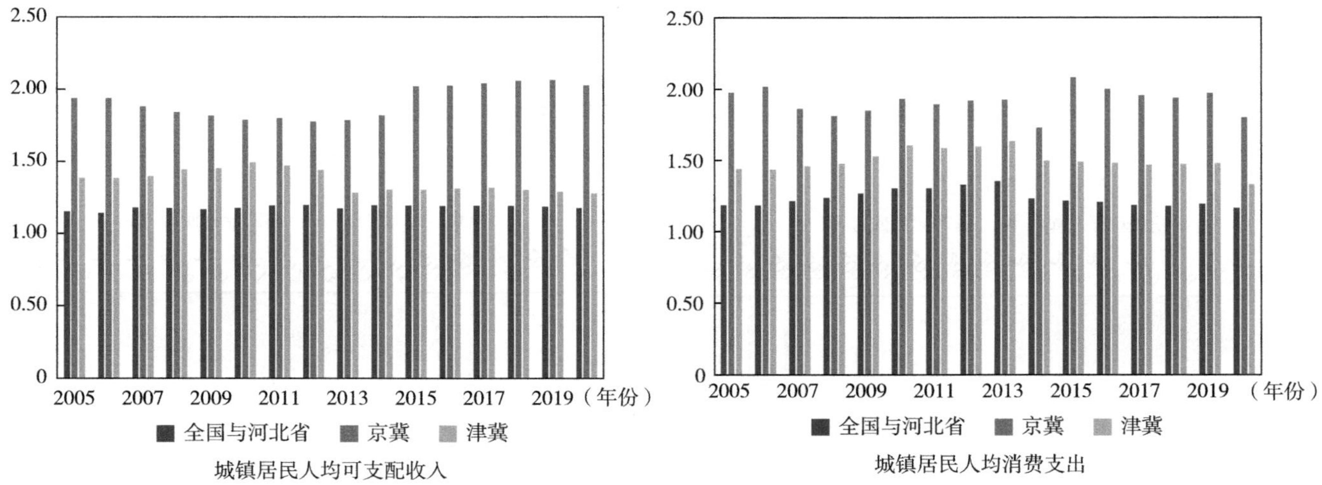

图 3-5　全国与河北省及京冀、津冀城镇居民收入水平和消费水平比较

资料来源：历年《中国统计年鉴》《河北统计年鉴》整理计算。

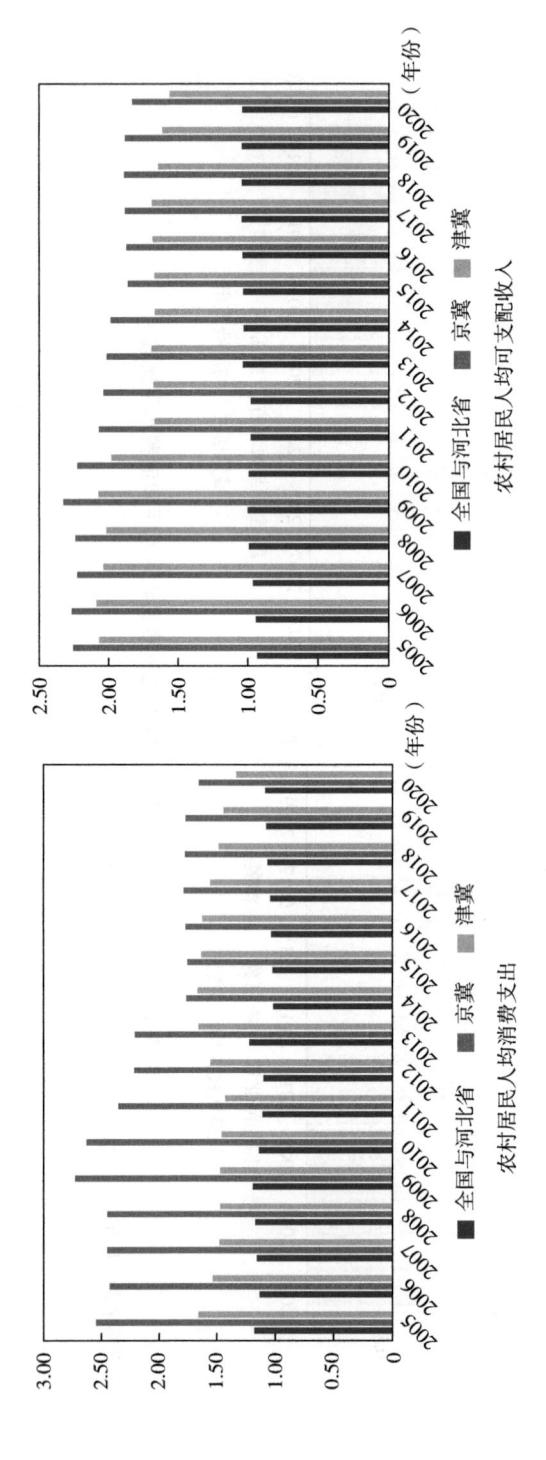

图 3-6 全国与河北省及京冀、津冀农村居民收入水平和消费水平比较

资料来源：根据历年《中国统计年鉴》《河北统计年鉴》整理计算。

二 京津冀区域内的地方财政互动①

经过十年的协同创新，京津冀业已逐步形成一批优势产业链和先进制造业集群，为区域内新质生产力的精心培育提供了稳固的支撑。北京市作为科技创新的核心枢纽，拥有丰富、优质的创新资源和高质量的创新能力，始终承担着创新策源和引领重任；天津市则以其现代制造业研发基地的地位，在创新链与产业链的深度融合方面展现出显著优势；河北省作为产业转型升级的试验区，具备独特的创新后发优势，潜力巨大。京津冀三地紧密结合各自的功能定位，通过搭建高效的协同创新平台、共建特色产业基地以及深化产业链对接等一系列举措，以科技创新为引擎推动产业转型升级，正在努力培育出符合京津冀高质量发展需求的新质生产力，促进产业链、资金链和政策链在区域内的无缝对接和深度融合。这些协同创新成果，与京津冀区域内地方政府间的财政互动有着重要的联系。

（一）中央计划性经济协作阶段（1949—1978 年）

自1949年中华人民共和国成立至改革开放之前的这段时期，中国处于计划经济管理体制之中，所有的经济活动都基于中央的计划和部署展开。为了均衡全国发展、合理调配有限的物资以及促进各省区市的分工与协作，中央政府于1958年成立了七大经济协作区，以组织和促进各地区的经济协作，而包含京、津、冀的华北地区即为其中之一。20世纪70年代，基于地区间自然资源禀赋的差异性与京津的地位特殊性，在中央政府的计划和主导下，河北省内部分地区被动地为京津提供了大量的能源、原材料和农产品。但经过一段时间的投入和建设，京津冀间逐渐显现出产业同构现象，三地间对于资金、能源和项目的激烈争夺，致使中央政府计划下的协作关系逐渐淡化。

此阶段的京津冀，一方面，经过长期战争的洗礼和沉淀，与全国其他地区一样，拥有了异常强烈的经济发展意愿；另一方面，京津冀特殊的地理位置、良好的人文条件以及较丰富的自然资源禀赋，促成其拥有了在短时间内自我经济发展的充沛条件；再者，京津冀内各地区在该阶

---

① 王丽：《雄安新区建设中的政府责任与政府边界》，《甘肃社会论坛》2019年第2期。

段的经济水平均处于较低的阶段,既未形成典型的"增长极",也没有形成显著的经济差距,中央政府的计划性干预政策难以发挥其倡导的"扩散效应"。由此,该阶段的京津冀虽然在中央推动下呈现出了经济协作这一协同萌芽状态,但因该时期正处于全国区域内"百废待兴"的特殊阶段,缺乏协同内在驱动力,致使京津冀间的协同并未在中央计划下走向更深,而是步入了独立发展、相互竞争的自身经济奋斗阶段。

(二)地方自发性经济合作阶段(1978—1996年)

改革开放以来,中国的经济体制由计划经济转型至中国特色的市场经济,市场的基础作用在整个社会系统中逐渐强化。京津冀三地为了提高各自的资源配置效率,曾自发成立了华北地区经济技术协作区、环渤海地区经济联合市长联席会、环京经济协作区等联盟,但因自发性合作组织缺乏长效的发展规划和违反合作协议后的实质性惩罚措施,其合作组织的凝聚力逐渐衰退。

此外,自发的经济合作组织由于缺乏有效的整体协调性和顶层规划性,各个经济合作组织之间、各个合作项目之间,极易造成地区间、组织间、项目间的恶性竞争和重复建设,进而造成京津冀三地间的内耗,不利于京津冀整体性的健康发展。

(三)政府主导性经济协同阶段(1996—2014年)

1996年《跨世纪的抉择:北京市经济发展战略研究报告》明确提出"首都经济圈"概念,2011年《中华人民共和国国民经济和社会发展第十二个五年规划纲要》中再次从国家层面正式提出"首都经济圈",中国京津冀协同发展步入了政府积极倡导和参与、京津冀三地政府间频繁接触的新合作阶段。自2003年,北京市海淀区政府与天津开发区管委会就联合出面连续组织了以促进京津间经济合作为目标的多个经济论坛;2004年2月国家发改委与京、津、冀发改委达成"廊坊共识",同年5月环渤海七省市政府又达成"北京共识",6月国家发改委联合商务部、七省市达成"廊坊框架",11月国家发改委又牵头组织《京津冀都市圈区域规划》的编制;2006年京冀双方还签署《关于加强经济和社会发展合作备忘录》;2007年京津冀建立了统一的质量标准认证体系;2008年京津冀三方发改委签署《北京市、天津市、河北省发改委建立"促进京津冀都市圈发展协调沟通机制"的意见》、津冀双方签署《关于加强经济与社会发展合作备忘录》。

此阶段的京津冀相对于上一阶段的地方自发性,不仅更加体现出了各级地方政府的积极推动作用,还通过国家发改委、商务部等上级政府部门出台的政策和组织的活动,透视出中央对于京津冀协同创新的大力支持,从而取得了显著的成效。此阶段的京津冀协同以经济合作为核心目标,以经济领域的协同为主,但由于缺乏顶层设计,其协同的主要目标依然停留在提升本地区经济增长速度的层面,而未真正着眼于京津冀区域的整体长效发展。

(四)国家战略性全面协同阶段(2014年至今)

为了加速京津冀的协同速度和整体发展水平,2014年2月26日京津冀协同创新被确定为重大国家战略,2015年4月30日《京津冀协同发展规划纲要》(以下简称《规划纲要》)审议通过,京津冀协同创新进入国家战略层面。作为京津冀协同创新的顶层设计,《规划纲要》不仅明晰了京、津、冀的功能定位,还指出协同创新并非单纯的经济协同与经济发展,而是包括行政管理、公共服务、公共事业等众多内容的共同协同和共同发展。京津冀协同上升到了前所未有的高度。

2017年4月1日,国务院设立国家级新区——河北雄安新区,以疏解北京非首都功能、快速提升河北经济发展层次,使之成为京津冀协同创新的新支点。不仅进一步明确非首都功能疏解是京津冀协同创新的主要内容之一,更彰显出国家战略部署的重大决心和鼎力支持。此外,2018年4月《河北雄安新区规划纲要》获批,同年12月《国务院关于河北雄安新区总体规划(2018—2035年)的批复》下发,2019年1月24日《中共中央 国务院关于支持河北雄安新区全面深化改革和扩大开放的指导意见》发布,至此,雄安新区进入了有规划的全面建设阶段,京津冀协同加速推进。

第三节 京津冀协同中的经济协同创新需求和社会协同创新需求分析

区域价值是区域发展的基石。区域价值不仅体现在区域的经济繁荣上,更深深植根体现于与民众生活紧密相连的社会价值,以及关乎未来可持续性的生态环境价值之中。而协同创新作为一种前沿的创新组织模式，是推动区域发展的关键动力，其不仅仅包含科技创新与产业升级的范畴，更触及制度创新、文化繁荣、生态保护等多个核心领域。它与区域价值紧密相连、相互内嵌，共同构建了一个多维度、多层次的复杂而精妙的区域发展体系。故京津冀区域的高质量发展并非一蹴而就的短期目标，而是一个需要长期耕耘、依托持续性协同创新来逐步实现的宏伟蓝图。这种协同创新不仅对经济结构的优化调整、产业的转型升级具有强大的推动作用，还能够促进生态环境的持续改善和社会的和谐共融，为区域的全面发展奠定坚实基础，从而显著提升区域整体创新能力和竞争力，进而在国家层面发挥重要的动力源作用。

一 经济协同创新：发挥区域经济价值的长效性产业升级推动作用

根据区域协同发展的基本内涵，区域协同作为区域合作程度最高、最和谐的一种合作模式，是一个多元素诉求的复杂体系，包括经济、政治、文化、社会、生态等诸多的协同内容。在区域协同的复杂体系之中，经济协同作为协同最为核心的内容，既是其他协同得以推行的物质基础，也是其他协同有效保持的必要条件。经济协同的实现需要打破区域内各辖区之间人、财、物、信息、流程等各种资源和生产要素的边界和壁垒，实现区域内资源配置的优化和整合，以形成区域内有序的系统结构机理和规律，凝结区域内新的功能，带动和引发更大的整体效应或集体效应[1]，达到提升区域整体综合价值增值的经济发展目标。

随着京津冀区域内各辖区间横向经济联系越来越紧密，相互间依存度越来越高，京津冀协同发展成为推进区域城市化进程与建设和谐社会的必然路径选择。尤其在《规划纲要》中京津冀"以首都为核心的世界级城市群"的协同定位，与《国家新型城镇化规划（2014—2020年）》中京津冀城镇化建设目标相匹配，力图尽快提升京津冀区域的整体竞争力，发挥京津冀区域对全国经济社会发展的重要支撑和引领作用。且根据《规划纲要》对京津冀协同发展的整体格局设计，北京市

---

[1] ［德］赫尔曼·哈肯：《大自然成功的奥秘：协同学》，凌复华译，上海译文出版社2018年版。

定位为"全国政治中心、文化中心、国际交往中心、科技创新中心"、天津市定位为"全国先进制造研发基地、北方国际航运核心区、金融创新运营示范区、改革开放先行区"、河北省定位为"全国现代商贸物流重要基地、产业转型升级试验区、新型城镇化与城乡统筹示范区、京津冀生态环境支撑区",三个地区的明确定位为京津冀三地的未来经济发展指明了方向,结合"交通一体化""生态环境保护""产业升级转移"三个前期重点发展领域,京津冀协同发展的近期、远景均规划到位并相映生辉。依据《规划纲要》的顶层设计,促进京津冀经济结构和空间结构调整,促成新经济增长极的形成,力图将京津冀打造成为"世界级城市群",京津冀协同发展历程必定是一个巨大的"系统工程"。

京津冀协同的实现需要以经济协同创新作为实现路径,针对京津冀区域内各辖区间要素禀赋的互补特点,遵循优势互补原则,摒弃各辖区之间的"一亩三分地"思想和"诸侯经济"发展模式,通过产业结构协调、资源配置优化、空间系统格局调整等协同方式,提高和改善京津冀区域内各辖区以及京津冀整体区域的经济规模、经济结构、经济增长,实现经济长效发展,为达到京津冀区域内各辖区的人口动态发展、资源环境、社会发展等方面的均衡发展提供物质支撑。作为一种富有创新精神的发展模式,协同创新应继续秉承优势互补、合作共赢的核心理念。通过打破传统的行政区划束缚、实现资源的高效优化配置以及激发源源不断的创新活力,有望深入解决区域经济发展中的根本性矛盾,加速京津冀经济发展方式的转型升级,为支撑现代化经济体系建设提供新的强大动力源,助力京津冀乃至全国实现更加全面、高质量的发展跨越。

二 社会协同创新:发挥区域社会价值的均衡性公共服务提供作用

"和谐社会"目标任务的提出,促使中国将长期秉承"推动经济社会持续健康发展"的新执政理念,既要重视经济建设又要重视社会建设。为了实现区域的良好发展,需要经济运行以及社会发展的相互适应和相互调节。区域发展中的社会建设需要依托整个区域对各辖区在城市布局、设施配套等方面的设计和安排,实现"城市分工协作,提高城市群一体化水平"的发展目标。而区域社会发展既是维持区域经济发展不可或缺的基础环境条件，又是区域经济发展的动力和最终归宿点，故京津冀的协同发展也不仅仅是区域内各辖区经济的携手并进，更应是基于各辖区内社会公共服务水平、社会发展条件共同提升与完善的社会协同发展，需要打破过去单打独斗的发展方式，通过社会协同创新实现。

　　首先，辖区间产业的转移和调整必然会引发人员的流动。无论是人口的流出地还是流入地，一方面，鉴于人口规模的减少或增加，势必会对本辖区公共服务提供数量、提供质量带来边际效应的波动；另一方面，流出地和流入地之间的公共服务水平差距也会触动人员流动的转移情绪。尤其是京津冀协同发展中，大部分产业调整带来的人口转移是从北京向天津、河北各辖区的转移，以及天津向河北各辖区的转移，但北京和天津的社会发展水平明显高于河北，公共服务的消费"刚性"必定会带来产业转移人员流动的抵触性。为了高效实现京津冀区域的整体产业优化和升级，平抑和消除转移人员的抵触性情绪是产业调整的保障性工作，故加速京津冀区域内各辖区间的公共服务协同发展速度，缩小辖区间公共服务的数量和质量差距，尽快实现辖区间公共服务的均等化才是根本性的解决途径。

　　其次，京津冀区域内各辖区的城市功能互补以及整体区域功能的完善是京津冀协同发展步向"一体化"的良好策略。北京作为首都城市，是中国户籍制度最严格的城市之一，其城市人口规模膨胀迅速，给北京带来了各种"城市病"的困扰，其发展的可持续性面临前所未有的严峻挑战。而京津冀协同发展将"有序疏解北京非首都功能"拟定为重大国家战略的核心任务，充分体现出国家解决北京"大城市病"的决心和用心。"非首都功能的疏解"既包括产业的疏解，也包括公共事业的疏解以及人口的疏解等众多内容，是对北京"全国政治中心、文化中心、国际交往中心、科技创新中心"首都功能以外其他功能的疏散。"非首都功能的疏解"作为排解北京因人口和功能过度集聚而造成的人口规模过度膨胀、城市资源严重紧缺、城市环境日益恶化、城市交通异常拥挤等大城市"痼疾"与"顽症"的最佳途径，可以有效优化北京的城市功能以及提升北京居民生活品质。

面对北京功能疏解对河北各辖区的需求，无论是产业疏解、公共事业的疏解，最终均表现为对人口的疏解。因此，人口疏解所需的基础性公共设施的完善程度以及公共服务提供的质量水平，在一定程度上会制约人口疏解的规模以及疏解的品质。而从成本收益的理论角度，若地方被动接受的疏解人口为地方政府创造的收益价值高于地方政府由此所承担的补贴增加和支出责任增加的成本之和，地方政府则对于人口疏解的实现表现积极；但反之，若疏解人口所创造的价值较低，不仅增加了地方政府的财政补贴负担，还提高了地方政府公共服务的支出成本，地方政府对于人口疏解的实现则难以表现积极。由此，一方面为了防止人口疏解成为短期的人口迁移，避免未来出现人口"回流"现象；另一方面为了调动地方政府对于功能疏解的积极响应，京津冀区域内各辖区政府在基础性公共设施的建设以及公共服务水平的保障方面，应通过社会协同发展减少差距，实现"一体化"。

第四章　京津冀经济协同创新维度下的地方财政竞争性互动研究

区域内经济协同创新，作为各辖区合作发展、共谋区域整体经济繁荣的关键路径，根植于对协同后各辖区经济实力增强及经济差距动态缩减的深刻认知与共同愿景。这一过程不仅是经济总量的持续增长，更是质量导向的显著提升，旨在同步缩小区域内的发展差距。因此，通过精准测算各辖区的经济创新发展水平，并以此为标尺衡量经济的均衡状态，能够高效评估京津冀区域内各辖区经济协同创新的现状与未来走向，为政策制定提供有力支撑。

第一节　论证逻辑[①]

一　熵值评价法

熵值评价法（TOPSIS）来自信息论，是一种客观评价法，是根据多项指标所提供的信息量，以及指标变量间的信息重叠性，在甄别系统的无序程度和指标变异程度的基础上，测定各项指标所占权重和评价值的方法，被广泛应用于经济、社会等领域的研究与测评。熵值评价法的具体评价步骤为：

（1）指标的确定。设定 m 个辖区 n 项评价指标，构成数据矩阵 $X = (x_{ij})_{m*n}$，其中 $i = \{1, 2, \cdots m\}$，$j = \{1, 2, \cdots n\}$，$x_{ij} \geq 0$；对于某项指标而言，x_{ij} 差距越大则该指标在评价中所起的作用也就越大，差距越

[①] 本部分参见王丽《促进京津冀区域协同发展的地方财政合作研究》，人民出版社 2018 年版。

小则在评价中所起的作用也就越小①。

（2）数据的标准化处理。根据式（4-1）、式（4-2），对所选定的 n 项指标进行标准化处理，通过指标的无量纲化处理实现指标数据的可比性，并将各个数据归一化至 0—1。但在对各项指标做标准化处理时，需要根据指标的具体指向而选择标准化处理的方式，即对于具有正向影响作用的指标，应选式（4-1）对数据进行标准化处理，而对于具有负向影响作用的指标，则需选择式（4-2）对数据进行标准化处理。其中，$\min\{x_j\}$ 表示第 j 项指标的最小值，而 $\max\{x_j\}$ 表示第 j 项指标的最大值，X_{ij} 表示标准化后的数据。

正向指标：$X_{ij} = \dfrac{x_{ij} - \min\{x_j\}}{\max\{x_j\} - \min\{x_j\}}$ （4-1）

负向指标：$X_{ij} = \dfrac{\max\{x_j\} - x_{ij}}{\max\{x_j\} - \min\{x_j\}}$ （4-2）

（3）信息熵值的计算。根据式（4-3）计算第 j 项指标的信息熵值，其中，e_j 表示指标 j 的信息熵，$e_j \geq 0$，若 j 项指标中的 X_{ij} 均相等，则 $e_j = 1$，故 $0 \leq e_j \leq 1$。

$$e_j = -\dfrac{1}{\ln m} \times \sum_{i=1}^{m} \left(\dfrac{X_{ij}}{\sum_{i=1}^{m} X_{ij}} \times \ln \dfrac{X_{ij}}{\sum_{i=1}^{m} X_{ij}} \right) \quad (4\text{-}3)$$

（4）权重值的计算。根据式（4-4）计算第 j 项指标的权重值，其中 $1-e_j$ 表示第 j 项指标的差异性系数，而 w_j 则表示第 j 项指标的权重值。

$$w_j = \dfrac{1 - e_j}{\sum_{i=1}^{m}(1 - e_j)} \quad (4\text{-}4)$$

（5）综合评价值的计算。根据式（4-5），结合式（4-4）中所算出的各项指标的权重值以及标准化后各辖区的数据值，计算综合评价值 U_i。

$$U_i = \sum_{n} w_j \times X_{ij} \quad (4\text{-}5)$$

二　空间计量模型的估计技术

空间计量模型是在回归模型的基础之上处理截面数据与面板数据中

---

① 马慧强、韩增林、江海旭：《我国基本公共服务空间差异格局与质量特征分析》，《经济地理》2011 年第 2 期。

空间相互作用与空间结构问题的模型,根据空间因素在模型中引入方式的不同,空间计量模型主要分为空间滞后模型(Spatial Lagged Model,SLM)、空间误差模型(Spatial Erro Model,SEM)、空间杜宾模型(Spatial Durbin Model,SDM)。

1. 空间滞后模型

因空间滞后模型与时间序列中的自回归模型极为相似,故又被称为空间自回归模型(Spatial Autoregression Model,SAM)。最初的空间滞后模型是基于一个辖区的经济行为或经济现象会受到周边辖区影响的基本判断,而将辖区之间的空间因素纳入模型之中,其模型的基本设定为:

$$Y = \rho WY + \varepsilon \tag{4-6}$$

其中:

$$Y = \begin{bmatrix} Y_1 \\ Y_2 \\ \vdots \\ Y_n \end{bmatrix}_{n \times 1}, \quad W = \begin{bmatrix} w_{11} & w_{12} & \cdots & w_{1n} \\ w_{21} & w_{22} & \cdots & w_{2n} \\ \vdots & \vdots & & \vdots \\ w_{n1} & w_{n2} & \cdots & w_{nn} \end{bmatrix}_{n \times n}, \quad \varepsilon = \begin{bmatrix} \varepsilon_1 \\ \varepsilon_2 \\ \vdots \\ \varepsilon_n \end{bmatrix}_{n \times 1} \tag{4-7}$$

式(4-6)为一阶空间滞后基本模型,Y 表示被解释变量;矩阵 W 为 $n \times n$ 的空间权重矩阵,用以表示辖区之间具有影响性的空间距离,一般可以选取邻接矩阵[①](Contiguity Matrix)或距离矩阵[②]予以表示;ρ 作为空间自回归系数,用以度量 WY 对于 Y 的影响方向和影响程度,当 $\rho>0$ 时表示周边辖区的 WY 对于该辖区的 Y 具有正向促进作用,当 $\rho<0$ 时表示周边辖区的 WY 对于该辖区的 Y 具有负向抑制作用;ε 为误差扰动项,符合经典假设 $\varepsilon \sim N(0, \sigma^2 I_n)$。因一阶空间滞后模型只单纯考虑了辖区受周边辖区等带来的外部影响,而忽略了其他的影响因素,但在现实生活中,一个辖区的经济行为或经济决策不仅受其周边辖区的影响,还会受到该辖区自身条件等内部因素的影响,故将内部因素也纳入模型的考量之中,空间滞后模型的设定后来升级为式(4-8),其中,β 表示外生解释变量 X 对被解释变量 Y 的影响方向和影响程度。

---

① 邻接矩阵中,当辖区 i 和辖区 j 土壤相接时用 1 表示,当辖区 i 和辖区 j 土壤不相接时用 0 表示。

② 距离矩阵既可以用二进制表示,如辖区 i 和辖区 j 之间的距离小于一个特定距离 d 时则用 1 表示,但大于或等于一个特定距离 d 时则用 0 表示;还可以直接使用辖区 i 和辖区 j 之间的地理距离、经济距离、贸易距离以及时间距离等方式表达。

$$Y=\rho WY+\beta X+\varepsilon \tag{4-8}$$

2. 空间误差模型

空间误差模型与空间滞后模型相同，都考虑了辖区之间的互动性，从而将空间因素引入模型之中。但与空间滞后模型不同，空间误差模型是在传统回归模型的基础上，在误差扰动项中引入了空间影响因素，其模型的基本设定为：

$$Y=\beta X+\mu \tag{4-9}$$
$$\mu=\lambda W\mu+\varepsilon \tag{4-10}$$

其中，Y 表示被解释变量，X 表示外生解释变量，β 表示外生解释变量 X 对被解释变量 Y 的影响方向和影响程度，μ 表示随机误差项，W 为空间权重矩阵，λ 则是存在于扰动误差项之中周边辖区对 Y 空间作用方向和程度的刻画，ε 表示符合正态分布的误差扰动项。

3. 空间杜宾模型

随着空间计量的逐步发展，辖区之间的空间相互作用不仅在被解释变量之中予以考量和体现，还在外生解释变量之中予以考量和体现，空间杜宾模型成为空间计量模型中经常被采用的模型之一，其模型的基本设定为：

$$Y=\rho WY+\beta X+\sigma WX+\varepsilon \tag{4-11}$$

其中，Y 表示被解释变量，X 表示外生解释变量，ρ、β 和 σ 均为待估参数，ε 为残差项，W 为空间权重矩阵，WY 表示其他辖区对于该辖区的空间自回归作用，WX 表示外生解释变量的空间相互作用。通过式（4-11）可以看出，杜宾模型的设定其本质上可以将其视为空间滞后模型与空间误差模型的综合，对于空间相互作用的刻画与度量，既将外生解释变量的空间相互作用纳入模型，并通过空间滞后自变量的形式表达出来，也将内生解释变量的空间相互作用纳入模型，并通过空间滞后因变量的形式予以表达。在式（4-11）中，如果 $\sigma=0$，空间杜宾模型可以简化为空间滞后模型；如果 $\delta+\beta\rho=0$，空间杜宾模型则可以简化为空间误差模型[1]。

---

[1] Burridge P., "Testing For a Common Factor in a Spatial Autoregression Model", *Environment and Planning A*, Vol. 13, No. 7, 1981.

Anselin[①]指出因空间计量模型中引入了空间因素，如若对于空间滞后模型采用传统的最小二乘（OLS）估计方法易造成估计的有偏、非一致或无效；若对于空间误差模型采用 OLS 的估计方法也易造成估计的无效。而对于既包含空间滞后又包含空间误差的空间杜宾模型，选择 OLS 估计方法也是不适宜的。故许多学者选择工具变量、极大似然估计、广义最小二乘等其他方法对空间计量模型展开有效的估计。本章根据 Anselin、吴俊培和王宝顺[②]等学者采用的极大似然估计方法对空间滞后模型、空间误差模型以及空间杜宾模型进行估计，其具体的模型估计步骤如下：

第一步，考察对数似然值（Log-likelihood，LogL）、拟合优度（R-squared，R^2）以及似然比（Likelihood Ratio，LR）等检验指标。因相较空间截面数据，空间面板数据还需对个体固定效应与时间固定效应进行甄别，故运用 LogL、R^2 以及 LR 对混合 OLS、个体固定效应、时间固定效应以及双向固定效应四类非空间面板模型做基本性的判断。

第二步，运用拉格朗日乘数（Lagrange Multiplier，LM）及其稳健（Robust）的拉格朗日乘数检验指标对空间滞后模型与空间误差模型进行判断与选择。如果空间滞后的拉格朗日乘数（LM spatial lag，Robust LM spatial lag）显著于空间误差的拉格朗日乘数（LM spatial error，Robust LM spatial error），则应选择空间滞后模型；反之，则选择空间误差模型；但如果空间滞后与空间误差的拉格朗日乘数均显著，则应选择空间杜宾模型。

第三步，根据以上检验选择相应的模型进行估计，并运用 R^2、LogL 以及 Wald 检验结果，验证其模型选择是否合适，进而对模型估计结果展开进一步的剖析。

第二节　指标体系构建

一　经济协同创新指标体系

影响区域内各辖区经济协同创新的因素纷繁复杂，依据区域非均衡

[①] Anselin L.，"Thirty Years of Spatial Econometrics"，*Regional Science*，Vol. 89，No. 1，2010.
[②] 吴俊培、王宝顺：《我国省际间税收竞争的实证研究》，《当代财经》2012 年第 4 期。

发展理论、优势演化理论及经济增长理论的综合分析，可明确划分两大关键因素驱动区域内各辖区之间的经济协同创新：一是创新基础条件，二是创新效率条件。这两大因素共同构建了各辖区开展协同创新的"平台效应"，为区域经济的整体进步奠定坚实基础。创新基础条件的核心影响因素涵盖经济发展水平与经济结构调整潜力两大分解指标，这两者共同构成了支撑创新活动的坚实基础；而创新效率条件则聚焦经济效益能力及经济提升能力，它们是衡量创新活动效率与成果转化的关键标尺。通过指标分解可以看出，提升创新不仅需要稳固的经济基础与灵活的结构调整，还需高效地将创新成果转化为实际经济效益，并驱动经济不断向上发展。而基于数据的可获得性、数据的连续性等各方面的考虑，为辖区的经济发展水平设计了人均GDP、人均一般公共预算收入、人均一般公共预算支出三个指标，为辖区的经济结构调整潜力设计了第二产业产值所占比重、第三产业产值所占比重两个指标，为辖区的经济效益能力设计了城镇居民人均可支配收入、农村居民人均可支配收入、人均用电量、人均社会消费品零售额四个指标，为辖区的经济提升能力设计了地区生产总值增长率、第二产业产值增长率、第三产业产值增长率三个指标。因此，通过两个一级指标、四个二级指标以及十二个三级指标来判定京津冀区域内各个辖区的经济协同创新水平（见表4-1）。

表4-1　　　　　　　　经济协同创新指标体系

一级指标	二级指标	三级指标
创新基础条件	经济发展水平	人均GDP（元）、人均一般公共预算收入（元）、人均一般公共预算支出（元）
	经济结构调整潜力	第二产业产值所占比重（%）、第三产业产值所占比重（%）
创新效率条件	经济效益能力	城镇居民人均可支配收入（元）、农村居民人均可支配收入（元）、人均用电量（千瓦/小时）、人均社会消费品零售额（元）
	经济提升能力	地区生产总值增长率（%）、第二产业产值增长率（%）、第三产业产值增长率（%）

二　地方财政竞争性互动评价指标体系

京津冀经济协同创新的有效推进，关键在于各辖区间的地方财政协作。然而，在当前财政体制下，地方政府将辖区经济发展视为核心目标与持久动力，导致对有限且优质的劳动力、技术、资本及数据等生产要素的争夺变得不可避免。由于这些资源对于促进地方经济发展至关重要，地方政府及其财政机构在获取这些要素时，自然会表现出强烈的竞争性。由此，在京津冀经济协同创新框架下探讨地方财政的竞争性互动时，应立足于政府治理的经济效率追求，融合博弈理论与财政竞合理论，紧密结合京津冀区域协同创新的时代背景与区域发展特色，并充分考量数据的可获取性、连续性及其对于研究结论的价值贡献。故构建竞争基础能力和竞争驱动效能2个一级指标，以及劳动生产率、资本运用效率、区位商等14个二级指标来评价京津冀地方财政竞争性互动情况，详见表4-2。

表4-2　　　　　　　　　地方财政竞争性互动指标体系

一级指标	二级指标	指标含义
竞争基础能力	劳动生产率（SLP）	衡量辖区的劳动力投入经济效率水平能力
	资本运用效率（ECO）	衡量辖区的资本投入产出经济效率水平能力
	第一产业区位商（LQ1）	衡量辖区的第一产业比较优势
	第二产业区位商（LQ2）	衡量辖区的第二产业比较优势
	第三产业区位商（LQ3）	衡量辖区的第三产业比较优势
	对外贸易能力（DTD）	衡量辖区的国际贸易水平
	区域经济联系度（ERI）	衡量区域内各辖区间经济协同联系度
	政府干预综合能力（MT）	衡量辖区经济发展中政府干预综合能力
	财政收入能力（PRD）	衡量区域内各辖区财政收入贡献度
竞争驱动效能	比较劳动生产率（CLP）	衡量区域内各辖区劳动生产率差异性
	经济发展贡献度（EDC）	衡量各辖区经济发展差距
	政府创新努力（GIE）	衡量政府对经济创新的努力程度
	创新贡献度（ICC）	衡量各辖区经济创新的差距
	人口变动贡献度（PCC）	衡量各辖区对区域人口变动的贡献

根据表4-2构建的地方财政竞争性互动指标体系，运用Stata软件测算出2007—2020年京津冀各辖区地方财政竞争性互动指标值，具体见表4-3。

表 4-3　2007—2020 年京津冀各辖区地方财政竞争性互动指标值

地区	年份	SLP	ECO	LQ1	LQ2	LQ3	DTD	ERI	MT	PRD	CLP	EDC	GIE	ICC	PCC
北京市	2007	12.0187	3.4267	0.0131	0.1265	0.3812	140.7270	0.5550	0.1582	0.5706	0.8330	0.1937	0.0550	0.5706	0.6498
天津市	2007	14.9473	1.2830	0.0145	0.1516	0.0987	107.7271	0.3857	0.1335	0.2066	1.0755	0.1410	0.0331	0.2111	0.2256
石家庄市	2007	20.0777	1.1491	0.0363	0.0610	0.0444	16.5235	0.1325	0.0691	0.0366	1.4446	0.0770	0.0193	0.0348	0.0211
唐山市	2007	25.3127	1.5381	0.0377	0.0837	0.0432	14.2088	0.1568	0.0694	0.0456	1.8213	0.1194	0.0153	0.0429	0.0075
秦皇岛市	2007	14.8903	3.2429	0.0103	0.0139	0.0164	39.3760	0.0245	0.1058	0.0159	1.0714	0.0751	0.0073	0.0195	0.0038
邯郸市	2007	15.1947	1.2049	0.0274	0.0443	0.0267	8.6853	0.1286	0.0810	0.0266	1.0933	0.0559	0.0121	0.0185	0.0166
邢台市	2007	14.3976	0.8871	0.0193	0.0264	0.0116	9.2909	0.1344	0.0935	0.0120	1.0359	0.0399	0.0069	0.0087	0.0155
保定市	2007	13.7504	2.4232	0.0283	0.0358	0.0230	17.3729	0.1766	0.0952	0.0197	0.9894	0.0381	0.0048	0.0058	0.0236
张家口市	2007	9.5919	1.2398	0.0113	0.0133	0.0109	9.1993	0.0215	0.1629	0.0132	0.6901	0.0386	0.0046	0.0097	0.0048
承德市	2007	15.9246	1.8016	0.0121	0.0163	0.0072	3.4284	0.0217	0.1374	0.0125	1.1458	0.0470	0.0093	0.0203	0.0043
沧州市	2007	20.0005	1.1440	0.0219	0.0398	0.0260	7.1460	0.1263	0.0686	0.0180	1.4391	0.0652	0.0080	0.0122	0.0127
廊坊市	2007	15.6219	0.6819	0.0153	0.0262	0.0128	20.3065	0.2749	0.0952	0.0174	1.1240	0.0685	0.0163	0.0359	0.0084
衡水市	2007	10.3561	−0.1612	0.0129	0.0145	0.0089	12.7432	0.0500	0.0995	0.0054	0.7451	0.0407	0.0072	0.0099	0.0062
平均值	2007	15.5449	1.5278	0.0200	0.0503	0.0547	31.2873	0.1683	0.1054	0.0769	1.1160	0.0769	0.0153	0.0769	0.0769
北京市	2008	12.6975	−11.7494	0.0125	0.1101	0.3736	159.7422	0.5543	0.1659	0.5721	0.7736	0.1773	0.0573	0.5631	0.3611
天津市	2008	18.0256	1.2841	0.0138	0.1664	0.0982	88.0260	0.4000	0.1366	0.2104	1.1418	0.1437	0.0330	0.2166	0.2319
石家庄市	2008	23.5243	1.4297	0.0349	0.0620	0.0450	17.1026	0.1307	0.0683	0.0343	1.4901	0.0781	0.0211	0.0376	0.0435
唐山市	2008	31.3986	2.4022	0.0383	0.0920	0.0451	17.9410	0.1628	0.0722	0.0465	1.9888	0.1298	0.0152	0.0476	0.0181

续表

地区	年份	SLP	ECO	LQ1	LQ2	LQ3	DTD	ERI	MT	PRD	CLP	EDC	GIE	ICC	PCC
秦皇岛市	2008	18.4999	2.4492	0.0103	0.0143	0.0159	42.9464	0.0245	0.1164	0.0152	1.1718	0.0752	0.0054	0.0158	0.0097
邯郸市	2008	18.5923	1.5741	0.0259	0.0478	0.0270	10.4274	0.1281	0.0779	0.0241	1.1777	0.0570	0.0115	0.0171	0.1206
邢台市	2008	15.4202	1.1828	0.0170	0.0246	0.0112	12.0316	0.1308	0.1109	0.0115	0.9767	0.0372	0.0058	0.0080	0.0444
保定市	2008	15.8004	1.3783	0.0278	0.0333	0.0232	20.1398	0.1727	0.1052	0.0207	1.0008	0.0368	0.0054	0.0070	0.0696
张家口市	2008	12.0978	1.2583	0.0134	0.0138	0.0116	7.8816	0.0219	0.1542	0.0130	0.7663	0.0417	0.0059	0.0126	0.0095
承德市	2008	19.8733	1.7909	0.0121	0.0187	0.0072	4.1822	0.0224	0.1494	0.0118	1.2588	0.0515	0.0081	0.0208	0.0095
沧州市	2008	22.4354	1.4433	0.0227	0.0378	0.0264	7.7182	0.1258	0.0728	0.0177	1.4211	0.0643	0.0073	0.0114	0.0376
廊坊市	2008	17.9475	0.6960	0.0146	0.0259	0.0133	23.5163	0.2738	0.1013	0.0180	1.1368	0.0685	0.0140	0.0324	0.0244
衡水市	2008	11.2926	1.7665	0.0124	0.0135	0.0087	13.4283	0.0483	0.1054	0.0048	0.7153	0.0390	0.0073	0.0101	0.0203
平均值	2008	18.2773	0.5312	0.0197	0.0508	0.0543	32.6987	0.1689	0.1105	0.0769	1.1554	0.0769	0.0152	0.0769	0.0769
北京市	2009	12.7395	1.0770	0.0122	0.1116	0.3664	113.7314	0.5657	0.1798	0.5550	0.7559	0.1743	0.0545	0.5304	0.4048
天津市	2009	19.7574	0.7287	0.0135	0.1626	0.1242	58.0712	0.4192	0.1495	0.2251	1.1958	0.1539	0.0302	0.2162	0.2372
石家庄市	2009	24.6207	0.2287	0.0323	0.0607	0.0439	12.5375	0.1268	0.0803	0.0345	1.4902	0.0772	0.0161	0.0309	0.0497
唐山市	2009	30.5310	0.3066	0.0377	0.0898	0.0456	10.9219	0.1631	0.0750	0.0465	1.8479	0.1306	0.0135	0.0410	0.0204
秦皇岛市	2009	17.2733	−0.0375	0.0107	0.0127	0.0142	28.1520	0.0233	0.1289	0.0154	1.0455	0.0704	0.0058	0.0163	0.0063
邯郸市	2009	18.7975	0.0596	0.0259	0.0443	0.0249	9.0772	0.1215	0.0981	0.0239	1.1377	0.0537	0.0102	0.0167	0.0668
邢台市	2009	15.7256	0.2839	0.0166	0.0243	0.0110	8.8322	0.1252	0.1256	0.0118	0.9518	0.0369	0.0072	0.0104	0.0558
保定市	2009	17.1049	0.4513	0.0278	0.0355	0.0216	15.8038	0.1727	0.1158	0.0201	1.0353	0.0376	0.0045	0.0061	0.0616

续表

地区	年份	SLP	ECO	LQ1	LQ2	LQ3	DTD	ERI	MT	PRD	CLP	EDC	GIE	ICC	PCC
张家口市	2009	13.1080	0.3264	0.0127	0.0137	0.0126	4.4069	0.0221	0.1940	0.0129	0.7934	0.0435	0.0199	0.0522	0.0120
承德市	2009	20.0365	0.2555	0.0119	0.0160	0.0093	2.0795	0.0221	0.1707	0.0124	1.2127	0.0514	0.0073	0.0200	0.0115
沧州市	2009	24.0292	0.2741	0.0226	0.0354	0.0261	5.1332	0.1245	0.0875	0.0177	1.4544	0.0631	0.0064	0.0110	0.0337
廊坊市	2009	18.2607	0.2719	0.0145	0.0250	0.0144	20.0487	0.2774	0.1152	0.0190	1.1052	0.0698	0.0156	0.0390	0.0230
衡水市	2009	11.6748	0.1509	0.0129	0.0135	0.0072	12.3181	0.0462	0.1386	0.0059	0.7066	0.0376	0.0061	0.0099	0.0171
平均值	2009	18.7430	0.3367	0.0193	0.0496	0.0555	23.1626	0.1700	0.1276	0.0769	1.1332	0.0769	0.0152	0.0769	0.0769
北京市	2010	13.8943	3.2484	0.0109	0.1114	0.3604	136.4673	0.5727	0.1816	0.5277	0.7361	0.1665	0.0658	0.5787	0.4004
天津市	2010	22.4592	1.1312	0.0129	0.1667	0.1316	60.3242	0.4342	0.1493	0.2396	1.1898	0.1550	0.0314	0.2112	0.2795
石家庄市	2010	27.0988	0.7664	0.0327	0.0570	0.0428	21.8431	0.1234	0.0897	0.0367	1.4356	0.0750	0.0148	0.0289	0.0462
唐山市	2010	36.0420	1.3586	0.0374	0.0895	0.0450	11.4194	0.1633	0.0744	0.0439	1.9094	0.1327	0.0144	0.0412	0.0043
秦皇岛市	2010	21.2152	1.4871	0.0112	0.0127	0.0135	25.5307	0.0229	0.1459	0.0161	1.1239	0.0704	0.0057	0.0172	0.0042
邯郸市	2010	21.3682	0.9404	0.0273	0.0441	0.0240	8.8278	0.1194	0.1117	0.0260	1.1320	0.0535	0.0082	0.0142	0.0814
邢台市	2010	17.2410	0.8658	0.0168	0.0232	0.0108	10.1600	0.1223	0.1422	0.0128	0.9134	0.0361	0.0049	0.0073	0.0526
保定市	2010	19.7026	0.9375	0.0269	0.0364	0.0214	19.3434	0.1722	0.1312	0.0204	1.0438	0.0385	0.0081	0.0119	0.0225
张家口市	2010	14.8042	0.6743	0.0135	0.0143	0.0124	1.9957	0.0223	0.1880	0.0140	0.7843	0.0453	0.0066	0.0163	0.0144
承德市	2010	22.8068	0.6999	0.0123	0.0156	0.0092	2.4288	0.0219	0.1754	0.0123	1.2082	0.0520	0.0066	0.0176	0.0041
沧州市	2010	28.7953	1.1640	0.0224	0.0384	0.0259	5.1571	0.1279	0.0967	0.0205	1.5255	0.0658	0.0055	0.0103	0.0526
廊坊市	2010	19.4161	−0.5493	0.0139	0.0249	0.0146	24.0433	0.2790	0.1330	0.0237	1.0286	0.0704	0.0131	0.0356	0.0224

续表

地区	年份	SLP	ECO	LQ1	LQ2	LQ3	DTD	ERI	MT	PRD	CLP	EDC	GIE	ICC	PCC
衡水市	2010	13.6527	1.1260	0.0137	0.0136	0.0072	17.9277	0.0461	0.1434	0.0063	0.7233	0.0388	0.0060	0.0097	0.0154
平均值	2010	21.4228	1.0654	0.0194	0.0498	0.0553	26.5745	0.1714	0.1356	0.0769	1.1349	0.0769	0.0147	0.0769	0.0769
北京市	2011	17.9836	5.3342	0.0103	0.1026	0.3551	146.3883	0.5733	0.1888	0.5156	0.8134	0.1586	0.0564	0.5196	0.3562
天津市	2011	22.6168	2.0844	0.0122	0.1708	0.1374	59.0577	0.4459	0.1589	0.2495	1.0230	0.1554	0.0335	0.2544	0.3500
石家庄市	2011	31.9398	4.5860	0.0316	0.0585	0.0431	22.4145	0.1235	0.0988	0.0379	1.4447	0.0763	0.0157	0.0363	0.0511
唐山市	2011	44.0061	-8.0631	0.0371	0.0942	0.0444	12.8919	0.1661	0.0812	0.0438	1.9905	0.1375	0.0140	0.0482	0.0132
秦皇岛市	2011	23.9713	1.2814	0.0107	0.0121	0.0134	26.2490	0.0226	0.1576	0.0149	1.0843	0.0688	0.0064	0.0213	0.0094
邯郸市	2011	22.5691	2.8446	0.0267	0.0440	0.0240	8.9093	0.1189	0.1178	0.0273	1.0209	0.0530	0.0081	0.0156	0.1037
邢台市	2011	19.3776	7.6996	0.0167	0.0229	0.0110	9.8620	0.1215	0.1502	0.0121	0.8765	0.0361	0.0050	0.0084	0.0306
保定市	2011	21.1202	2.1636	0.0262	0.0386	0.0202	19.3746	0.1719	0.1358	0.0221	0.9553	0.0393	0.0047	0.0077	-0.0019
张家口市	2011	15.9030	1.8201	0.0137	0.0142	0.0117	1.8043	0.0219	0.2070	0.0142	0.7193	0.0446	0.0044	0.0124	0.0090
承德市	2011	27.5446	2.7493	0.0126	0.0174	0.0088	1.1012	0.0222	0.1742	0.0122	1.2459	0.0550	0.0071	0.0210	0.0084
沧州市	2011	30.1376	2.5529	0.0226	0.0391	0.0245	5.3660	0.1281	0.1023	0.0200	1.3632	0.0655	0.0043	0.0088	0.0246
廊坊市	2011	20.0940	1.4489	0.0133	0.0252	0.0148	21.2193	0.2801	0.1415	0.0241	0.9496	0.0706	0.0122	0.0376	0.0369
衡水市	2011	14.5126	1.7189	0.0133	0.0141	0.0070	20.1455	0.0460	0.1479	0.0064	0.6564	0.0392	0.0049	0.0087	0.0088
平均值	2011	24.0520	2.1708	0.0190	0.0503	0.0550	27.2911	0.1724	0.1432	0.0769	1.0879	0.0769	0.0136	0.0769	0.0769
北京市	2012	15.9179	9.0976	0.0103	0.1011	0.3553	135.4123	0.5798	0.1937	0.4917	1.7068	0.1585	0.0543	0.4759	0.2808
天津市	2012	23.9958	3.7408	0.0119	0.1748	0.1433	56.6115	0.4573	0.1662	0.2611	2.5729	0.1573	0.0357	0.2665	0.3221

续表

地区	年份	SLP	ECO	LQ1	LQ2	LQ3	DTD	ERI	MT	PRD	CLP	EDC	GIE	ICC	PCC
石家庄市	2012	7.8499	0.7368	0.0313	0.0588	0.0428	18.1642	0.1222	0.1031	0.0404	0.8417	0.0772	0.0162	0.0368	0.0443
唐山市	2012	11.8858	0.8879	0.0366	0.0911	0.0440	11.2887	0.1650	0.0836	0.0447	1.2744	0.1362	0.0216	0.0703	0.0260
秦皇岛市	2012	6.2962	0.6352	0.0106	0.0117	0.0128	24.4440	0.0220	0.1755	0.0161	0.6751	0.0675	0.0060	0.0202	0.0078
邯郸市	2012	4.6577	0.7670	0.0266	0.0425	0.0241	7.7699	0.1162	0.1255	0.0274	0.4994	0.0525	0.0128	0.0241	0.0726
邢台市	2012	3.5663	0.7481	0.0166	0.0218	0.0109	7.2182	0.1185	0.1633	0.0127	0.3824	0.0353	0.0047	0.0078	0.0598
保定市	2012	3.9968	1.1699	0.0262	0.0392	0.0200	14.1320	0.1722	0.1410	0.0237	0.4286	0.0400	0.0050	0.0080	0.0631
张家口市	2012	3.9329	0.6542	0.0142	0.0139	0.0118	1.9632	0.0218	0.2161	0.0158	0.4217	0.0454	0.0049	0.0137	0.0055
承德市	2012	5.1894	0.4650	0.0128	0.0164	0.0088	0.8140	0.0218	0.1995	0.0122	0.5564	0.0541	0.0067	0.0205	0.0144
沧州市	2012	6.1803	0.7726	0.0221	0.0388	0.0240	5.2376	0.1280	0.1108	0.0211	0.6627	0.0651	0.0047	0.0098	0.0532
廊坊市	2012	6.0606	0.9457	0.0137	0.0254	0.0148	17.6866	0.2839	0.1494	0.0255	0.6498	0.0714	0.0126	0.0383	0.0460
衡水市	2012	3.8127	1.0524	0.0131	0.0137	0.0071	20.2381	0.0452	0.1591	0.0075	0.4088	0.0394	0.0046	0.0082	0.0044
平均值	2012	7.9494	1.6672	0.0189	0.0499	0.0554	24.6908	0.1734	0.1528	0.0769	0.8524	0.0769	0.0146	0.0769	0.0769
北京市	2013	15.2864	3.0797	0.0104	0.1019	0.3611	125.7112	0.5874	0.1975	0.4886	0.7156	0.1619	0.0562	0.4850	0.4057
天津市	2013	29.9391	1.2637	0.0122	0.1780	0.1484	55.3812	0.4683	0.1774	0.2774	1.4015	0.1581	0.0364	0.2756	0.5224
石家庄市	2013	34.3215	0.5224	0.0307	0.0575	0.0438	17.8253	0.1200	0.1075	0.0421	1.6067	0.0785	0.0153	0.0349	-0.0186
唐山市	2013	44.3812	0.4646	0.0358	0.0879	0.0424	12.8176	0.1627	0.0812	0.0425	2.0776	0.1342	0.0182	0.0535	-0.0275
秦皇岛市	2013	23.6694	0.6323	0.0110	0.0109	0.0119	23.1796	0.0213	0.1714	0.0146	1.1080	0.0647	0.0069	0.0207	0.0133
邯郸市	2013	15.1657	0.1008	0.0256	0.0384	0.0235	7.2957	0.1105	0.1199	0.0230	0.7100	0.0499	0.0147	0.0237	0.0080

续表

地区	年份	SLP	ECO	LQ1	LQ2	LQ3	DTD	ERI	MT	PRD	CLP	EDC	GIE	ICC	PCC
邢台市	2013	17.6344	0.3136	0.0165	0.0206	0.0109	7.0729	0.1138	0.2869	0.0120	0.8255	0.0341	0.0028	0.0074	0.1349
保定市	2013	20.5494	0.9412	0.0265	0.0386	0.0197	11.7198	0.1702	0.1213	0.0230	0.9620	0.0404	0.0070	0.0092	-0.0728
张家口市	2013	17.0641	0.7669	0.0153	0.0136	0.0113	1.8243	0.0217	0.2239	0.0146	0.7988	0.0457	0.0046	0.0127	-0.0133
承德市	2013	26.4659	0.4391	0.0136	0.0159	0.0089	1.2454	0.0217	0.2037	0.0120	1.2390	0.0545	0.0083	0.0248	0.0107
沧州市	2013	33.1419	0.5011	0.0203	0.0385	0.0242	5.2822	0.1283	0.0971	0.0274	1.5515	0.0647	0.0071	0.0120	0.0879
廊坊市	2013	23.5779	0.5740	0.0129	0.0250	0.0155	18.8206	0.2828	0.1347	0.0137	1.1038	0.0745	0.0121	0.0327	-0.0959
衡水市	2013	16.6142	0.4022	0.0109	0.0137	0.0074	21.9122	0.0444	0.1734	0.0091	0.7778	0.0387	0.0043	0.0077	0.0453
平均值	2013	24.4470	0.7694	0.0186	0.0493	0.0561	23.8529	0.1733	0.1612	0.0769	1.1444	0.0769	0.0149	0.0769	0.0769
北京市	2014	14.4694	2.5092	0.0103	0.1143	0.3879	21.2631	0.6086	0.1974	0.4789	0.7351	0.1760	0.0625	0.5071	0.1466
天津市	2014	24.9146	-1.4781	0.0103	0.1190	0.1241	44.6847	0.4238	0.2711	0.2843	1.2658	0.1158	0.0378	0.2773	0.1794
石家庄市	2014	31.8991	0.5956	0.0315	0.0623	0.0479	18.1471	0.1263	0.1096	0.0408	1.6207	0.0833	0.0129	0.0275	0.0869
唐山市	2014	45.7132	0.1825	0.0361	0.0927	0.0438	13.6395	0.1584	0.0843	0.0385	2.3225	0.1365	0.0155	0.0418	0.0581
秦皇岛市	2014	23.8045	1.4621	0.0113	0.0116	0.0122	24.4329	0.0214	0.1766	0.0135	1.2094	0.0671	0.0089	0.0248	0.0096
邯郸市	2014	15.2659	0.0431	0.0261	0.0398	0.0240	7.8481	0.1140	0.1314	0.0218	0.7756	0.0494	0.0167	0.0254	0.1422
邢台市	2014	17.4550	0.1847	0.0177	0.0201	0.0126	7.4577	0.1176	0.1789	0.0114	0.8868	0.0352	0.0065	0.0096	0.0400
保定市	2014	20.4610	0.4316	0.0275	0.0403	0.0221	12.1368	0.1769	0.1401	0.0212	1.0396	0.0419	0.0053	0.0073	0.1310
张家口市	2014	15.3229	0.2457	0.0155	0.0148	0.0113	1.9275	0.0222	0.2444	0.0150	0.7785	0.0475	0.0046	0.0125	0.0068
承德市	2014	26.6402	0.3509	0.0146	0.0173	0.0094	1.2771	0.0226	0.1978	0.0128	1.3535	0.0582	0.0063	0.0169	0.0104

续表

地区	年份	SLP	ECO	LQ1	LQ2	LQ3	DTD	ERI	MT	PRD	CLP	EDC	GIE	ICC	PCC
沧州市	2014	33.4600	0.2756	0.0205	0.0420	0.0251	5.4969	0.1265	1.5473	0.0226	1.7000	0.0673	0.0007	0.0176	0.0565
廊坊市	2014	24.6355	−1.1016	0.0133	0.0270	0.0196	18.1884	0.3069	0.1390	0.0298	1.2517	0.0798	0.0097	0.0252	0.1121
衡水市	2014	14.4458	0.4994	0.0108	0.0142	0.0092	22.0869	0.0465	0.2040	0.0095	0.7339	0.0419	0.0035	0.0070	0.0204
平均值	2014	23.7298	0.3231	0.0189	0.0473	0.0576	15.2759	0.1747	0.2786	0.0769	1.2056	0.0769	0.0147	0.0769	0.0769
北京市	2015	14.3308	4.3144	0.0087	0.1107	0.3880	16.3789	0.6165	0.2316	0.4871	0.6975	0.1771	0.0502	0.5129	0.1767
天津市	2015	25.6207	0.1680	0.0101	0.1124	0.1195	38.4914	0.4213	0.2971	0.2750	1.2469	0.1091	0.0374	0.3021	0.2818
石家庄市	2015	34.4082	0.3354	0.0307	0.0614	0.0479	15.0326	0.1246	0.1254	0.0387	1.6746	0.0821	0.0133	0.0340	0.0368
唐山市	2015	48.7143	2.6979	0.0354	0.0843	0.0646	10.1416	0.1639	0.0812	0.0345	2.3709	0.1500	0.0108	0.0329	0.0165
秦皇岛市	2015	24.6198	0.6098	0.0110	0.0111	0.0120	20.4390	0.0213	0.1826	0.0118	1.1982	0.0656	0.0040	0.0120	0.0050
邯郸市	2015	15.2058	0.1856	0.0250	0.0371	0.0242	6.6988	0.1116	0.1639	0.0197	0.7401	0.0465	0.0080	0.0152	0.1888
邢台市	2015	18.5896	0.6588	0.0171	0.0199	0.0133	6.0668	0.1159	0.2117	0.0106	0.9047	0.0351	0.0037	0.0068	0.0700
保定市	2015	22.7196	6.9382	0.0269	0.0412	0.0234	9.7289	0.1775	0.1517	0.0367	1.1057	0.0426	0.0044	0.0072	0.0523
张家口市	2015	32.1769	0.0957	0.0151	0.0137	0.0110	1.6622	0.0215	0.2862	0.0138	1.5660	0.0451	0.0030	0.0097	0.0038
承德市	2015	25.8104	0.1486	0.0146	0.0159	0.0093	1.1000	0.0221	0.2153	0.0100	1.2562	0.0551	0.0053	0.0157	0.0154
沧州市	2015	34.7403	0.5002	0.0199	0.0412	0.0260	4.5214	0.1252	0.1460	0.0217	1.6908	0.0665	0.0038	0.0092	0.0557
廊坊市	2015	27.8251	0.3706	0.0128	0.0276	0.0224	13.9453	0.3180	0.1948	0.0313	1.3542	0.0832	0.0086	0.0349	0.1003
衡水市	2015	24.0237	0.5050	0.0105	0.0141	0.0094	18.1344	0.0458	0.2204	0.0091	1.1692	0.0419	0.0032	0.0073	−0.0032
平均值	2015	26.8296	1.3483	0.0183	0.0454	0.0593	12.4878	0.1758	0.1929	0.0769	1.3058	0.0769	0.0120	0.0769	0.0769

续表

地区	年份	SLP	ECO	LQ1	LQ2	LQ3	DTD	ERI	MT	PRD	CLP	EDC	GIE	ICC	PCC
北京市	2016	23.0862	−43.2792	0.0096	0.1627	0.5069	15.8139	0.6306	0.2369	0.5021	1.2549	0.2903	0.0446	0.4493	−0.0147
天津市	2016	18.7510	−2.0494	0.0124	0.1523	0.1582	32.6905	0.4520	0.3223	0.2691	1.0193	0.1714	0.0338	0.2738	−0.0929
石家庄市	2016	22.1254	165.0194	0.0355	0.0435	0.0418	22.1822	0.0949	0.2021	0.0406	1.2027	0.0770	0.0170	0.0387	−0.3040
唐山市	2016	23.9683	−8.5681	0.0339	0.0634	0.0302	19.8385	0.1418	0.1783	0.0351	1.3029	0.1072	0.0134	0.0374	−0.1801
秦皇岛市	2016	20.9052	−599.7243	0.0140	0.0121	0.0118	23.4053	0.0216	0.2329	0.0115	1.1364	0.0795	0.0119	0.0322	−0.0847
邯郸市	2016	7.3074	−5.0844	0.0210	0.0218	0.0137	13.4872	0.0595	0.3523	0.0202	0.3972	0.0371	0.0083	0.0159	0.6153
邢台市	2016	5.5404	−6.1275	0.0170	0.0044	0.0042	19.1817	0.0566	0.7594	0.0110	0.3012	0.0172	0.0060	0.0114	0.2966
保定市	2016	8.6562	−3.9548	0.0248	0.0225	0.0091	22.4182	0.1283	0.4026	0.0236	0.4705	0.0277	0.0067	0.0110	0.2374
张家口市	2016	19.1142	−7.2895	0.0143	0.0097	0.0076	2.7295	0.0189	0.5177	0.0140	1.0390	0.0423	0.0054	0.0174	0.1624
承德市	2016	9.7649	−8.0244	0.0168	0.0054	0.0033	2.7334	0.0154	0.5752	0.0081	0.5308	0.0349	0.0079	0.0233	0.1787
沧州市	2016	10.3980	−6.1170	0.0228	0.0118	0.0082	14.3637	0.0770	0.5001	0.0218	0.5652	0.0314	0.0086	0.0198	0.1459
廊坊市	2016	11.8577	−4.3017	0.0146	0.0122	0.0120	30.9352	0.2659	0.4725	0.0335	0.6446	0.0544	0.0150	0.0566	−0.0023
衡水市	2016	11.1195	−4.5016	0.0139	0.0079	0.0034	37.7650	0.0301	0.5307	0.0095	0.6044	0.0296	0.0057	0.0131	0.0426
平均值	2016	14.8149	−41.0771	0.0193	0.0407	0.0623	19.8111	0.1533	0.4064	0.0769	0.8053	0.0769	0.0142	0.0769	0.0769
北京市	2017	25.6252	7.6643	0.0087	0.1639	0.5145	73.2095	0.6094	0.2284	0.5332	1.3210	0.3001	0.0530	0.5215	−0.0522
天津市	2017	20.5472	15.2608	0.0120	0.1481	0.1607	6.1235	0.4432	0.2636	0.2268	1.0592	0.1743	0.0353	0.2331	−0.1215
石家庄市	2017	13.0554	0.2470	0.0281	0.0428	0.0417	23.1221	0.0945	0.2170	0.0452	0.6730	0.0745	0.0125	0.0289	0.2261
唐山市	2017	28.9625	−0.2095	0.0332	0.0646	0.0224	18.9377	0.1350	0.1875	0.0373	1.4930	0.0975	0.0107	0.0282	0.1267

续表

地区	年份	SLP	ECO	LQ1	LQ2	LQ3	DTD	ERI	MT	PRD	CLP	EDC	GIE	ICC	PCC
秦皇岛市	2017	18.8064	−70.3003	0.0138	0.0116	0.0123	29.4740	0.0213	0.2297	0.0116	0.9695	0.0801	0.0116	0.0306	0.0384
邯郸市	2017	12.2695	0.2933	0.0219	0.0190	0.0142	9.3937	0.0591	0.3481	0.0216	0.6325	0.0360	0.0092	0.0166	0.0434
邢台市	2017	6.7365	0.7039	0.0177	0.0043	0.0049	23.3065	0.0573	0.6809	0.0124	0.3473	0.0182	0.0059	0.0106	0.0752
保定市	2017	12.2723	−12.3454	0.0236	0.0216	0.0128	20.8747	0.1326	0.3777	0.0234	0.6326	0.0301	0.0073	0.0120	0.1329
张家口市	2017	12.7293	7.8125	0.0143	0.0090	0.0080	4.0340	0.0188	0.5493	0.0133	0.6562	0.0423	0.0044	0.0147	0.0190
承德市	2017	12.0049	0.9191	0.0168	0.0060	0.0045	4.7155	0.0162	0.5312	0.0088	0.6189	0.0389	0.0063	0.0188	0.0788
沧州市	2017	11.3448	0.6736	0.0219	0.0141	0.0088	21.1598	0.0793	0.4730	0.0235	0.5848	0.0336	0.0084	0.0191	0.1172
廊坊市	2017	5.3995	−1.2832	0.0133	0.0108	0.0070	42.2228	0.2311	0.6818	0.0325	0.2783	0.0393	0.0115	0.0441	0.2987
衡水市	2017	12.5388	2.2041	0.0134	0.0086	0.0055	27.4968	0.0326	0.4149	0.0102	0.6464	0.0351	0.0105	0.0219	0.0173
平均值	2017	14.7917	−3.7200	0.0184	0.0403	0.0629	23.3901	0.1485	0.3987	0.0769	0.7625	0.0769	0.0144	0.0769	0.0769
北京市	2018	21.0920	−7.0951	0.0070	0.1273	0.4270	543.3359	0.6577	0.2257	0.5447	0.8288	0.2135	0.0570	0.6095	−0.7212
天津市	2018	28.6885	−1.2708	0.0102	0.1124	0.1297	399.9784	0.4359	0.2322	0.1983	1.1273	0.1190	0.0341	0.2090	0.1136
石家庄市	2018	28.6851	8.3194	0.0257	0.0417	0.0499	111.1763	0.1165	0.1820	0.0489	1.1271	0.0691	0.0091	0.0253	0.3134
唐山市	2018	51.7712	183.2251	0.0311	0.0778	0.0399	61.5586	0.1509	0.1162	0.0407	2.0343	0.1129	0.0096	0.0281	0.1696
秦皇岛市	2018	24.1293	2.9972	0.0121	0.0115	0.0124	39.4672	0.0218	0.1938	0.0126	0.9481	0.0666	0.0100	0.0288	0.1023
邯郸市	2018	30.1300	6.8792	0.0186	0.0355	0.0233	4.3150	0.0988	0.1869	0.0229	1.1839	0.0488	0.0038	0.0076	0.0743
邢台市	2018	22.7082	11.9699	0.0154	0.0188	0.0147	7.3234	0.1046	0.2451	0.0140	0.8923	0.0380	0.0013	0.0027	0.0997
保定市	2018	21.7348	11.9317	0.0242	0.0298	0.0281	60.2793	0.1703	0.1900	0.0236	0.8540	0.0416	0.0063	0.0110	0.1788

续表

地区	年份	SLP	ECO	LQ1	LQ2	LQ3	DTD	ERI	MT	PRD	CLP	EDC	GIE	ICC	PCC
张家口市	2018	19.3876	-12.4451	0.0144	0.0097	0.0122	3.1062	0.0205	0.3859	0.0148	0.7618	0.0455	0.0030	0.0118	0.0022
承德市	2018	25.1741	-5.1784	0.0166	0.0112	0.0095	10.2425	0.0203	0.2733	0.0098	0.9892	0.0536	0.0029	0.0093	0.0608
沧州市	2018	41.6623	-16.8853	0.0167	0.0313	0.0268	62.5621	0.1165	0.1854	0.0248	1.6371	0.0615	0.0062	0.0157	0.1359
廊坊市	2018	41.2980	7.1300	0.0122	0.0241	0.0271	101.8751	0.3471	0.2072	0.0341	1.6227	0.0860	0.0055	0.0216	0.4183
衡水市	2018	23.0869	8.5658	0.0124	0.0110	0.0112	101.0674	0.0442	0.2548	0.0108	0.9072	0.0438	0.0079	0.0196	0.0524
平均值	2018	29.1960	15.2418	0.0167	0.0417	0.0625	115.8683	0.1773	0.2214	0.0769	1.1472	0.0769	0.0120	0.0769	0.0769
北京市	2019	26.3978	-11.9874	0.0064	0.1250	0.4265	558.1278	0.6598	0.2090	0.5205	1.0549	0.2116	0.0575	0.5597	-0.0069
天津市	2019	29.9608	0.4368	0.0103	0.1091	0.1283	52.3421	0.4355	0.2530	0.2157	1.1973	0.1157	0.0297	0.1916	0.0255
石家庄市	2019	18.2270	0.8920	0.0250	0.0404	0.0507	139.9620	0.1178	0.1810	0.0509	0.7284	0.0677	0.0113	0.0305	0.0911
唐山市	2019	37.1652	0.8180	0.0295	0.0797	0.0395	73.4743	0.1516	0.1157	0.0416	1.4851	0.1112	0.0112	0.0317	0.0325
秦皇岛市	2019	19.9984	1.5538	0.0115	0.0117	0.0126	153.5136	0.0220	0.1972	0.0129	0.7991	0.0659	0.0096	0.0276	0.0139
邯郸市	2019	20.3180	0.4228	0.0190	0.0343	0.0228	37.1281	0.0981	0.2000	0.0235	0.8119	0.0469	0.0076	0.0157	0.0247
邢台市	2019	19.1546	0.6052	0.0157	0.0184	0.0144	50.3668	0.1043	0.2597	0.0143	0.7654	0.0368	0.0053	0.0111	0.0238
保定市	2019	18.6265	1.1763	0.0246	0.0291	0.0289	68.7572	0.1644	0.1901	0.0244	0.7443	0.0456	0.0060	0.0115	-1.2608
张家口市	2019	13.8959	-0.8452	0.0135	0.0098	0.0098	16.0836	0.0194	0.4448	0.0151	0.5553	0.0399	0.0047	0.0183	-0.0118
承德市	2019	21.2775	0.9371	0.0165	0.0108	0.0098	10.5820	0.0204	0.2868	0.0101	0.8503	0.0528	0.0060	0.0201	0.0043
沧州市	2019	26.0244	1.0767	0.0162	0.0315	0.0268	71.3432	0.1172	0.1913	0.0254	1.0400	0.0611	0.0084	0.0216	-0.0477
廊坊市	2019	25.5238	0.9444	0.0118	0.0232	0.0278	76.0563	0.3512	0.2002	0.0347	1.0199	0.0835	0.0088	0.0322	0.0960

续表

地区	年份	SLP	ECO	LQ1	LQ2	LQ3	DTD	ERI	MT	PRD	CLP	EDC	GIE	ICC	PCC
衡水市	2019	25.9157	6.7728	0.0120	0.0109	0.0206	75.4354	0.0526	0.1843	0.0109	1.0356	0.0613	0.0115	0.0285	0.0152
平均值	2019	23.2681	0.2156	0.0163	0.0411	0.0630	106.3979	0.1780	0.2241	0.0769	0.9298	0.0769	0.0137	0.0769	-0.0769
北京市	2020	31.0160	3.9266	0.0056	0.1248	0.4271	443.5528	0.6793	0.1971	0.5208	1.2085	0.2053	0.0609	0.5324	0.2477
天津市	2020	21.7677	0.0688	0.0110	0.1049	0.1279	359.5135	0.4184	0.2238	0.1826	0.8481	0.1264	0.0349	0.2132	-1.2235
石家庄市	2020	18.8369	-0.0962	0.0262	0.0381	0.0521	155.8642	0.1196	0.1925	0.0600	0.7339	0.0657	0.0108	0.0295	0.1472
唐山市	2020	39.2429	1.1650	0.0311	0.0838	0.0392	97.6717	0.1501	0.1285	0.0482	1.5290	0.1163	0.0106	0.0342	-0.1720
秦皇岛市	2020	20.9146	1.5420	0.0122	0.0120	0.0127	146.9106	0.0223	0.2019	0.0151	0.8149	0.0668	0.0091	0.0266	-0.0045
邯郸市	2020	22.0643	0.7673	0.0198	0.0343	0.0238	40.1537	0.0988	0.2170	0.0273	0.8597	0.0481	0.0084	0.0190	-0.0943
邢台市	2020	19.9969	-0.2294	0.0163	0.0180	0.0150	53.2387	0.1044	0.2777	0.0167	0.7791	0.0385	0.0050	0.0115	-0.2006
保定市	2020	20.2880	0.1296	0.0258	0.0289	0.0302	53.3837	0.1745	0.2213	0.0291	0.7905	0.0426	0.0065	0.0132	0.6413
张家口市	2020	16.3831	5.1701	0.0140	0.0094	0.0127	16.8603	0.0203	0.4019	0.0167	0.6383	0.0484	0.0036	0.0152	-0.2132
承德市	2020	22.4536	1.1216	0.0177	0.0109	0.0101	7.2681	0.0203	0.2897	0.0110	0.8749	0.0576	0.0042	0.0150	-0.1618
沧州市	2020	27.1030	0.7033	0.0165	0.0313	0.0275	59.3406	0.1145	0.1987	0.0262	1.0560	0.0631	0.0067	0.0182	-0.1694
廊坊市	2020	26.4965	0.7108	0.0116	0.0223	0.0290	81.9955	0.3755	0.1975	0.0342	1.0324	0.0749	0.0114	0.0364	0.3957
衡水市	2020	18.7789	-10.2335	0.0123	0.0107	0.0118	104.0688	0.0439	0.2691	0.0121	0.7317	0.0461	0.0133	0.0356	-0.1924
平均值	2020	23.4879	0.3651	0.0169	0.0407	0.0630	124.6017	0.1801	0.2320	0.0769	0.9151	0.0769	0.0143	0.0769	-0.0769

资料来源：整理《中国统计年鉴》等数据，运用 Stata 软件计算得出。

第三节 京津冀经济协同创新中地方财政竞争性互动关系检验

一 京津冀经济协同创新与地方财政竞争性互动指标权重分配

无论是经济协同创新还是地方财政竞争性互动,其影响的因素均较多。为了减少主观因素带来的影响,运用熵值评价法对京津冀经济协同创新指标体系和地方财政竞争性互动指标体系进行客观权重赋值,分别见表4-4和表4-5。

表4-4　京津冀经济协同创新指标体系权重分配

一级指标	权重	二级指标	权重	三级指标	权重
创新基础条件	0.8295	经济发展水平	0.8021	人均GDP	0.0503
				人均一般公共预算收入	0.6895
				人均一般公共预算支出	0.0623
		经济结构调整潜力	0.0274	第二产业产值所占比重	0.0107
				第三产业产值所占比重	0.0167
创新效率条件	0.1705	经济效益能力	0.1016	城镇居民人均可支配收入	0.0075
				农村居民人均可支配收入	0.0011
				人均用电量	0.0321
				人均社会消费品零售额	0.0609
		经济提升能力	0.0689	地区生产总值增长率	0.0048
				第二产业产值增长率	0.0325
				第三产业产值增长率	0.0317

通过表4-4可以看出,在京津冀经济协同创新指标体系中,创新基础条件的权重为0.8295,创新效率条件的权重为0.1705,由此可以判断出创新基础条件对协同创新具有决定性的影响;而在创新基础条件中的经济发展水平指标权重高达0.8021,相较经济结构调整潜力指标权重0.0274,其具有决定性的影响作用;尤其是三级指标中的人均一般公共预算收入指标权重为0.6895,无论是对经济发展水平,还是对创新基础条件,以及对京津冀经济协同创新水平均具有决定性的影响;

创新效率条件中，经济效益能力的权重为 0.1016，表示经济效益能力对创新效率条件的贡献率为 59.59%，高于经济提升能力，三级指标中人均社会消费品零售额，权重为 0.0609，表示对经济效益能力的贡献率为 59.94%，对创新效率条件的贡献率为 35.72%，对经济协同创新水平的贡献率为 6.09%。12 个三级指标中，权重相对较小的是农村居民人均可支配收入指标，其次是城镇居民人均可支配收入指标，权重分别为 0.0011 和 0.0075。

表 4-5　　　　　　　地方财政竞争性互动指标体系权重分配

一级指标	权重	二级指标	权重
竞争基础能力	0.6468	劳动生产率（SLP）	0.0085
		资本运用效率（ECO）	0.0011
		第一产业区位商（LQ1）	0.0334
		第二产业区位商（LQ2）	0.0819
		第三产业区位商（LQ3）	0.1834
		对外贸易能力（DTD）	0.1575
		区域经济联系度（ERI）	0.0954
		政府干预综合能力（MT）	0.0741
		财政收入能力（PRD）	0.0113
竞争驱动效能	0.3532	比较劳动生产率（CLP）	0.0244
		经济发展贡献度（EDC）	0.0506
		政府创新努力（GIE）	0.0762
		创新贡献度（ICC）	0.1990
		人口变动贡献度（PCC）	0.0031

从表 4-5 可以看出，竞争基础能力和竞争驱动效能的权重分别为 0.6468 和 0.3532，说明竞争基础能力对地方财政竞争性互动程度的影响更高一些。在竞争基础能力指标体系中，第三产业区位商和对外贸易能力的影响相对较高，权重分别为 0.1834、0.1575，说明一个地区的第三产业越发达以及与外界的贸易往来越发达地方政府以及地方财政的竞争能力越强；劳动生产率和资本运用效率的影响较小，权重分别为 0.0085 和 0.0011，说明一个地区生产要素的运用能力对于地方政府、

地方财政的竞争性互动影响较小。在竞争驱动效能指标体系中，影响程度相对较高的是创新贡献度指标，其权重为 0.1990，表明一个地区的创新贡献度越大，其地方政府、地方财政越具有明显的竞争意愿；影响程度较低的是人口变动贡献度指标，其权重值为 0.0031，表明一个地区的人口变动高低对于地方政府、地方财政参与竞争性互动意愿变化的影响较小。

二 京津冀经济协同创新与地方财政竞争性互动评价结果

表4-6和表4-7是根据经济协同创新指标体系和地方财政竞争性互动指标体系测算出的京津冀区域内13个城市2007—2020年的经济协同创新水平得分和地方财政竞争性互动得分。其中，通过表4-6可以看出，不仅京津冀区域内各辖区的经济协同创新水平平均得分呈逐步上升趋势，2007年0.0324分，2010年0.0484分，2015年0.0726分，2020年0.1053分；河北省各市的平均得分，也呈逐年上升趋势，以2014年为时间边界，2007—2014年，河北省11市的平均经济协同创新水平得分为0.0395分，京津冀区域13市的平均值为0.0519分，而2015—2020年河北省经济协同创新水平得分的平均值已经提升到0.0855，京津冀区域13市的平均值达到0.0858，一定程度上表明京津冀协同发展的推进对于京津冀整个区域，尤其是对河北省经济协同创新水平的提升具有一定的推动作用。再看表4-7，可以看出与经济协同创新水平逐步上升的趋势不同，京津冀区域内各辖区的地方财政竞争性互动表现出较为明显的波动状态，但从得分上来看，整体的地方财政竞争性互动得分均有所下降，一定程度上表明随着京津冀协同发展战略的推进，辖区间的地方政府竞争、地方财政竞争的激烈程度总体上有所缓解。

表4-6　　　　　京津冀各辖区经济协同创新水平得分　　　　　单位：分

城市	2007年	2008年	2009年	2010年
北京市	0.0929	0.1060	0.1172	0.1315
天津市	0.0572	0.0665	0.0783	0.0911

续表

城市	2007 年	2008 年	2009 年	2010 年
石家庄市	0.0342	0.0385	0.0407	0.0471
唐山市	0.0480	0.0552	0.0604	0.0703
秦皇岛市	0.0329	0.0361	0.0364	0.0480
邯郸市	0.0193	0.0225	0.0211	0.0275
邢台市	0.0154	0.0174	0.0212	0.0228
保定市	0.0204	0.0233	0.0243	0.0297
张家口市	0.0202	0.0250	0.0280	0.0309
承德市	0.0189	0.0218	0.0282	0.0294
沧州市	0.0189	0.0269	0.0283	0.0349
廊坊市	0.0240	0.0280	0.0296	0.0374
衡水市	0.0190	0.0222	0.0228	0.0282
河北平均	0.0247	0.0288	0.0310	0.0369
京津冀平均	0.0324	0.0376	0.0413	0.0484
城市	2011 年	2012 年	2013 年	2014 年
北京市	0.1450	0.1590	0.1831	0.1984
天津市	0.1055	0.1165	0.1381	0.1366
石家庄市	0.0547	0.0515	0.0640	0.0650
唐山市	0.0799	0.0848	0.0909	0.0864
秦皇岛市	0.0559	0.0454	0.0536	0.0639
邯郸市	0.0322	0.0356	0.0446	0.0448
邢台市	0.0270	0.0291	0.0333	0.0411
保定市	0.0340	0.0376	0.0389	0.0432
张家口市	0.0345	0.0383	0.0409	0.0446
承德市	0.0332	0.0358	0.0389	0.0435
沧州市	0.0392	0.0429	0.0454	0.1050
廊坊市	0.0445	0.0506	0.0537	0.0619
衡水市	0.0328	0.0361	0.0388	0.0458
河北平均	0.0425	0.0443	0.0494	0.0587
京津冀平均	0.0553	0.0587	0.0665	0.0581

续表

城市	2015 年	2016 年	2017 年	2018 年
北京市	0.1586	0.1719	0.1854	0.1996
天津市	0.1133	0.1238	0.1267	0.1247
石家庄市	0.0691	0.0762	0.0835	0.0856
唐山市	0.0937	0.0947	0.0989	0.1133
秦皇岛市	0.0655	0.0688	0.0762	0.0801
邯郸市	0.0531	0.0559	0.0619	0.0692
邢台市	0.0477	0.0512	0.0596	0.0685
保定市	0.0477	0.0489	0.0597	0.0719
张家口市	0.0534	0.0576	0.0658	0.0736
承德市	0.0562	0.0589	0.0743	0.0737
沧州市	0.0545	0.0583	0.0688	0.0824
廊坊市	0.0812	0.0852	0.0892	0.8044
衡水市	0.0497	0.0559	0.0621	0.0676
河北平均	0.0611	0.0647	0.0727	0.1446
京津冀平均	0.0726	0.0775	0.0855	0.1499

城市	2019 年	2020 年	2007—2014 年	2015—2020 年
北京市	0.2071	0.2725	0.1416	0.1992
天津市	0.1423	0.1381	0.0987	0.1282
石家庄市	0.0895	0.0905	0.0495	0.0824
唐山市	0.1210	0.1248	0.0720	0.1077
秦皇岛市	0.0865	0.0887	0.0465	0.0776
邯郸市	0.0706	0.0762	0.0310	0.0645
邢台市	0.0648	0.0710	0.0259	0.0605
保定市	0.0665	0.0773	0.0314	0.0620
张家口市	0.0780	0.0847	0.0328	0.0689
承德市	0.0797	0.0829	0.0312	0.0710
沧州市	0.0766	0.0841	0.0427	0.0708
廊坊市	0.1018	0.1055	0.0412	0.2112
衡水市	0.0761	0.0732	0.0307	0.0641
河北平均	0.0828	0.0872	0.0395	0.0855
京津冀平均	0.0970	0.1053	0.0519	0.0858

资料来源：根据熵值法计算。

表 4-7　　京津冀各辖区地方财政竞争性互动得分　　单位：分

城市	2007 年	2008 年	2009 年	2010 年
北京市	0.6206	0.7315	0.3204	0.1597
天津市	0.6112	0.3534	0.4133	0.1681
石家庄市	0.5841	0.3584	0.1687	0.1727
唐山市	0.6158	0.3590	0.1710	0.1917
秦皇岛市	0.5809	0.3649	0.1577	0.2030
邯郸市	0.5717	0.3848	0.1549	0.1944
邢台市	0.5685	0.4126	0.1582	0.1950
保定市	0.5746	0.4085	0.1554	0.2001
张家口市	0.5600	0.3586	0.1563	0.2114
承德市	0.6268	0.3594	0.1583	0.2015
沧州市	0.6768	0.3945	0.1592	0.2003
廊坊市	0.7785	0.3712	0.1568	0.1967
衡水市	0.7671	0.4309	0.1375	0.1669
河北平均	0.6277	0.3821	0.1576	0.1893
京津冀平均	0.6259	0.4067	0.1898	0.1893
城市	2011 年	2012 年	2013 年	2014 年
北京市	0.1569	0.0923	0.1066	0.0841
天津市	0.1814	0.0923	0.0926	0.0806
石家庄市	0.1829	0.0859	0.0927	0.0896
唐山市	0.1944	0.1158	0.0923	0.0877
秦皇岛市	0.0805	0.1144	0.1063	0.0746
邯郸市	0.0790	0.1230	0.1114	0.0939
邢台市	0.0731	0.1231	0.0901	0.0960
保定市	0.0738	0.1174	0.0850	0.1120
张家口市	0.0746	0.1150	0.0857	0.1119
承德市	0.0720	0.1136	0.0815	0.1105
沧州市	0.0735	0.1182	0.0812	0.1175
廊坊市	0.0800	0.1159	0.0769	0.1110
衡水市	0.0682	0.1221	0.0815	0.1082
河北平均	0.0956	0.1149	0.0895	0.1012
京津冀平均	0.1069	0.1115	0.0911	0.1022

续表

城市	2015 年	2016 年	2017 年	2018 年
北京市	0.1115	0.0625	0.0705	0.1083
天津市	0.1151	0.0646	0.0671	0.1046
石家庄市	0.1144	0.0670	0.0749	0.1018
唐山市	0.1049	0.0701	0.0735	0.1072
秦皇岛市	0.1059	0.0794	0.0708	0.1784
邯郸市	0.1243	0.0759	0.0807	0.1074
邢台市	0.1237	0.0675	0.0776	0.0990
保定市	0.1277	0.0742	0.0679	0.1001
张家口市	0.0573	0.0731	0.0748	0.1191
承德市	0.0625	0.0695	0.0720	0.1223
沧州市	0.0929	0.0717	0.1114	0.1163
廊坊市	0.0657	0.0696	0.1098	0.1354
衡水市	0.0615	0.0681	0.1071	0.1316
河北平均	0.0946	0.0715	0.0837	0.1199
京津冀平均	0.0975	0.0702	0.0814	0.1215

城市	2019 年	2020 年	2007—2014 年	2015—2020 年
北京市	0.1356	0.0634	0.2840	0.0920
天津市	0.1323	0.0624	0.2491	0.0910
石家庄市	0.1302	0.0650	0.2169	0.0922
唐山市	0.1309	0.0632	0.2285	0.0916
秦皇岛市	0.1294	0.0620	0.2103	0.1043
邯郸市	0.1328	0.0620	0.2141	0.0972
邢台市	0.1398	0.0639	0.2146	0.0953
保定市	0.1464	0.0659	0.2159	0.0970
张家口市	0.1381	0.0821	0.2092	0.0908
承德市	0.1623	0.0840	0.2155	0.0954
沧州市	0.1573	0.0993	0.2277	0.1082
廊坊市	0.1656	0.1037	0.2359	0.1083
衡水市	0.0648	0.1112	0.2353	0.0907
河北平均	0.1361	0.0784	0.2203	0.0974
京津冀平均	0.1358	0.0760	0.2274	0.0978

三 京津冀地方财政竞争性互动对经济协同创新的影响检验

（一）模型构建

在对京津冀区域经济协同创新与地方财政竞争性互动关系的实证考察分析中，因为空间杜宾模型既包含空间滞后因变量，也包含空间滞后自变量，可选择空间杜宾模型做实证的基本模型设定，并根据相应的估计技术检验再进行具体模型的筛选：

$$ECI_{it} = \alpha + \beta \sum_{j=1}^{N} W_{ij} ECI_{j_t} + \theta IFC_{it} + \rho X_{it} + \varphi \sum_{j=1}^{N} W_{ij} IFC_{ijt} + \sum_{j=1}^{N} \gamma W_{ij} X_{ijt} + \mu_i + \lambda_t + \varepsilon_{it} \quad (4-12)$$

其中，ECI_{it} 为被解释变量，是京津冀区域中 i 辖区第 t 年的经济协同创新水平；W 为京津冀区域 13 个辖区间空间权重矩阵，W_{ij} 表示 i 辖区与 j 辖区之间的时间距离[①]；IFC_{it} 为核心解释变量，是京津冀区域中 i 辖区第 t 年的地方财政竞争性互动程度；X_{it} 为一组影响京津冀辖区经济协同创新水平的控制变量，以降低和消除遗漏变量对模型的影响；α、β、θ、ρ、φ 以及 γ 为待估参数向量；μ_i、λ_t 用以捕获个体效应以及时间效应；ε_{it} 为残差项。

对于模型中控制变量的选择，因在进行经济协同创新水平测算以及地方财政竞争性互动指标测算中，已经涵盖了四类经济发展水平指标以及竞争基础能力和竞争驱动效能两类地方财政竞争性互动条件指标，为了维持模型设定的有效性，在空间计量模型的控制变量中仅选择了对辖区经济发展具有影响的城镇化、固定资产投资总额、人口密度、人均GDP 以及人口自然增长率五个指标：

1. 城镇化（UB_{it}）

表示城镇化水平的指标众多，常用城镇人口占总人口的比重即人口城镇化率来衡量，UB_{it} 即京津冀 i 辖区 t 年的城镇化水平。随着中国市场经济的快速发展、工业化进程的逐步加速、农业科技水平的迅速提高，众多的农业劳动力从土地上得以释放，大规模人口向城镇迁移，提

[①] 该时间距离是指公路、铁路来往于两个城市之间所耗费最短时间的倒数，其中铁路数据来源于中国铁路客户服务中心，公路数据来源于百度地图。

升城镇化水平已成为各个辖区经济和社会发展的近期发展目标。而城镇化的发展会长期引致包括资本、劳动力等各种生产要素向各个城镇的汇聚，其城镇化水平的高低在一定程度上也表示了该辖区的经济总体发展水平以及经济增长的潜力。

2. 固定资产投资总额（FC_{it}）

固定资产投资总额是指一个辖区内包括国家资金、国内贷款、利用外资等方式在固定资产方面的全社会投资总额，FC_{it} 即京津冀 i 个辖区第 t 年的固定资产投资总额。一个辖区的固定资产投资总额一定程度上可以反映出该辖区的经济发展潜力与经济增长的速度，经济发展潜力大以及经济增长较快，则固定资产投资总额较高；反之，固定资产投资总额较低。

3. 人口密度（DS_{it}）

人口密度是指单位面积土地上居住的人口数，这里采用各辖区每平方千米人数表示，DS_{it} 即京津冀 i 个辖区第 t 年的人口密度。一个地区人口密度的高低往往与该地区的经济发展水平、经济发展活力有关，经济较为发达和经济较为灵活的地区，因其具有更良好的发展机会和发展平台，对于包括人力等方面资源的吸引力较大，人口密度则较高；反之，经济欠发达的地区人口密度较低。

4. 人均GDP（$AGDP_{it}$）

人均GDP是一个地区人均地区生产总值，一般情况能有效反映该地区的总体经济发展水平。人均GDP水平高，说明该地区的经济基础条件好；人均GDP水平低，说明该地区的经济基础条件相对较差。

5. 人口自然增长率（PG_{it}）

人口自然增长率是一个地区人口出生率与死亡率之差，往往综合反映一个地区的人口增长速度和一个地区的综合经济和社会发展水平，是反映人口再生产活动的综合性指标。

被解释变量（ECI_{it}）、核心解释变量（IFC_{it}）以及5个控制变量的描述性统计（见表4-8）。

表 4-8　各变量描述性统计

变量	变量含义	观察值	均值	标准误	最小值	最大值
ECI	经济协同创新	182	0.0714807	0.0689473	0.0154307	0.8043713
IFC	地方财政竞争性互动	182	0.1713097	0.1573653	0.0572503	0.7784717
UB	城镇化率	182	54.8857	14.26951	31.76	87.52855
FC	固定资产投资额	182	2996.414	2861.524	197.28	14098.23
DS	人口密度	182	574.9242	281.6611	84.78585	1333.899
AGDP	人均GDP	182	42450.64	29418.16	7364.445	164927.4
PG	人口自然增长率	182	6.835934	4.616358	-6.7	21.4

资料来源：除 ECI、IFC 为测算数据外，其他数据均来自历年《中国城市统计年鉴》《河北统计年鉴》《北京统计年鉴》《天津统计年鉴》。

（二）实证结果

运用 Stata15.1 和 Matlab 软件对经济协同创新和地方财政竞争性互动进行非空间面板估计和空间面板估计，其估计结果分别见表 4-9 和表 4-10。根据非空间面板估计结果，模型（1）—模型（4）中，模型（1）的 R^2 最大，模型（4）的 Log 值最大，且似然比 LR 均最少通过了 10% 显著性检验，说明数据集中存在空间固定效应和时间固定效应，选择具有空间和时间固定效应的模型进行拟合更合适。此外，从拉格朗日乘数 LM 看，模型（1）—模型（4）的空间误差 LM 检验和空间滞后 LM 检验均未通过显著性检验，但为了进一步验证空间性的存在可能，仍旧选择结合了空间滞后模型和空间误差模型的空间杜宾面板模型进行估计。

表 4-9　经济协同创新与地方财政竞争性互动的非空间面板估计结果

解释变量	被解释变量：经济协同创新（LNECI）			
	模型（1）混合 OLS	模型（2）空间固定效应	模型（3）时间固定效应	模型（4）空间和时间固定效应
LNIFC	0.665976*** (11.023079)	0.626964*** (6.872392)	0.924263*** (5.717433)	0.905437*** (5.688593)
PG	-0.006953 (-1.640713)	-0.007634 (-1.586695)	-0.003037 (-0.629551)	-0.004607 (-0.817444)

续表

解释变量	被解释变量：经济协同创新（LNECI）			
	模型（1）	模型（2）	模型（3）	模型（4）
	混合OLS	空间固定效应	时间固定效应	空间和时间固定效应
LNUB	0.266410 (0.786634)	1.105199 (1.413415)	0.262395 (0.733680)	-0.679010 (-0.622098)
LNDS	-0.054037 (-0.841376)	-0.767959 (-0.096960)	-0.064617 (-1.005110)	-1.886051*** (-3.463650)
LNFC	0.012937 (0.168116)	-0.167736 (-0.783216)	-0.025032 (-0.328112)	-0.581841** (-2.057871)
LNAGDP	-0.138310 (-1.499712)	-0.046351 (-0.390569)	-0.089007 (-0.756190)	0.338614 (1.437548)
R-squared	0.4818	0.5118	0.1782	0.2569
Rbar-squared	0.4640	0.4980	0.1549	0.2358
LogL	41.0541	47.2565	48.7358	59.2306
LM spatial lag	0.2712	0.1400	1.6647	1.2860
Robust LM spatial lag	1.1623	1.3344	0.2007	0.3613
LM spatial error	0.0072	0.0619	1.9952	1.8251
Robust LM spatial error	0.8982	1.2562	0.5311	0.9004
LR test for spatial fixed effect	LR：20.9896，		Prob.：0.0731	
LR test for time-period fixed effect	LR：23.9481，		Prob.：0.0465	

注：***、**分别表示通过显著水平1%、5%检验。

表4-10　经济协同创新与地方财政竞争性互动的空间面板估计结果

解释变量	被解释变量：经济协同创新（LNECI）			
	模型（5）	模型（6）	模型（7）	模型（8）
	随机效应	空间固定效应	时间固定效应	空间和时间固定效应
LNIFC	1.016065*** (5.527106)	0.815520*** (5.401215)	1.020590*** (5.368839)	1.045675*** (5.637176)
PG	-0.006219 (-1.206282)	-0.005429 (-0.94776)	-0.006287 (-1.180000)	-0.005576 (-1.007951)

续表

解释变量	被解释变量：经济协同创新（LNECI）			
	模型（5） 随机效应	模型（6） 空间固定效应	模型（7） 时间固定效应	模型（8） 空间和时间固定效应
LNUB	0.620538 (1.128890)	-1.032843 (-0.93482)	0.621077 (1.093302)	-1.126338 (-1.089275)
LNDS	-0.039251 (-0.332029)	-2.025813** (-3.56538)	-0.038733 (-0.317314)	-2.135413*** (-4.013608)
LNFC	-0.140468 (-0.715485)	-0.481733* (-1.74215)	-0.137528 (-0.678152)	-0.660422** (-2.040053)
LNAGDP	-0.130925 (-0.820888)	0.382954* (1.703066)	-0.138988 (-0.843215)	0.036530 (0.141797)
W∗LNIFC	0.978726 (0.969473)	-0.057028 (-0.228714)	1.10878 (1.062308)	2.148416** (2.101897)
W∗PG	-0.013536 (-0.506290)	-0.020172* (-1.821812)	-0.015497 (-0.560771)	-0.024911 (-0.891241)
W∗LNUB	2.552717 (0.829869)	-0.942397 (-0.402497)	2.510247 (0.789815)	-0.371190 (-0.078227)
W∗LNDS	-0.047351 (-0.747786)	1.118333 (0.836499)	0.667273 (0.469575)	1.550703 (0.589700)
W∗LNFC	0.702911 (-0.343144)	1.032409* (1.690777)	-0.423923 (-0.317872)	-0.114680 (-0.050405)
W∗LNAGDP	1.152830* (-1.902035)	-0.580418** (-2.151311)	-1.174346* (-1.875579)	-2.853045** (-2.395700)
W∗dep.var	-0.418040** (-2.208747)	-0.044018 (-0.277051)	-0.524988*** (-2.682581)	-0.553996*** (-2.856763)
R-squared	0.2273	0.5579	0.5579	0.6188
LogL	52.789705	55.254409	52.463615	65.818942
Wald spatil lag	5.6881	—	13.1860**	9.3623
Wald spatial error	4.8414	—	11.3651*	9.0612
Hausman test	Probability = 20.7969*			

注：dep. var. 表示被解释变量；变量名前加"W∗"用于检验相邻地区相应变量的系数；***、**、*分别表示通过显著水平1%、5%、10%检验。

不论是非空间面板估计还是空间面板估计，通过模型（1）—模型（8）估计结果均能有效看出地方财政竞争性互动对经济协同创新均具有正向促进作用，且均满足了1%的显著性检验。由此可以判定，京津冀区域内各辖区间的地方财政竞争性互动对于经济协同创新具有正向作用，即随着京津冀区域协同发展进程的逐步推进，协同层次、协同范围的逐渐向纵深拓展，京津冀区域内各个辖区之间展开适度的地方财政竞争性互动将会有助于各个辖区之间实现经济协同创新水平的进一步提升。就空间溢出作用而言，在模型（8）中，$W*LNIFC$ 中呈现出满足5%显著性检验的空间溢出作用，即其他辖区的地方财政竞争性互动情况会起到抑制性的作用；在模型（5）—模型（8）中 $W*LNAGDP$ 均满足至少10%的显著性检验，表明各辖区的经济协同创新水平虽然受人均 GDP 的影响并不显著，但对周边辖区的经济发展水平却较为敏感；模型（5）、模型（7）、模型（8）中 $W*dep.var$ 均呈现出了显著的空间互动作用，这一定程度上表达出各辖区经济协同创新还会受到周边辖区经济协同创新程度的影响。

第五章　京津冀社会协同创新维度下的地方财政合作性互动研究

京津冀协同发展不仅旨在缩减区域经济发展差距，更着重于实现区域内基本公共服务的均等化。首先京津冀区域间的经济、社会差距会造成财力的差距，而财力的差距会导致区域间公共服务的非均衡供给；其次区域间公共服务供给非均衡的状态不仅有损效率，而且有害公平，同时区域间公共服务供给的非均衡状态又会加剧区域发展之间的差距。从效率角度看，京津冀间公共服务不均等影响资源要素的流动，不利于全要素生产率水平的提升；从公平角度看，享受大致均等的教育、文化、医疗卫生、基础设施是每个公民的基本权利，不能因生活的区域不同而不同。反之，若京津冀区域间公共服务供给的均衡性得到提高，将促进人才、资本等生产要素在区域内的均衡聚集，进而提升生产效率，有助于缓解当前生产要素集中于京津的不均衡现象，逐步弥补区域发展的不协调。

在新时代背景下，构建更为有效的区域协调创新机制，需依托京津冀"一盘棋"的发展战略，加强各辖区间政府在财政与税收方面的沟通协作。这既能确保财政政策与收支活动对区域产业政策、产业结构提供有力创新支持与引导，又能关注到财税活动对辖区及跨辖区公共服务供给范围与水平的影响，从而促进区域社会协同创新环境的构建与维护。这一系列举措将充分发挥京津冀区域内各辖区财政对区域协同创新的全面支持作用，加速缩小三地间的发展差距，并有望在不久的将来实现基本公共服务的均等化目标。这将极大提升京津冀区域的整体创新能力，推动区域经济与社会协同创新的共同实现，为区域一体化进程注入新的活力[①]。

第一节　京津冀社会协同创新中的地方财政合作性互动评价

本部分采用京津冀社会协同创新与地方财政合作性互动的综合评估逻辑，首先建立社会协同创新指标体系与地方财政合作性互动指标体系。其次，运用熵值评价法与空间计量模型，实证分析京津冀区域社会协同创新与地方财政合作性互动之间的相互关系。

一　社会协同创新指标体系构建与权重分配

（一）指标体系

相较经济协同创新，社会协同创新更加注重和考量人民生活、学习及工作中的各类软硬件需求满足。因此，我们选取了公共文化教育服务、公共医疗卫生服务、社会保障服务以及基础生活环境服务4个一级指标，并进一步细化为17个二级指标（见表5-1）。如公共文化教育服务中，小学、初中义务教育建设情况及公共图书馆建设情况，作为典型的民生需求，不仅需求弹性较小，且其非排他、非竞争以及外部效应的公共服务属性致使"逐利"性较强的市场在此方面的供给基本无效，政府具有无法推卸的供给责任和义务；公共医疗卫生与公众的身体健康密切相关，所以公共医疗卫生服务长期以来一直是政府关注和重点支持的领域；社会保障服务水平的高低以及社会保险之间的接续问题是流动人口较为关心的公共服务项目之一，尤其是在京津冀区域协同的初级阶段所涉及的因产业转移、非首都功能疏解而引发的人口转移和流动，各辖区间社会保障服务供给水平的差异程度将会对其迁移有所影响；此外，随着公众生活水平的逐渐提高，其对于生活环境、生活基础设施的要求也越来越高，基础生活环境服务水平

[①] 王晓洁、王丽：《新时代背景下促进京津冀公共服务供给的财政政策研究》，《经济研究参考》2018年第37期。

的高低已经成为影响公众在生活、工作的城市选择方面极为重视的条件之一。

表 5-1　　　　　　　　　社会协同创新指标体系

一级指标	二级指标
公共文化教育服务	普通小学数、普通中学数、普通小学专任教师人数、普通中学专任教师人数、小学在校学生数、中学在校学生数、图书馆藏书量
公共医疗卫生服务	医院卫生院数、床位数、医生数
社会保障服务	城镇职工基本养老保险参保人数、城镇职工基本医疗保险参保人数、失业保险参保人数
基础生活环境服务	工业粉尘排放量、污水处理厂集中处理率、建成区绿化覆盖率、绿地面积

（二）权重分配

运用熵值评价方法测算出京津冀社会协同创新指标体系的权重分配情况（见表5-2）。其中，四个一级指标的权重分配自高到低分别为社会保障服务指标0.3868，公共文化教育服务指标0.3456，公共医疗卫生服务0.1397，基础生活环境服务指标0.1279，充分表现出无论是从公共服务的需求视角看，还是从公共服务的供给视角看，其需求和供给的迫切程度与权重分配的排序具有较高的匹配度。而在二级指标的权重分配中，相对较高的两个指标分别是图书馆藏书量和失业保险参保人数，其权重分别为0.1744和0.1602；相对较低的两个指标一个是工业粉尘排放量，一个是污水处理厂集中处理率，其权重分别为0.0014和0.0047。究其原因，人均图书馆藏书籍数量一定程度上体现出了一个城市对于公共文化的重视程度和实践情况；而一个城市的失业保险参保人数相较养老保险、医疗保险而言更能体现出该地区社保制度实施效果好坏，社保良好的实施需要政府、企业、个人等多方面的配合和有效推行；随着京津冀区域环境的逐步改善，公众对解决空气质量等环保问题的迫切程度正在逐步降低，而代表生活品质的绿地面积则影响程度更高一些。

表 5-2　　　京津冀社会协同创新指标体系的权重分配

一级指标	权重	二级指标	权重
公共文化教育服务	0.3456	普通小学数/万人（所）	0.0288
		普通中学数/万人（所）	0.0437
		普通小学专任教师人数/万人（人）	0.0167
		普通中学专任教师人数/万人（人）	0.0318
		小学在校学生数/万人（人）	0.0319
		中学在校学生数/万人（人）	0.0183
		图书馆藏书量/百万人（册）	0.1744
公共医疗卫生服务	0.1397	医院卫生院数/万人拥有（个）	0.0286
		床位数/万人（张）	0.0348
		医生数/万人（人）	0.0763
社会保障服务	0.3868	城镇职工基本养老保险参保人数/万人（人）	0.1035
		城镇职工基本医疗保险参保人数/万人（人）	0.1232
		失业保险参保人数/万人（人）	0.1602
基础生活环境服务	0.1279	工业粉尘排放量/万人（吨）	0.0014
		污水处理厂集中处理率（%）	0.0047
		建成区绿化覆盖率（%）	0.0193
		绿地面积/每万人拥有绿地面积（公顷）	0.1024

二　地方财政合作性互动指标体系构建与权重分配

（一）指标体系

与经济发展可以部分依赖市场经济不同，一个地区公共服务的提供主要乃至几乎完全依赖于政府的供给。公共服务不仅是实现社会和谐发展的关键要素，也是推动经济发展所必须满足的基础性条件。鉴于公共服务通常具备非排他性、非竞争性及外部效应等特性，尤其是跨区域的公共服务事务，更需依赖各政府间的紧密合作。因此，在评估地方财政合作性互动时，我们设计了合作基础能力与合作驱动效能2个一级指标。具体而言，合作基础能力包括财政自给率、外联度、区域联系度、政府干预综合能力及财政支出能力5个二级指标；而合作驱动效能则涵盖了政府服务贡献度、政府创新努力、人口区域占比以及人口变动贡献度4个二级指标。具体指标设计以及各个指标具体情况见表 5-3 和表 5-4。

表 5-3　　　　　　　　　　地方财政合作性互动指标体系

一级指标	二级指标	指标含义
合作基础能力	财政自给率（FSR）	衡量辖区的财力水平
	外联度（FCD）	衡量辖区的对外联系程度
	区域联系度（ERI）	衡量区域内各辖区间联系程度
	政府干预综合能力（MT）	衡量辖区政府干预的综合能力水平
	财政支出能力（PED）	衡量区域内各辖区的财政支出贡献度
合作驱动效能	政府服务贡献度（GSC）	衡量各辖区对公共服务的政府贡献度
	政府创新努力（GIE）	衡量辖区协同创新的努力程度
	人口区域占比（PCD）	衡量辖区的人口占比情况
	人口变动贡献度（PCC）	衡量各辖区对区域人口变动的贡献

表 5-4　　　　　　　　　　京津冀地方财政合作性互动指标值

地区	年份	FSR	FCD	ERI	MT	PED	GSC	GIE	PCD	PCC
北京市	2007	1.1051	140.7270	0.5550	0.1582	0.4705	0.2502	0.0550	0.1706	0.6498
天津市	2007	1.2477	107.7271	0.3857	0.1335	0.1924	0.0771	0.0331	0.1135	0.2256
石家庄市	2007	1.7019	16.5235	0.1325	0.0691	0.0465	0.0672	0.0193	0.0972	0.0211
唐山市	2007	1.6185	14.2088	0.1568	0.0694	0.0550	0.0790	0.0153	0.0738	0.0075
秦皇岛市	2007	1.7371	39.3760	0.0245	0.1058	0.0206	0.0634	0.0073	0.0288	0.0038
邯郸市	2007	1.8761	8.6853	0.1286	0.0810	0.0372	0.0554	0.0121	0.0913	0.0166
邢台市	2007	2.6576	9.2909	0.1344	0.0935	0.0238	0.0461	0.0069	0.0707	0.0155
保定市	2007	2.5433	17.3729	0.1766	0.0952	0.0374	0.0413	0.0048	0.1144	0.0236
张家口市	2007	2.6759	9.1993	0.0215	0.1629	0.0263	0.0585	0.0046	0.0465	0.0048
承德市	2007	2.3276	3.4284	0.0217	0.1374	0.0217	0.0813	0.0093	0.0374	0.0043
沧州市	2007	2.1308	7.1460	0.1263	0.0686	0.0287	0.0609	0.0080	0.0713	0.0127
廊坊市	2007	1.8523	20.3065	0.2749	0.0952	0.0240	0.0709	0.0163	0.0409	0.0084
衡水市	2007	3.9405	12.7432	0.0500	0.0995	0.0159	0.0488	0.0072	0.0435	0.0062
平均	2007	2.1088	31.2873	0.1683	0.1054	0.0769	0.0769	0.0153	0.0769	0.0769
北京市	2008	1.0664	159.7422	0.5543	0.1659	0.4536	0.2274	0.0573	0.1756	0.3611
天津市	2008	1.2843	88.0260	0.4000	0.1366	0.2009	0.0713	0.0330	0.1166	0.2319

续表

地区	年份	指标								
		FSR	FCD	ERI	MT	PED	GSC	GIE	PCD	PCC
石家庄市	2008	1.7611	17.1026	0.1307	0.0683	0.0449	0.0648	0.0211	0.0958	0.0435
唐山市	2008	1.7220	17.9410	0.1628	0.0722	0.0595	0.0813	0.0152	0.0723	0.0181
秦皇岛市	2008	1.9348	42.9464	0.0245	0.1164	0.0218	0.0712	0.0054	0.0283	0.0097
邯郸市	2008	2.0010	10.4274	0.1281	0.0779	0.0359	0.0537	0.0115	0.0920	0.1206
邢台市	2008	2.9735	12.0316	0.1308	0.1109	0.0254	0.0475	0.0058	0.0700	0.0444
保定市	2008	2.4968	20.1398	0.1727	0.1052	0.0385	0.0441	0.0054	0.1132	0.0696
张家口市	2008	2.6695	7.8816	0.0219	0.1542	0.0257	0.0576	0.0059	0.0456	0.0095
承德市	2008	2.8264	4.1822	0.0224	0.1494	0.0247	0.0885	0.0081	0.0366	0.0095
沧州市	2008	2.2026	7.7182	0.1258	0.0728	0.0289	0.0675	0.0073	0.0704	0.0376
廊坊市	2008	1.8387	23.5163	0.2738	0.1013	0.0247	0.0787	0.0140	0.0405	0.0244
衡水市	2008	4.3239	13.4283	0.0483	0.1054	0.0155	0.0464	0.0073	0.0429	0.0203
平均	2008	2.2385	32.6987	0.1689	0.1105	0.0769	0.0769	0.0152	0.0769	0.0769
北京市	2009	1.1443	113.7314	0.5657	0.1798	0.4401	0.2206	0.0545	0.1805	0.4048
天津市	2009	1.3677	58.0712	0.4192	0.1495	0.2133	0.0671	0.0302	0.1192	0.2372
石家庄市	2009	1.9126	12.5375	0.1268	0.0803	0.0457	0.0703	0.0161	0.0949	0.0497
唐山市	2009	1.6838	10.9219	0.1631	0.0750	0.0542	0.0786	0.0135	0.0712	0.0204
秦皇岛市	2009	1.8412	28.1520	0.0233	0.1289	0.0197	0.0697	0.0058	0.0279	0.0063
邯郸市	2009	2.2681	9.0772	0.1215	0.0981	0.0375	0.0589	0.0102	0.0915	0.0668
邢台市	2009	3.0821	8.8322	0.1252	0.1256	0.0252	0.0490	0.0072	0.0697	0.0558
保定市	2009	2.7350	15.8038	0.1727	0.1158	0.0380	0.0441	0.0045	0.1121	0.0616
张家口市	2009	3.3031	4.4069	0.0221	0.1940	0.0295	0.0646	0.0199	0.0449	0.0120
承德市	2009	2.8714	2.0795	0.0221	0.1707	0.0246	0.0820	0.0073	0.0361	0.0115
沧州市	2009	2.4337	5.1332	0.1245	0.0875	0.0299	0.0645	0.0064	0.0696	0.0337
廊坊市	2009	1.9079	20.0487	0.2774	0.1152	0.0251	0.0774	0.0156	0.0401	0.0230
衡水市	2009	4.1688	12.3181	0.0462	0.1386	0.0172	0.0534	0.0061	0.0423	0.0171
平均	2009	2.3631	23.1626	0.1700	0.1276	0.0769	0.0769	0.0152	0.0769	0.0769
北京市	2010	1.1544	136.4673	0.5727	0.1816	0.4236	0.2241	0.0658	0.1858	0.4004
天津市	2010	1.2882	60.3242	0.4342	0.1493	0.2146	0.0638	0.0314	0.1230	0.2795
石家庄市	2010	1.8649	21.8431	0.1234	0.0897	0.0476	0.0691	0.0148	0.0937	0.0462
唐山市	2010	1.6975	11.4194	0.1633	0.0744	0.0518	0.0800	0.0144	0.0696	0.0043

续表

地区	年份	指标							
		FSR	FCD	ERI	MT	PED	GSC	GIE	PCD	PCC
秦皇岛市	2010	1.8848	25.5307	0.0229	0.1459	0.0212	0.0735	0.0057	0.0273	0.0042
邯郸市	2010	2.2766	8.8278	0.1194	0.1117	0.0411	0.0587	0.0082	0.0912	0.0814
邢台市	2010	3.0182	10.1600	0.1223	0.1422	0.0269	0.0481	0.0049	0.0693	0.0526
保定市	2010	2.9540	19.3434	0.1722	0.1312	0.0419	0.0464	0.0081	0.1100	0.0225
张家口市	2010	2.9100	1.9957	0.0223	0.1880	0.0283	0.0610	0.0066	0.0441	0.0144
承德市	2010	2.8432	2.4288	0.0219	0.1754	0.0243	0.0783	0.0066	0.0353	0.0041
沧州市	2010	2.3344	5.1571	0.1279	0.0967	0.0332	0.0669	0.0055	0.0692	0.0526
廊坊市	2010	1.6970	24.0433	0.2790	0.1330	0.0280	0.0805	0.0131	0.0397	0.0224
衡水市	2010	4.0079	17.9277	0.0461	0.1434	0.0175	0.0495	0.0060	0.0417	0.0154
平均	2010	2.3024	26.5745	0.1714	0.1356	0.0769	0.0769	0.0147	0.0769	0.0769
北京市	2011	1.0795	146.3883	0.5733	0.1888	0.4064	0.1849	0.0564	0.1883	0.3562
天津市	2011	1.2345	59.0577	0.4459	0.1589	0.2250	0.1601	0.0335	0.1264	0.3500
石家庄市	2011	1.8241	22.4145	0.1235	0.0988	0.0505	0.0630	0.0157	0.0930	0.0511
唐山市	2011	1.7283	12.8919	0.1661	0.0812	0.0553	0.0762	0.0140	0.0688	0.0132
秦皇岛市	2011	1.9462	26.2490	0.0226	0.1576	0.0211	0.0632	0.0064	0.0270	0.0094
邯郸市	2011	2.0675	8.9093	0.1189	0.1178	0.0412	0.0514	0.0081	0.0914	0.1037
邢台市	2011	3.0407	9.8620	0.1215	0.1502	0.0269	0.0489	0.0050	0.0688	0.0306
保定市	2011	2.5871	19.3746	0.1719	0.1358	0.0417	0.0407	0.0047	0.1083	-0.0019
张家口市	2011	2.7897	1.8043	0.0219	0.2070	0.0290	0.0623	0.0044	0.0436	0.0090
承德市	2011	2.7055	1.1012	0.0222	0.1742	0.0241	0.0744	0.0071	0.0349	0.0084
沧州市	2011	2.2693	5.3660	0.1281	0.1023	0.0331	0.0531	0.0043	0.0686	0.0246
廊坊市	2011	1.6253	21.2193	0.2801	0.1415	0.0285	0.0733	0.0122	0.0396	0.0369
衡水市	2011	3.6891	20.1455	0.0460	0.1479	0.0172	0.0485	0.0049	0.0412	0.0088
平均	2011	2.1990	27.2911	0.1724	0.1432	0.0769	0.0769	0.0136	0.0769	0.0769
北京市	2012	1.1117	135.4123	0.5798	0.1937	0.3989	0.1755	0.0543	0.1899	0.2808
天津市	2012	1.2177	56.6115	0.4573	0.1662	0.2320	0.1549	0.0357	0.1297	0.3221
石家庄市	2012	1.7045	18.1642	0.1222	0.1031	0.0502	0.0628	0.0162	0.0922	0.0443
唐山市	2012	1.6284	11.2887	0.1650	0.0836	0.0531	0.0760	0.0216	0.0681	0.0260
秦皇岛市	2012	1.8403	24.4440	0.0220	0.1755	0.0216	0.0692	0.0060	0.0267	0.0078
邯郸市	2012	2.0557	7.7699	0.1162	0.1255	0.0411	0.0555	0.0128	0.0911	0.0726

续表

地区	年份	FSR	FCD	ERI	MT	PED	GSC	GIE	PCD	PCC
邢台市	2012	2.9231	7.2182	0.1185	0.1633	0.0271	0.0444	0.0047	0.0686	0.0598
保定市	2012	2.3984	14.1320	0.1722	0.1410	0.0415	0.0389	0.0050	0.1075	0.0631
张家口市	2012	2.5015	1.9632	0.0218	0.2161	0.0289	0.0637	0.0049	0.0430	0.0055
承德市	2012	2.8578	0.8140	0.0218	0.1995	0.0255	0.0789	0.0067	0.0346	0.0144
沧州市	2012	2.1852	5.2376	0.1280	0.1108	0.0337	0.0573	0.0047	0.0683	0.0532
廊坊市	2012	1.5570	17.6866	0.2839	0.1494	0.0290	0.0750	0.0126	0.0397	0.0460
衡水市	2012	3.1699	20.2381	0.0452	0.1591	0.0174	0.0480	0.0046	0.0406	0.0044
平均	2012	2.0886	24.6908	0.1734	0.1528	0.0769	0.0769	0.0146	0.0769	0.0769
北京市	2013	1.1400	125.7112	0.5874	0.1975	0.4007	0.1822	0.0562	0.1921	0.4057
天津市	2013	1.2261	55.3812	0.4683	0.1774	0.2447	0.1773	0.0364	0.1337	0.5224
石家庄市	2013	1.6595	17.8253	0.1200	0.1075	0.0502	0.0655	0.0153	0.0911	-0.0186
唐山市	2013	1.5614	12.8176	0.1627	0.0812	0.0477	0.0745	0.0182	0.0671	-0.0275
秦皇岛市	2013	1.8324	23.1796	0.0213	0.1714	0.0192	0.0665	0.0069	0.0266	0.0133
邯郸市	2013	2.1264	7.2957	0.1105	0.1199	0.0352	0.0486	0.0147	0.0903	0.0080
邢台市	2013	5.1197	7.0729	0.1138	0.2869	0.0442	0.0405	0.0028	0.0693	0.1349
保定市	2013	2.0456	11.7198	0.1702	0.1213	0.0338	0.0380	0.0070	0.1057	-0.0728
张家口市	2013	2.6924	1.8243	0.0217	0.2239	0.0283	0.0601	0.0046	0.0424	-0.0133
承德市	2013	2.8821	1.2454	0.0217	0.2037	0.0249	0.0790	0.0083	0.0343	0.0107
沧州市	2013	1.4235	5.2822	0.1283	0.0971	0.0281	0.0528	0.0071	0.0685	0.0879
廊坊市	2013	2.5537	18.8206	0.2828	0.1347	0.0251	0.0718	0.0121	0.0384	-0.0959
衡水市	2013	2.7077	21.9122	0.0444	0.1734	0.0178	0.0431	0.0043	0.0406	0.0453
平均	2013	2.2285	23.8529	0.1733	0.1612	0.0769	0.0769	0.0149	0.0769	0.0769
北京市	2014	1.1235	21.2631	0.6086	0.1974	0.2861	0.1881	0.0625	0.1911	0.1466
天津市	2014	1.2068	44.6847	0.4238	0.2711	0.1824	0.1859	0.0378	0.1347	0.1794
石家庄市	2014	1.6493	18.1471	0.1263	0.1096	0.0358	0.0639	0.0129	0.0910	0.0869
唐山市	2014	1.6206	13.6395	0.1584	0.0843	0.0332	0.0789	0.0155	0.0669	0.0581
秦皇岛市	2014	1.8649	24.4329	0.0214	0.1766	0.0134	0.0663	0.0089	0.0262	0.0096
邯郸市	2014	2.2094	7.8481	0.1140	0.1314	0.0256	0.0480	0.0167	0.0914	0.1422
邢台市	2014	3.0784	7.4577	0.1176	0.1789	0.0186	0.0398	0.0065	0.0686	0.0400
保定市	2014	2.3888	12.1368	0.1769	0.1401	0.0269	0.0397	0.0053	0.1063	0.1310

续表

地区	年份	指标							
		FSR	FCD	ERI	MT	PED	GSC	GIE	PCD	PCC
张家口市	2014	2.6214	1.9275	0.0222	0.2444	0.0208	0.0599	0.0046	0.0416	0.0068
承德市	2014	2.4688	1.2771	0.0226	0.1978	0.0168	0.0667	0.0063	0.0338	0.0104
沧州市	2014	25.5563	5.4969	0.1265	1.5473	0.3065	0.0534	0.0007	0.0682	0.0565
廊坊市	2014	1.2077	18.1884	0.3069	0.1390	0.0191	0.0652	0.0097	0.0400	0.1121
衡水市	2014	2.9407	22.0869	0.0465	0.2040	0.0148	0.0441	0.0035	0.0402	0.0204
平均	2014	3.8413	15.2759	0.1747	0.2786	0.0769	0.0769	0.0147	0.0769	0.0769
北京市	2015	1.2146	16.3789	0.6165	0.2316	0.4163	0.1847	0.0502	0.1909	0.1767
天津市	2015	1.2119	38.4914	0.4213	0.2971	0.2345	0.1537	0.0374	0.1361	0.2818
石家庄市	2015	1.8194	15.0326	0.1246	0.1254	0.0495	0.0620	0.0133	0.0905	0.0368
唐山市	2015	1.7681	10.1416	0.1639	0.0812	0.0430	0.0765	0.0108	0.0664	0.0165
秦皇岛市	2015	1.9963	20.4390	0.0213	0.1826	0.0166	0.0672	0.0040	0.0260	0.0050
邯郸市	2015	2.7050	6.6988	0.1116	0.1639	0.0374	0.0449	0.0080	0.0923	0.1888
邢台市	2015	3.6397	6.0668	0.1159	0.2117	0.0271	0.0459	0.0037	0.0686	0.0700
保定市	2015	1.4081	9.7289	0.1775	0.1517	0.0363	0.0476	0.0044	0.1057	0.0523
张家口市	2015	2.9248	1.6622	0.0215	0.2862	0.0283	0.0647	0.0030	0.0413	0.0038
承德市	2015	3.0076	1.1000	0.0221	0.2153	0.0212	0.0699	0.0053	0.0336	0.0154
沧州市	2015	2.2988	4.5214	0.1252	0.1460	0.0352	0.0626	0.0038	0.0681	0.0557
廊坊市	2015	1.5886	13.9453	0.3180	0.1948	0.0350	0.0754	0.0086	0.0406	0.1003
衡水市	2015	3.0381	18.1344	0.0458	0.2204	0.0195	0.0450	0.0032	0.0398	−0.0032
平均	2015	2.2016	12.4878	0.1758	0.1929	0.0769	0.0769	0.0120	0.0769	0.0769
北京市	2016	1.2609	15.8139	0.6306	0.2369	0.4203	0.1792	0.0446	0.1939	−0.0147
天津市	2016	1.3583	32.6905	0.4520	0.3223	0.2427	0.1411	0.0338	0.1394	−0.0929
石家庄市	2016	1.7524	22.1822	0.0949	0.2021	0.0472	0.0648	0.0170	0.0962	−0.3040
唐山市	2016	1.8096	19.8385	0.1418	0.1783	0.0421	0.0653	0.0134	0.0700	−0.1801
秦皇岛市	2016	2.1168	23.4053	0.0216	0.2329	0.0161	0.0687	0.0119	0.0276	−0.0847
邯郸市	2016	2.5997	13.4872	0.0595	0.3523	0.0349	0.0493	0.0083	0.0847	0.6153
邢台市	2016	3.6723	19.1817	0.0566	0.7594	0.0269	0.0494	0.0060	0.0653	0.2966
保定市	2016	2.3365	22.4182	0.1283	0.4026	0.0365	0.0493	0.0067	0.1038	0.2374
张家口市	2016	2.9301	2.7295	0.0189	0.5177	0.0272	0.0707	0.0054	0.0395	0.1624
承德市	2016	3.6983	2.7334	0.0154	0.5752	0.0199	0.0755	0.0079	0.0315	0.1787

续表

地区	年份	指标								
		FSR	FCD	ERI	MT	PED	GSC	GIE	PCD	PCC
沧州市	2016	2.2909	14.3637	0.0770	0.5001	0.0331	0.0624	0.0086	0.0670	0.1459
廊坊市	2016	1.5024	30.9352	0.2659	0.4725	0.0334	0.0750	0.0150	0.0412	-0.0023
衡水市	2016	3.1366	37.7650	0.0301	0.5307	0.0197	0.0493	0.0057	0.0397	0.0426
平均	2016	2.3435	19.8111	0.1533	0.4064	0.0769	0.0769	0.0142	0.0769	0.0769
北京市	2017	1.2566	73.2095	0.6094	0.2284	0.4359	0.1823	0.0530	0.1930	-0.0522
天津市	2017	1.4208	6.1235	0.4432	0.2636	0.2097	0.1147	0.0353	0.1384	-0.1215
石家庄市	2017	1.7504	23.1221	0.0945	0.2170	0.0515	0.0632	0.0125	0.0967	0.2261
唐山市	2017	1.7422	18.9377	0.1350	0.1875	0.0423	0.0695	0.0107	0.0702	0.1267
秦皇岛市	2017	2.2159	29.4740	0.0213	0.2297	0.0168	0.0671	0.0116	0.0277	0.0384
邯郸市	2017	2.4851	9.3937	0.0591	0.3481	0.0349	0.0502	0.0092	0.0846	0.0434
邢台市	2017	3.3023	23.3065	0.0573	0.6809	0.0267	0.0501	0.0059	0.0654	0.0752
保定市	2017	2.5561	20.8747	0.1326	0.3777	0.0389	0.0507	0.0073	0.1039	0.1329
张家口市	2017	3.4803	4.0340	0.0188	0.5493	0.0302	0.0740	0.0044	0.0394	0.0190
承德市	2017	3.7843	4.7155	0.0162	0.5312	0.0216	0.0764	0.0063	0.0317	0.0788
沧州市	2017	2.2981	21.1598	0.0793	0.4730	0.0352	0.0663	0.0084	0.0672	0.1172
廊坊市	2017	1.7579	42.2228	0.2311	0.6818	0.0372	0.0839	0.0115	0.0422	0.2987
衡水市	2017	2.8827	27.4968	0.0326	0.4149	0.0191	0.0516	0.0105	0.0397	0.0173
平均	2017	2.3794	23.3901	0.1485	0.3987	0.0769	0.0769	0.0144	0.0769	0.0769
北京市	2018	1.2913	543.3359	0.6577	0.2257	0.4412	0.3002	0.0570	0.1911	-0.7212
天津市	2018	1.4733	399.9784	0.4359	0.2322	0.1833	0.1806	0.0341	0.1384	0.1136
石家庄市	2018	1.9081	111.1763	0.1165	0.1820	0.0586	0.0643	0.0091	0.0972	0.3134
唐山市	2018	1.7327	61.5586	0.1509	0.1162	0.0442	0.0627	0.0096	0.0704	0.1696
秦皇岛市	2018	2.1827	39.4672	0.0218	0.1938	0.0172	0.0713	0.0100	0.0278	0.1023
邯郸市	2018	2.5719	4.3150	0.0988	0.1869	0.0370	0.0346	0.0038	0.0845	0.0743
邢台市	2018	3.3210	7.3234	0.1046	0.2451	0.0292	0.0229	0.0013	0.0654	0.0997
保定市	2018	2.6621	60.2793	0.1703	0.1900	0.0394	0.0818	0.0063	0.1041	0.1788
张家口市	2018	3.5712	3.1062	0.0205	0.3859	0.0331	0.0510	0.0030	0.0393	0.0022
承德市	2018	3.6074	10.2425	0.0203	0.2733	0.0223	0.0367	0.0029	0.0318	0.0608
沧州市	2018	2.3624	62.5621	0.1165	0.1854	0.0367	0.0276	0.0062	0.0673	0.1359
廊坊市	2018	1.7119	101.8751	0.3471	0.2072	0.0366	0.0368	0.0055	0.0429	0.4183

续表

地区	年份	FSR	FCD	ERI	MT	PED	GSC	GIE	PCD	PCC
衡水市	2018	3.1237	101.0674	0.0442	0.2548	0.0212	0.0295	0.0079	0.0397	0.0524
平均	2018	2.4246	115.8683	0.1773	0.2214	0.0769	0.0769	0.0120	0.0769	0.0769
北京市	2019	1.2735	558.1278	0.6598	0.2090	0.4151	0.1826	0.0575	0.1926	-0.0069
天津市	2019	1.4751	52.3421	0.4355	0.2530	0.1992	0.1035	0.0297	0.1397	0.0255
石家庄市	2019	1.8475	139.9620	0.1178	0.1810	0.0589	0.0673	0.0113	0.0986	0.0911
唐山市	2019	1.7138	73.4743	0.1516	0.1157	0.0447	0.0678	0.0112	0.0712	0.0325
秦皇岛市	2019	2.2058	153.5136	0.0220	0.1972	0.0178	0.0668	0.0096	0.0281	0.0139
邯郸市	2019	2.6604	37.1281	0.0981	0.2000	0.0391	0.0493	0.0076	0.0854	0.0247
邢台市	2019	3.4438	50.3668	0.1043	0.2597	0.0308	0.0515	0.0053	0.0661	0.0238
保定市	2019	2.6305	68.7572	0.1644	0.1901	0.0402	0.0606	0.0060	0.0951	-1.2608
张家口市	2019	3.6237	16.0836	0.0194	0.4448	0.0342	0.0655	0.0047	0.0396	-0.0118
承德市	2019	3.7506	10.5820	0.0204	0.2868	0.0236	0.0761	0.0060	0.0320	0.0043
沧州市	2019	2.4217	71.3432	0.1172	0.1913	0.0385	0.0691	0.0084	0.0675	-0.0477
廊坊市	2019	1.6474	76.0563	0.3512	0.2002	0.0358	0.0870	0.0088	0.0440	0.0960
衡水市	2019	3.2305	75.4354	0.0526	0.1843	0.0221	0.0529	0.0115	0.0401	0.0152
平均	2019	2.4557	106.3979	0.1780	0.2241	0.0769	0.0769	0.0137	0.0769	-0.0769
北京市	2020	1.2977	443.5528	0.6793	0.1971	0.3987	0.1734	0.0609	0.1983	0.2477
天津市	2020	1.6387	359.5135	0.4184	0.2238	0.1765	0.1065	0.0349	0.1256	-1.2235
石家庄市	2020	1.8068	155.8642	0.1196	0.1925	0.0640	0.0648	0.0108	0.1018	0.1472
唐山市	2020	1.8266	97.6717	0.1501	0.1285	0.0519	0.0716	0.0106	0.0699	-0.1720
秦皇岛市	2020	2.1470	146.9106	0.0223	0.2019	0.0191	0.0649	0.0091	0.0284	-0.0045
邯郸市	2020	2.7421	40.1537	0.0988	0.2170	0.0442	0.0524	0.0084	0.0853	-0.0943
邢台市	2020	3.4741	53.2387	0.1044	0.2777	0.0342	0.0555	0.0050	0.0644	-0.2006
保定市	2020	2.8555	53.3837	0.1745	0.2213	0.0490	0.0553	0.0065	0.1046	0.6413
张家口市	2020	3.6647	16.8603	0.0203	0.4019	0.0360	0.0709	0.0036	0.0373	-0.2132
承德市	2020	3.8675	7.2681	0.0203	0.2897	0.0252	0.0809	0.0042	0.0304	-0.1618
沧州市	2020	2.6691	59.3406	0.1145	0.1987	0.0412	0.0712	0.0067	0.0661	-0.1694
廊坊市	2020	1.8102	81.9955	0.3755	0.1975	0.0365	0.0756	0.0114	0.0497	0.3957
衡水市	2020	3.2992	104.0688	0.0439	0.2691	0.0235	0.0567	0.0133	0.0381	-0.1924
平均	2020	2.5461	124.6017	0.1801	0.2320	0.0769	0.0769	0.0143	0.0769	-0.0769

(二) 权重分配

运用熵值法构造的地方财政合作性互动指标体系权重分配见表5-5。其中,合作基础能力赋权0.6840,合作驱动效能赋权0.3160,即表明地方财政合作互动受各辖区的基础条件影响更大一些。在合作基础能力指标中,影响程度较大的是外联度指标,其权重为0.2626,其次是区域联系度指标,权重为0.1591,表明相较其他指标,地方政府与外界密切联系程度越高,则合作性互动的积极性和可能性也越高;而在合作驱动效能指标中,四项二级指标权重从高到低排列依次为政府创新努力、人口区域占比、政府服务贡献度以及人口变动贡献度。由此可见,京津冀区域内各个辖区地方政府的合作性意愿受到政府是否愿意主动创新和本辖区人口相对规模的影响较大,即一个追求创新的政府亦愿意与其他地方政府共同合作,一个地区的人口规模较大,其所面临的公共服务需求压力和动力也越大。

表5-5　　　　地方财政合作性互动指标体系权重分配

一级指标	权重	二级指标	权重
合作基础能力	0.6840	财政自给率(FSR)	0.1208
		外联度(FCD)	0.2626
		区域联系度(ERI)	0.1591
		政府干预综合能力(MT)	0.1236
		财政支出能力(PED)	0.0177
合作驱动效能	0.3160	政府服务贡献度(GSC)	0.0767
		政府创新努力(GIE)	0.1270
		人口区域占比(PCD)	0.1071
		人口变动贡献度(PCC)	0.0051

资料来源:根据熵值法计算得出。

三　社会协同创新与地方财政合作性互动评价结果

(一) 社会协同创新评价结果

表5-6是京津冀区域内各辖区2007—2020年社会协同创新评价得分情况。通过表中数据可以看出,京津冀区域内各辖区的社会协同创新

平均得分整体上呈现出上升趋势，其中 2007 年得分 0.1916，2010 年得分 0.2066，2015 年得分 0.2394，2020 年得分 0.2549；河北省各市的平均得分虽存在些许波动，但整体上也呈现出上升趋势。且以 2014 年为时间边界，2007 年到 2014 年河北省各市平均得分 0.1527，北京和天津两市分别为 0.6859、0.3556；2015 年到 2020 年河北省各市平均得分 0.1858，北京和天津两市分别为 0.5780、0.2977。整体而言，随着京津冀协同的推进，京津冀社会协同创新水平在逐步提升，京津冀三地之间的创新差距也在逐步缩小。

表 5-6　京津冀区域内各辖区社会协同创新评价得分

城市	2007 年	2008 年	2009 年	2010 年
北京市	0.5558	0.5403	0.6236	0.6657
天津市	0.3070	0.3132	0.3211	0.3313
石家庄市	0.1754	0.1673	0.1657	0.2717
唐山市	0.1730	0.1738	0.171	0.1797
秦皇岛市	0.2148	0.1997	0.2079	0.2802
邯郸市	0.1384	0.1314	0.1299	0.1237
邢台市	0.1413	0.1272	0.1202	0.1237
保定市	0.1076	0.0999	0.0909	0.0874
张家口市	0.1357	0.1264	0.1189	0.1169
承德市	0.1567	0.1522	0.1376	0.1437
沧州市	0.1117	0.1091	0.1029	0.1018
廊坊市	0.1471	0.1321	0.1429	0.1473
衡水市	0.1263	0.1171	0.1121	0.113
河北平均	0.1480	0.1397	0.1364	0.1893
京津冀平均	0.1916	0.1838	0.1881	0.2066
城市	2011 年	2012 年	2013 年	2014 年
北京市	0.7071	0.7787	0.7838	0.5780
天津市	0.3416	0.4106	0.3672	0.29765
石家庄市	0.1884	0.1912	0.1842	0.1932
唐山市	0.2043	0.1966	0.208	0.2141
秦皇岛市	0.2353	0.2281	0.2212	0.2507

续表

城市	2011年	2012年	2013年	2014年
邯郸市	0.1529	0.1558	0.1367	0.1865
邢台市	0.1321	0.1322	0.1134	0.15635
保定市	0.1168	0.1184	0.1063	0.1638
张家口市	0.1493	0.1279	0.1433	0.1693
承德市	0.1625	0.1618	0.1418	0.1813
沧州市	0.1234	0.1121	0.1196	0.1648
廊坊市	0.175	0.1765	0.1748	0.1976
衡水市	0.1311	0.1342	0.1301	0.16625
河北平均	0.1610	0.1577	0.1527	0.1858
京津冀平均	0.2169	0.2249	0.2177	0.1851
城市	2015年	2016年	2017年	2018年
北京市	0.8454	0.4857	0.4407	0.5458
天津市	0.4031	0.236	0.2539	0.2697
石家庄市	0.1844	0.1834	0.1783	0.191
唐山市	0.2083	0.1953	0.1892	0.2061
秦皇岛市	0.3039	0.2246	0.2344	0.2426
邯郸市	0.1437	0.1837	0.1773	0.191
邢台市	0.122	0.1423	0.1434	0.1587
保定市	0.1326	0.1458	0.1498	0.159
张家口市	0.1504	0.1725	0.1588	0.1673
承德市	0.1556	0.1838	0.1712	0.1783
沧州市	0.1417	0.1532	0.151	0.1647
廊坊市	0.1765	0.1902	0.1913	0.2047
衡水市	0.1441	0.14	0.1526	0.1626
河北平均	0.1694	0.1741	0.1725	0.1842
京津冀平均	0.2394	0.2028	0.1994	0.1836
城市	2019年	2020年	2007—2014年	2015—2020年
北京市	0.5713	0.5789	0.6859	0.5780
天津市	0.2795	0.3437	0.3556	0.2977
石家庄市	0.2034	0.2187	0.1921	0.1932
唐山市	0.2252	0.2604	0.1900	0.2141

续表

城市	2019 年	2020 年	2007—2014 年	2015—2020 年
秦皇岛市	0.2442	0.2545	0.2361	0.2507
邯郸市	0.202	0.2212	0.1397	0.1865
邢台市	0.1702	0.2015	0.1281	0.1564
保定市	0.1998	0.1957	0.1066	0.1638
张家口市	0.1709	0.1959	0.1349	0.1693
承德市	0.1808	0.2183	0.1529	0.1813
沧州市	0.1762	0.2019	0.1140	0.1648
廊坊市	0.2181	0.2047	0.1593	0.1976
衡水市	0.1801	0.2181	0.1267	0.1663
河北平均	0.1974	0.2174	0.1527	0.1858
京津冀平均	0.2324	0.2549	0.2094	0.1851

资料来源：根据熵值法计算得出。

（二）地方财政合作性互动评价结果

2007 年到 2020 年京津冀区域内各辖区的地方财政合作性互动评价得分见表 5-7。通过表中数据可以看出，无论是北京市、天津市还是河北省，自 2007 年到 2020 年，各辖区的地方财政合作性互动得分处于上下波动的状态，表明京津冀区域内各辖区间的地方财政合作不稳定。

表 5-7　京津冀区域内各辖区地方财政合作性互动评价得分

城市	2007 年	2008 年	2009 年	2010 年
北京市	0.4668	0.6527	0.306	0.1821
天津市	0.4771	0.2929	0.4447	0.2011
石家庄市	0.4561	0.2873	0.1515	0.2100
唐山市	0.4957	0.2738	0.1536	0.1362
秦皇岛市	0.4737	0.2819	0.1433	0.1395
邯郸市	0.4649	0.3172	0.1437	0.1318
邢台市	0.4699	0.3238	0.1441	0.1332
保定市	0.4427	0.337	0.142	0.1330
张家口市	0.4155	0.3363	0.1397	0.1461

续表

城市	2007 年	2008 年	2009 年	2010 年
承德市	0.4081	0.3243	0.1371	0.1381
沧州市	0.4453	0.3221	0.1366	0.1348
廊坊市	0.7157	0.2991	0.1497	0.1242
衡水市	0.6939	0.498	0.1436	0.1354
河北平均	0.4983	0.3273	0.1441	0.1893
京津冀平均	0.4943	0.3497	0.1797	0.1497
城市	2011 年	2012 年	2013 年	2014 年
北京市	0.1308	0.0873	0.1242	0.1103
天津市	0.1448	0.0896	0.1285	0.1107
石家庄市	0.1550	0.0897	0.1259	0.1526
唐山市	0.1659	0.1418	0.1050	0.1459
秦皇岛市	0.0734	0.1374	0.1337	0.0968
邯郸市	0.0751	0.1279	0.1390	0.1346
邢台市	0.0685	0.1282	0.1095	0.1364
保定市	0.0694	0.1273	0.1107	0.1442
张家口市	0.0692	0.1236	0.1128	0.1466
承德市	0.0699	0.1210	0.1086	0.1441
沧州市	0.0698	0.1304	0.1091	0.1540
廊坊市	0.0749	0.1301	0.1058	0.1432
衡水市	0.0645	0.1377	0.1209	0.1401
河北平均	0.0869	0.1268	0.1165	0.1399
京津冀平均	0.0947	0.1209	0.1180	0.1387
城市	2015 年	2016 年	2017 年	2018 年
北京市	0.1376	0.0720	0.0717	0.1066
天津市	0.1411	0.0716	0.0745	0.1001
石家庄市	0.1358	0.0729	0.0782	0.1023
唐山市	0.1597	0.0753	0.0685	0.1012
秦皇岛市	0.1603	0.1003	0.0712	0.3179
邯郸市	0.1795	0.1047	0.1097	0.1043
邢台市	0.1660	0.0822	0.1045	0.1359
保定市	0.1751	0.1005	0.0678	0.1379

续表

城市	2015年	2016年	2017年	2018年
张家口市	0.0720	0.0951	0.0869	0.1278
承德市	0.0725	0.0755	0.0823	0.1482
沧州市	0.1060	0.0786	0.1083	0.1398
廊坊市	0.0752	0.0759	0.1091	0.1511
衡水市	0.0716	0.0734	0.1069	0.1502
河北平均	0.1249	0.0849	0.0903	0.1470
京津冀平均	0.1271	0.0829	0.0877	0.1510

城市	2019年	2020年	2007—2014年	2015—2020年
北京市	0.1535	0.0840	0.2575	0.1042
天津市	0.1519	0.0841	0.2362	0.1039
石家庄市	0.1475	0.0847	0.2035	0.1036
唐山市	0.1482	0.0817	0.2022	0.1058
秦皇岛市	0.1493	0.0787	0.1850	0.1463
邯郸市	0.1438	0.0764	0.1918	0.1197
邢台市	0.1514	0.0793	0.1892	0.1199
保定市	0.1823	0.0782	0.1883	0.1236
张家口市	0.1948	0.1163	0.1862	0.1155
承德市	0.1869	0.1110	0.1814	0.1127
沧州市	0.1950	0.1252	0.1878	0.1255
廊坊市	0.2105	0.1233	0.2178	0.1242
衡水市	0.0825	0.1449	0.2418	0.1049
河北平均	0.1629	0.1000	0.1977	0.1183
京津冀平均	0.1614	0.0975	0.2053	0.1197

资料来源：根据熵值法计算得到。

四 地方财政合作性互动对社会协同创新的影响检验

（一）模型构建

依照第四章的论证逻辑，构建空间杜宾模型来验证京津冀地方财政合作性互动与社会协同创新之间的关系。

$$SCI_{it} = \alpha + \beta \sum_{j=1}^{N} W_{ij} SCI_{ijt} + \theta FCI_{it} + \rho X_{it} + \varphi \sum_{j=1}^{N} W_{ij} FCI_{ijt} +$$

$$\gamma \sum_{j=1}^{N} W_{ij} X_{ijt} + \mu_i + \lambda_t + \varepsilon_{it} \tag{5-1}$$

其中，SCI_{it}为被解释变量，是京津冀区域中i辖区t年的社会协同创新水平；W_{ij}为京津冀区域13个辖区间空间权重矩阵，W_{ij}用i辖区与j辖区之间的时间距离①表示；FCI_{it}为核心解释变量，是京津冀区域中i辖区t年的地方财政合作性互动程度；X_{it}为一组影响京津冀辖区社会协同创新水平的控制变量，以降低和消除遗漏变量对模型的影响，所选控制变量与经济协同创新的控制变量一致；α、β、θ、ρ、φ以及γ为待估参数向量；μ_i、λ_t用以捕获个体效应、时间效应以及随机效应；ε_{it}为残差项。被解释变量、解释变量以及控制变量的变量描述性统计详见表5-8。

表5-8　　　　　　　　　　　变量描述性统计

变量	变量含义	观察值	均值	标准误	最小值	最大值
SCI	社会协同创新	182	0.2158824	0.1412096	0.0874347	0.8453583
IFC	地方财政合作性互动	182	0.1670783	0.122393	0.0645431	0.7156565
UB	城镇化	182	54.8857	14.26951	31.76	87.52855
DS	人口密度	182	574.9242	281.6611	84.78585	1333.899
FC	固定资产投资总额	182	2996.414	2861.524	197.28	14098.23
AGDP	人均GDP	182	42450.64	29418.16	7364.445	164927.4
PG	人口自然增长率	182	6.835934	4.616358	-6.7	21.4

资料来源：除 SCI、IFC 为测算数据外，其他数据均来自历年《中国城市统计年鉴》《河北统计年鉴》《北京统计年鉴》《天津统计年鉴》。

（二）实证结果

运用 Stata15.1 和 Matlab 软件对社会协同创新和地方财政合作性互动进行非空间面板估计和空间面板估计，其估计结果分别见表5-9和表5-10中。根据非空间面板估计汇报结果，模型（1）—模型（4）中

---

① 该时间距离是指公路、铁路来往于两个城市之间所耗费最短时间的倒数，其中铁路数据来源于中国铁路客服服务中心，公路数据来源于百度地图。

模型（2）的 R^2 最大，模型（4）的 Log 值最大，且似然比 LR 均通过了1%显著性检验，说明数据集中存在空间固定效应和时间固定效应，选择具有空间和时间固定效应的模型进行拟合更合适。此外，从拉格朗日乘数 LM 看，模型（1）—模型（4）的空间误差 LM 检验和空间滞后 LM 检验均大部分模型通过显著性检验，故采取结合了空间滞后模型和空间误差模型的空间杜宾面板模型进行进一步的空间估计。

表 5-9 社会协同创新与地方财政合作性互动的非空间面板估计结果

解释变量	被解释变量：社会协同创新（LNSCI）			
	模型（1）混合 OLS	模型（2）空间固定效应	模型（3）时间固定效应	模型（4）空间和时间固定效应
LNIFC	0.564717*** (12.285616)	0.296177*** (5.966822)	0.197453*** (3.192523)	0.191961*** (3.167991)
PG	-0.009550*** (-3.432085)	-0.012061*** (-4.530419)	-0.003053 (-1.458122)	-0.004542* (-1.859680)
LNUB	-0.093127 (-0.419357)	0.551669 (1.278413)	0.009450 (0.059739)	0.008409 (0.017546)
LNDS	0.104321** (2.519298)	-0.080332 (-0.400502)	-0.004627 (-0.164366)	-0.359776 (-1.498789)
LNFC	-0.084147* (-1.695681)	-0.579037*** (-5.282792)	0.024566 (0.732235)	-0.045293 (-0.365006)
LNAGDP	-0.132425** (-2.201559)	-0.157372** (-2.421697)	-0.067011 (-1.290124)	0.156681 (1.517182)
R-squared	0.6012	0.7350	0.0748	0.1169
Rbar-squared	0.5875	0.7274	0.0485	0.0918
LogL	118.9413	157.1930	198.5447	208.9031
LM spatial lag	131.1785***	72.5260***	2.8744*	2.7621*
Robust LM spatial lag	44.0990***	18.8008***	0.0245	1.2557
LM spatial error	94.8830***	56.8312***	2.9872*	2.2037
Robust LM spatial error	7.8035***	3.1061*	0.1373	0.6973
LR test for spatial fixed effect		LR：20.7168，	Prob.：0.0787	
LR test for time-period fixed effect		LR：103.4203，	Prob.：0.0000	

注：***、**、* 分别表示通过显著水平1%、5%、10%检验。

表 5-10　社会协同创新与地方财政合作性互动的空间面板估计结果

解释变量	被解释变量：社会协同创新（$LNSCI$）			
	模型（5）	模型（6）	模型（7）	模型（8）
	随机效应	空间固定效应	时间固定效应	空间和时间固定效应
$LNIFC$	0.252891*** (3.763865)	0.153147** (2.516482)	0.255749*** (3.657679)	0.200931*** (2.639262)
PG	-0.004586** (-2.077083)	-0.006604** (-2.530443)	-0.004251* (-1.880290)	-0.005656** (-2.204829)
$LNUB$	-0.222082 (-0.923994)	-0.027315 (-0.053549)	-0.243620 (-0.991803)	-0.220406 (-0.453831)
$LNDS$	-0.040805 (-0.773410)	-0.406499 (-1.544978)	-0.040001 (-0.763079)	-0.442258* (-1.755330)
$LNFC$	0.045122 (0.520134)	-0.140870 (-1.105881)	0.051261 (0.587052)	-0.001304 (-0.008622)
$LNAGDP$	0.055240 (0.795238)	0.198909* (1.926877)	0.049601 (0.698395)	0.169594 (1.361365)
$W*LNIFC$	0.592029 (1.630394)	-0.007619 (-0.074294)	0.602667 (1.596107)	0.675435* (-1.562247)
$W*PG$	0.000517 (0.046377)	-0.003684 (-0.633407)	0.001144 (0.099878)	-0.008434 (-0.658816)
$W*LNUB$	-1.472268 (-1.092681)	-0.828346 (-0.707350)	-1.505233 (-1.099526)	-2.078998 (-0.942988)
$W*LNDS$	0.498420 (0.821161)	1.559548** (2.557124)	0.343387 (0.562840)	2.426032* (1.955713)
$W*LNFC$	0.363577 (0.644079)	-0.068783 (-0.238541)	0.384969 (0.671678)	1.569935 (1.464177)
$W*LNAGDP$	-0.091384 (-0.338537)	-0.219760* (-1.736786)	-0.064568 (-0.237406)	-0.477122 (-0.812754)
$W*dep.var$	-0.557023 (-2.818514)	0.574928*** (7.527231)	-0.620022*** (-3.088667)	-0.250443 (-1.418799)
R-squared	0.1819	0.8304	0.8521	0.8724
log-likelihood	205.84828	191.59602	205.47511	219.08406
Wald spatial lag	10.2114	—	16.9520***	13.8842**
Wald spatial error	9.4846	—	17.4994***	14.2437**

注：dep.var 表示被解释变量；变量名前加"W*"用于检验相邻地区相应变量的系数；***、**、*分别表示通过显著水平1%、5%、10%检验。

不论是非空间面板估计还是空间面板估计,通过模型(1)—模型(8)估计结果均能有效看出地方财政合作性互动对社会协同创新均具有正向促进作用,且均最少满足了5%的显著性检验。由此可以判定,京津冀区域内各个辖区间的地方财政合作性互动对于社会协同创新具有正向作用,即随着京津冀区域协同发展进程的逐步推进,协同层次、协同范围的逐渐纵深和拓展,京津冀区域内各个辖区之间在社会协同方面展开适度的地方财政合作性互动将有助于各个辖区之间实现社会协同创新水平的进一步提升。就空间溢出作用而言,在模型(6)、模型(7)中 W∗dep.var 均呈现出了显著的空间互动作用,这也一定程度上表明各辖区社会协同创新还会受到周边辖区社会协同创新程度的影响。

第二节 京津冀社会协同创新中地方财政治理效果的案例检验

基于财政视角,分析社会养老保险财政支出效率的高低,可以有效反映政府在养老保险资金分配与使用上的能力。而高效的支出效率是财政治理水平的重要体现之一,意味着政府在财政治理中对资金分配的合理性和科学性;反之,则表明政府的财政治理水平较低。

一 检验方法的设计

现有文献中,效率研究主要分为非参数估计法与参数估计法两大类。非参数估计法主要包括数据包络分析法(DEA)和无界分析法(FDH),而参数估计法则常用随机前沿法(SFA)和厚前沿法(TFA)等。鉴于无论是参数估计法还是非参数估计法,都受到模型特定假设条件的限制,为了更科学地评估和解析效率,当前效率分析的趋势是将参数估计法与非参数估计法相融合,采用多阶段分析策略。

(一)多阶段 DEA 效率分析

1. DEA

DEA(Data Envelopment Analysis),即数据包络分析,是一种由 Charnes、Cooper 与 Rhodes 在 1978 年首创的非参数统计评估技术。该方

法专注于评估生产过程中的投入与产出之间的相对效率,通过线性规划技术构建出一个理想化的、最高效率的生产前沿面(凸性边界)。这一前沿面代表了在当前技术和管理水平下所有可能的生产决策单元(DMU, Decision Making Units)所能达到的最优效率集合。随后,DEA通过计算各DMU与这一前沿边界的距离,来衡量并判断其效率水平的高低,从而实现了对生产效率的精准评估与分析。

DEA的核心模型涵盖CRS(规模报酬不变模型)与VRS(可变规模报酬模型),两者均旨在评估DMU的技术效率水平。技术效率是衡量DMU在给定技术条件下,资源配置效率的关键指标。在CRS模型中,假设DMU的规模收益保持不变,此情境下测算出的效率称为"综合技术效率"(TE),该值融合了规模效率与技术效率的影响。相较之下,VRS模型则允许DMU的规模收益变动,从而分离出仅反映技术运用效率的"纯技术效率"(PTE),排除了规模因素的干扰。对技术效率的测度可以从投入和产出两个不同视角来衡量,投入导向是指在产出既定的情况下,实现投入最小化的目标;产出导向则是指在投入既定的情况下,实现产出最大化的目标[1]。值得注意的是,在CRS框架下,无论是采取投入导向还是产出导向的评估方式,所得的技术效率值保持一致;然而,在VRS模型中,由于规模因素被独立考虑,两种导向下的效率值将可能出现差异。

2. Tobit 模型

尽管DEA是研究效率的一种普遍方法,但传统DEA模型存在局限性,即无法直接区分并剔除外部环境因素、随机干扰等对效率评估的影响。这导致通过DEA模型测定的无效率部分,可能混杂了管理不善、环境条件不利或随机事件干扰所导致的低效率。为了更准确地衡量生产决策单元(DMU)的真实效率水平,DEA三阶段法应运而生。DEA三阶段法通过纳入外部环境、随机误差等非经营性因素,旨在获得更为纯净的效率评估结果。在这一方法中,通常采用Tobit模型、SFA模型等先进研究手段,以有效剥离环境因素和随机干扰,从而更精确地反映

---

[1] Farrell M. J., "The Measurement of Production Efficiency", *Journal of the Royal Statistical Society*: Series A (General), Vol. 120, No. 3, 1957.

DMU 的自身效率状况。

而 Tobit 模型，又称受限因变量模型，广泛应用于被解释变量取值受限制的情形下的估计问题。该模型细分为五类：简单的受限因变量模型、审查因变量模型、样本可分割的转换回归模型、具有内生指标的迭代模型以及非市场均衡模型[①]。在效率评估的实践中，特别是当使用 DEA 时，所得的效率值或松弛变量数据常展现出"截断数据"的特性，因此，第一类简单的受限因变量模型往往最为适用。由于被解释变量受到约束条件的限制，会导致样本选择上的偏差，若在此情况下仍采用传统的 OLS（最小二乘法）进行估计，将会导致结果产生偏误。因此，为了更准确地分析效率值或探究松弛变量的影响因素，选择 Tobit 模型成为一种合适的方法，它能够有效处理因变量受限所带来的估计挑战。

3. Bootstrap-DEA 模型

Bootstrap 方法由美国统计学家 Efron 于 1979 年首次提出，是基于原始数据，通过重复抽样来模拟数据生成，得到与原始估计量极为相近的样本分布，从而进行统计推断的过程[②]。因 DEA 是一种确定性前沿非参数估计方法，虽然该种方法具备灵活性较强、限制性条件较少等优势，但该种方法在估算中往往存在将"相对效率"视为"完全效率"的缺陷，容易造成效率值的高估。为有效解决该问题，可以运用 Bootstrap 方法，通过重复抽样模拟样本中原始估计量来推断 DEA 估计量的经验分布，进而得到更加有应用价值的估计量。

假设某一投入产出向量 (x_k, y_k) 所对应的效率值为 θ_k，θ_k^* 是 DGP_φ 下的效率值（Data Generating Proces[③]），由此可以计算出 θ_k 的偏差 $bias_{\varphi,k} = E_\varphi(\theta_k^*) - \theta_k$，采用蒙特卡罗模拟方法进行估计，得出 $\widehat{bias_k} = \frac{1}{B}\sum_{b=1}^{B}\theta_{k,b}^* - \theta_k = \overline{\theta_k^*} - \theta_k$，$B$ 为重复抽样得到的样本个数，从而得到纠偏后的估计量 $\overline{\theta_k} = \theta_k - \widehat{bias_k} = 2\theta_k - \overline{\theta_k^*}$。

---

① 周华林、李雪松：《Tobit 模型估计方法与应用》，《经济学动态》2012 年第 5 期。
② 刘伟：《基于 Bootstrap-Malmquist 指数的高新技术产业技术创新效率分析》，《经济学动态》2013 年第 3 期。
③ 通过重复抽样模拟数据生成过程。

(二) 超效率 DEA 分析

传统的 DEA 模型在估计效率时，其效率值最大为1，且还会经常出现多个 DMU 被评价为有效，且均为1的情况，这些效率值为1的单元其效率高低真的完全一样吗？通过传统 DEA 模型估计无法辨别，因此就难以进一步剖析和比较这些有效 DMU 的效率水平差异性。为了有效解决该问题，1993年 Andersen 和 Petersen 提出了"超效率"模型（Super Efficiency Model），打破了传统效率值最高为1的限制，使得有效的决策单元 DMU 之间也能够进一步进行效率值高低的比较，进一步细化和精确了各个决策单元之间的效率水平。

(三) Malmquist 指数分析

因传统 DEA 模型多是估计的技术效率，且是针对某一时间点 DMU 生产技术效率水平的评价，但生产是一个持续性的过程，而生产技术水平也在动态发生着变化，故在评价 DMU 的效率时，应该酌情考虑其技术变动对效率的影响。Malmquist 全要素生产指数（Total Factor Productivity，TFP）又称为全要素生产率，最早源于1953年，后由 Fare R. 于1992年运用到 DEA 中以反映生产决策单元随时间维度的前沿变动情况[1]。

Malmquist 指数可以用式（5-2）来表达，其中 (x^t, y^t) 表示第 t 期的投入与产出，(x^{t+1}, y^{t+1}) 表示第 $t+1$ 期的投入与产出，$D_c^t(x^t, y^t)$、$D_c^{t+1}(x^{t+1}, y^{t+1})$ 分别表示 t 期和 $t+1$ 期技术条件下的产出距离函数，c 表示规模报酬不变。当 $TFP>1$ 时，表示全要素生产率有所提高；当 $TFP<1$ 时，表示全要素生产率有所下降；当 $TFP=1$ 时，表示全要素生产率不变[2]。

$$TFP = M^{t+1}(x^{t+1}, y^{t+1}, x^t, y^t) = \left[\frac{D_c^t(x^{t+1}, y^{t+1})}{D_c^t(x^t, y^t)} \times \frac{D_c^{t+1}(x^{t+1}, y^{t+1})}{D_c^{t+1}(x^t, y^t)} \right]^{\frac{1}{2}}$$

(5-2)

Malmquist 指数可以分解为技术效率变化率（Technical Efficiency

---

[1] 成刚：《数据包络分析方法与 MaxDEA 软件》，知识产权出版社2014年版。
[2] 张鹏、李林欣、曾永泉：《基于 DEA-Malmquist 指数的粤港澳大湾区科技创新效率评价研究》，《工业技术经济》2021年第2期。

Change，EC) $EC = \dfrac{D_c^{t+1}(x^{t+1},\ y^{t+1})}{D_c^t(x^t,\ y^t)}$ 和技术进步变化率(Technological Change，TC) $TC = \left[\dfrac{D_c^t(x^{t+1},\ y^{t+1})}{D_c^{t+1}(x^{t+1},\ y^{t+1})} \times \dfrac{D_c^t(x^t,\ y^t)}{D_c^{t+1}(x^t,\ y^t)}\right]^{\frac{1}{2}}$，且 $TFP = EC \times TC$。技术效率变化率 EC 还可以进一步分解为纯技术效率变化 $\left(PEC,\ PEC = \dfrac{D_v^{t+1}(x^{t+1},\ y^{t+1})}{D_v^t(x^t,\ y^t)}\right)$，和规模效率变化率 $\left(SEC,\ SEC = \left[\dfrac{D_v^t(x^{t+1},\ y^{t+1})}{D_v^{t+1}(x^{t+1},\ y^{t+1})} \times \dfrac{D_v^t(x^t,\ y^t)}{D_v^{t+1}(x^t,\ y^t)}\right]^{\frac{1}{2}}\right)$，且 $EC = PEC \times SEC$。因此，$TFP = PEC \times SEC \times TC$，可以通过纯技术效率变化率、规模效率变化率、技术进步变化率进一步剖析效率变化情况。

根据对多阶段 DEA、超效率 DEA 以及 Malmquist 指数的介绍和分析，选择从投入产出的视角对社会养老服务财政保障支出进行效率分析，依据其具体实证的实现逻辑进行相关指标的遴选。

二 案例选择及论证逻辑

(一) 案例选择

无论是产业的转移还是非首都功能的疏解，都涉及人员的流动，而与其生活密切相关的公共教育、公共文化、公共医疗卫生、社会保障、生活环境等基本公共服务供给的水平，则往往成为人们选择生活和工作地域的关键考虑因素[①]。《国家基本公共服务标准（2021 年版）》中规定了幼有所育、学有所教、劳有所得、病有所医、老有所养、住有所居、弱有所扶、优军服务保障和问题服务保障九类 22 个基本公共服务。其中养老助老服务、养老保险服务是老有所养中的两个主要内容，具体包括老年人健康管理、老年人福利补贴、职工基本养老保险、城乡居民基本养老保险等细化内容。为更加清晰、深入分析财政治理效率水平的高低，选择社会养老服务这一重要公共服务，进行针对性投入与产出效果的分析；且社会养老服务的资金多为中央财政资金，其受到地方财政

---

① 王晓洁、王丽：《新时代背景下促进京津冀公共服务供给的财政政策研究》，《经济研究参考》2018 年第 37 期。

支付能力、地方财政资金到账进度水平等方面的影响较小，能进一步剖析各个地方政府面对一致的中央转移支付资金，其财政管理水平和管理能力的差异性，故选择社会养老服务来评测和分析地方财政治理效率。

(二) 论证逻辑

第一阶段：初步估算投入产出效率。针对社会养老服务财政保障支出效率的特点，选择采用投入导向型 VRS 模型 [见式 (5-3)] 和超效率 DEA 模型，并运用投入与产出数据计算一阶段 DEA 效率值，获取松弛变量 (s)。该阶段通过社会养老服务财政保障投入 x_{ij} 与产出数据 y_{ij}，得到综合技术效率值 (TE)，并进一步将该效率值分解为纯技术效率 (PTE) 和规模效率 (SE)，且 $TE=PTE×SE$。

$$\begin{cases} \min[\theta - \varepsilon(\sum_{j=1}^{m} s^- + \sum_{j=1}^{s} s^+)] = v_d(\varepsilon) \\ s.t. \sum_{j=1}^{n} \lambda_j x_j + s^+ = \theta x_0 \\ \sum_{j=1}^{n} \lambda_j y_j - s^- = y_0 \\ s^+ \geq 0, \ s^- \geq 0, \end{cases} \quad (5-3)①$$

式 (5-3) 中，n 为生产决策单元 DMU 的个数，每个 DMU 有 m 种投入和 s 种产出，θ 为决策单元的有效值，s^+、s^- 为松弛变量，$\sum_{i=1}^{n}\lambda_j=1$，$\lambda_j \geq 0$。

第二阶段：剔除环境因素。首先以第一阶段获得的松弛变量 (s) 为被解释变量，筛选对各省份社会养老服务财政保障支出效率产生影响的外界环境因素为解释变量，构建 Tobit 模型，并根据 $x_{ik}^A = x_{ik} + [Max_k\{\hat{s}_{ik}\} - \{\hat{s}_{ik}\}]$，剔除各省份的外界环境因素干扰，将各省份调整成大体相同的财政资金支出环境以及运营环境，进而计算第二阶段 DEA 效率值，此时得到的效率值是剔除了环境因素影响后的效率值，可与第一阶段效率值进行比较，并探查外界环境因素对各省份社会养老服务效率造成的影响。

---

① 蒋萍、王勇：《全口径中国文化产业投入产出效率研究——基于三阶段 DEA 模型和超效率 DEA 模型的分析》，《数量经济技术经济研究》2011 年第 12 期。

第三阶段：剔除随机干扰因素。运用 Bootstrapped DEA 方法剔除随机干扰对社会养老服务财政保障支出效率的影响，利用调整后投入数据 x_{ij}^A 和原始产出数据 y_{ij}，重复抽样 2000 次，得到第三阶段效率值，此时得到的效率值是剔除了环境因素和随机误差因素影响后的效率值，可与第一阶段、第二阶段效率值进行比较分析。

三　指标体系构建

依据多阶段 DEA 的实证逻辑，构建了投入指标与产出指标以及环境因素指标（见表 5-11）。

（一）投入与产出指标

社会养老服务是政府不可推卸的民生责任，财政长期承担着提供资金支持的重任。通过扩大社会保障支出，财政不仅能创造更多就业机会，还能促进经济增长，成为推动经济社会发展的重要积极力量[1]。因此，评估社会养老服务支出效率，特别是财政在社会养老服务中的保障支出效率，显得尤为重要。从财政角度出发，应将财政资金支出视为评价社会养老服务效率的关键投入，故选择养老转移支付资金作为投入资金。社会养老服务，作为一项关键的民生公共服务，其创造的收益难以全面且精确地衡量，尤其是外部性收益的量化更是极具挑战性。例如，优质的社会养老服务对于维护社会稳定、减少社会矛盾与摩擦具有显著的促进作用，尽管社会稳定可视为社会养老服务投入的一种产出，但这种社会效应却难以有效且精准地量化评估[2]。鉴于此，在构建产出指标时，本书遵循了产出指标与投入指标的直接相关性以及数据的可获得性原则，设立了服务基础设施情况、服务基本保障情况、服务机构人力保障情况和服务福利水平情况 4 个二级指标。

a. 服务基础设施情况，主要从硬件设施水平出发，考察财政资金投入后，针对需要社会养老服务的老年人口，直接提供的社会养老服务基础设施状况。具体选取了养老床位数、人均养老机构建筑面积以及养老机构和设施 3 个三级指标。

---

[1] 林毓铭：《社会保障预期与居民消费倾向分析》，《学术研究》2002 年第 12 期。
[2] 林毓铭：《社会保障与政府职能研究》，人民出版社 2008 年版。

b. 服务基本保障情况，侧重于社会养老服务的整体基本水平，评估财政资金投入后所实现的社会养老服务整体状况。主要包含非自理型保障占比、自理型保障占比以及机构老年人保障度 3 个三级指标。

c. 服务机构人力保障情况，基于社会养老服务提供的软件设施水平，通过护理人员占比以及服务人员受教育水平 2 个三级指标，来考察财政资金投入最终反映在护理服务水平上的情况。

d. 服务福利水平情况，主要评估财政资金投入后，所提供的社会养老服务福利水平的高低。具体选取了高龄补贴人口占比、护理补贴人口占比以及养老补贴人口占比 3 个三级指标。

(二) 环境因素指标

在社会养老服务的供给流程中，其提供效率不仅受财政资金投入量的影响，还受到诸如区域地理、经济、社会条件等多重不可控因素[1]的制约，这些因素共同导致社会养老服务财政支出效率的差异。为了在多阶段 DEA 的效率评估中更准确地衡量社会养老服务财政保障支出的真实效率，必须排除外部环境因素的干扰。因此，本书选择 7 个指标作为影响社会养老服务财政保障支出效率的环境因素，它们分别是：人口老龄化程度、区域规模、经济发展水平、市场化程度、财政分权度、人口密度以及城镇化率。

a. 人口老龄化程度 (llh)。随着人口老龄化、高龄化发展趋势的愈发显著，社会养老服务的需求也在不断增加，社会养老服务的非平衡性问题越发明显[2]，致使社会养老服务供给与需求之间的均衡性、匹配性都受到了较大的挑战，而不同地区的老龄化程度不同，对社会养老服务提供的迫切程度就会有所不同，进而会对社会养老服务财政保障支出效率带来一定的影响。通过各个省份的老年人口抚养比，即各省份人口结构中老年人口数与劳动年龄人口数之比，可以有效度量各省份的人口老龄化程度。

b. 区域规模 (rkgm)。中国的城市劳动生产率与城市规模之间存在

---

[1] 陈诗一、张军：《中国地方政府财政支出效率研究：1978—2005》，《中国社会科学》2008 年第 4 期。

[2] 崔树义、田杨、杨素雯：《积极应对人口老龄化，推动养老服务业发展——"老龄化背景下养老服务面临的挑战与对策"学术研讨会综述》，《中国人口科学》2018 年第 3 期。

一种倒"U"形关系。一个省份的总体规模，作为多个城市和地区规模的集合体现，同样会对该省份的劳动生产率产生显著影响。特别地，从社会养老服务供给成本的角度出发，区域规模的大小不仅直接关联着该区域的生活成本和生产成本水平，而且还深刻影响着社会养老服务的财政保障支出效率。因此，本书选取各省份的人口规模作为衡量其区域规模的指标，旨在深入剖析这一指标对社会养老服务财政保障支出效率的具体影响程度。

c. 经济发展水平（rjgdp）。不同区域的经济发展水平可以综合体现出不同区域的经济发达程度和人们的生活水平。一个区域的经济发展水平会直接影响该区域的人均收入水平，经济发达的区域，其人均收入水平较高，反之，经济欠发达地区，其人均收入水平则较低。[1] 基于不同区域的人口规模不同，其 GDP 的数量级也具有显著的差异性，为了更有助于进行科学比较，选择人均 GDP 指标来反映经济发展水平，并进一步考察经济发展水平对于社会养老服务财政保障支出的效率高低。

d. 市场化程度（schzhb）。一方面，一个区域的市场化程度越高，其经济越发达，市场意识也越明显，市场的资源配置能力也越强；另一方面，区域的市场化程度越高，生活在本区域的居民对社会养老服务的主动接纳程度越高，对于社会养老服务的认识和需求也会越发理性和客观，所表现出的社会养老服务需求也愈加真实可信。本书选择各省份第三产业 GDP 占各省份 GDP 的比重来度量不同省份的市场化程度。

e. 财政分权度（czhfq）。因现有的财政分权体制不仅影响地方财政的自给率，还形成较为明显的"两极分化式"地方财力水平差异，从长期看，社会养老服务作为典型的民生需求，政府具有提供该服务的职责，但在提供该项服务的过程中，由于中国财政分权体制本身存在分权不彻底、分权不合理等问题。而作为更注重经济效益和当期效益的地方政府，对具有社会效益特点的社会养老服务提供，其积极程度难免会受到财政资金充足程度的影响，故选择财政分权度指标来估算因财政分权

---

[1] 王晓洁、王丽：《财政分权、城镇化与城乡居民养老保险全覆盖——基于中国 2009—2012 年省级面板数据的分析》，《财贸经济》2015 年第 11 期。

而对于不同省份财力的影响，侧面反映出各地方政府保障社会养老服务提供的内在驱动程度。

f. 人口密度（rkmd）。人口密度是指单位面积土地上居住的人口数，这里采用各省份每平方千米面积上的人口数表示。一个区域人口密度的高低往往与该区域的经济社会发展水平有关，经济社会较为发达的区域，往往其人口密度也较高，而经济社会欠发达的区域人口密度也较低。此外，人口密度还反作用于经济社会发展，人口密度越高，人口的拥挤程度越高，该区域提供公共服务的成本也就越高，故人口密度指标会影响区域内公共服务的供给数量和供给质量，给社会养老服务财政保障支出效率带来一定的影响①。

g. 城镇化率（czhh）。城镇化是一个国家现代化的重要标志，反映社会发展的客观趋势。一个区域短期内城镇化率的迅速提高，可能会造成现有区域内公共服务的拥挤或政府财政支出的快速增长，造成公共服务供给质量的下降或者政府财政支出压力的加剧②。尤其是社会养老服务虽然属于民生性公共服务范畴，但因接受该服务的群体相较轨道交通、医疗卫生、养老保险等公共服务而言，具有受众面较窄的特点，其确实存在受到财力挤压或者保障积极性不甚高的可能和风险。本书选择城镇人口占总人口的比重作为城镇化率的度量指标，旨在考察城镇化水平对社会养老服务财政保障支出效率的影响程度。

表 5-11　　　　　　　　　　指标体系

一级指标	二级指标	三级指标	指标解释	指标简称
投入	投入资金	养老转移支付资金	年度中央对各省份的养老转移支付资金额度	zhyzhf
产出	服务基础设施情况	养老床位数	各省份老人每千人拥有的养老床位数	ylchw
		人均养老机构建筑面积	各省份老人人均拥有的养老机构建筑面积	jzhmj

---

① 王晓洁、王丽：《财政分权、城镇化与城乡居民养老保险全覆盖——基于中国 2009—2012 年省级面板数据的分析》，《财贸经济》2015 年第 11 期。

② 王丽：《城镇化对城乡居民养老保险全覆盖的影响效应分析》，《河北学刊》2015 年第 2 期。

续表

一级指标	二级指标	三级指标	指标解释	指标简称
产出	服务基础设施情况	养老机构和设施	各省份老人每千人拥有养老机构和养老设施数	jgshsh
	服务基本保障情况	非自理型保障占比	各省份享受社会养老服务中非自理型保障人口占所受服务人口的比重	fzlbzh
		自理型保障占比	各省份享受社会养老服务中自理型保障人口占所受服务人口的比重	zlbzh
		机构老年人保障度	各省份享受社会养老服务机构提供社会养老服务的老年人口数所占比重	lnrbzhd
	服务机构人力保障情况	护理人员占比	各省份社会养老服务机构中提供护理服务人员所占人口比重	hlry
		服务人员受教育水平	各省份社会养老服务机构中提供社会养老服务人员中的大学专科及以上学历人数占比	shjy
	服务福利水平情况	高龄补贴人口占比	各省份享受高龄补贴老年人口数所占比重	glbtrk
		护理补贴人口占比	各省份享受护理补贴老年人口数所占比重	hlbtrk
		养老补贴人口占比	各省份享受社会养老服务补贴老年人口数所占比重	ylbtrk
环境因素		人口老龄化程度	各省份老年人口抚养比	llh
		区域规模	各省份人口规模	rkgm
		经济发展水平	各省份人均 GDP	rjgdp
		市场化程度	各省份第三产业 GDP 占各省份 GDP 的比重	schzhb
		财政分权度	各省份财政预算收入占全国财政预算收入的比重	czhfq
		人口密度	各省份每平方千米面积上的人口数	rkmd
		城镇化率	各省份城镇人口占总人口的比重	czhh

四 实证结果分析

基于数据统计口径的一致性、数据的可获得性和连续性，以及相关数据仅能获得省级层面数据的现实限制，本章选取了 31 个省份（不含港澳台地区）2015年到2018年的社会养老服务相关数据，通过全国层面实证和京津冀区域实证来进行财政保障支出效率评价和分析。所有数据除特殊说明外，均来源于历年的《中国统计年鉴》《中国民政统计年鉴》。此外为剔除价格变动的影响，本章以2015年为基期，运用GDP平减指数对涉及的各省份转移性支出、人均GDP等指标进行了平减，详见表5-12[①]。

表5-12　　　　　财政保障支出效率指标描述性统计

指标	指标名称	样本量	平均值	标准差	最小值	最大值
zhyzhf	转移支付资金（万元）	124	18674.23	11278.64	1580	57311
ylchw	养老床位数（张/千人）	124	29.46613	9.95203	8.2	61.9
jzhmj	人均养老机构建筑面积（平方米/人）	124	0.5376281	0.2607886	0.1018953	1.703284
jgshsh	养老机构和设施（个/千人）	124	2.646099	1.711245	0.4628642	8.157612
fzlbzh	非自理型保障占比（%）	124	15.63403	11.09808	0.1375398	44.7315
zlbzh	自理型保障占比（%）	124	61.84369	16.11003	23.35017	97.99708
lnrbzhd	机构老年人保障度	124	1.210179	0.7270622	0.1636089	6.239152
hlry	护理人员占比（%）	124	13.98948	7.102242	2.92086	49.40239
shjy	服务人员受教育水平（%）	124	27.83283	8.990724	4.522613	47.87234
glbtrk	高龄补贴人口占比（%）	124	17.8108	17.71755	0.2241076	89.32267
hlbtrk	护理补贴人口占比（%）	124	0.3557656	0.4559492	0	3.360463
ylbtrk	养老补贴人口占比（%）	124	2.037832	3.283451	0.0001	20.20704
llh	人口老龄化程度（%）	124	14.66597	3.191535	7.01	22.69
rkgm	区域规模（万人）	124	4471.199	2824.013	326.671	11344.39
rjgdp	经济发展水平（万元/人）	124	5.27758	2.372244	2.538799	11.58083
schzhb	市场化程度（%）	124	49.42742	8.295756	38.8	81
czhfq	财政分权度（%）	124	1.738393	1.423631	0.0900576	6.601915
rkmd	人口密度（人/平方千米）	124	460.0124	698.8663	2.660187	3847.658
czhh	城镇化率（%）	124	58.36597	12.20628	27.74	88.1

资料来源：根据《中国统计年鉴》等整理。

---

① 王丽、王晓洁：《京津冀协同背景下公共医疗卫生支出绩效差异实证分析》，《中央财经大学学报》2015年第4期。

(一) 全国实证结果分析

1. 一阶段实证结果

在未剔除环境因素和随机冲击因素的第一阶段，2015—2018年，无论是平均效率还是平均超效率，其总体效率水平均呈现上升趋势（详见表5-13）。31个省份中，仅2016年的福建省和河南省处于规模报酬递增阶段，其他年份的其他省份大部分处于规模报酬不变或者规模报酬递减的阶段，表明随着社会养老服务投入的逐步提高，全国各省份的社会养老服务资金缺口已经不甚明显，以提高社会养老服务财政保障支出效率为出发点，基于社会养老服务供给的视角，财政不能再一味单纯追求扩大在社会养老服务方面的资金投入规模，而应加强社会养老服务供给的"精准性"，进而提升社会养老服务获得感，否则会造成公共财政资金的浪费。基于区域的异质性，东部地区的技术效率（TE）明显高于中部地区和西部地区，但西部地区各省份的平均技术效率水平增长迅速。

表5-13　　　　　　　　　全国三阶段效率值

省份	2015年			2016年		
	第一阶段	第二阶段	第三阶段	第一阶段	第二阶段	第三阶段
北京	1.0000	1.0000	0.3003	1.0000	1.0000	0.6761
天津	1.0000	1.0000	0.2992	1.0000	1.0000	0.6805
河北	1.0000	1.0000	0.2994	1.0000	1.0000	0.6618
山西	0.4593	0.6208	0.4861	0.8716	0.8025	0.7163
内蒙古	1.0000	1.0000	0.2800	1.0000	1.0000	0.6611
辽宁	0.5576	0.5457	0.4636	1.0000	0.7499	0.6899
吉林	0.4153	0.2197	0.1893	1.0000	0.8651	0.7773
黑龙江	0.4514	0.4443	0.3750	0.8396	0.7840	0.7039
上海	1.0000	1.0000	0.3033	1.0000	1.0000	0.6647
江苏	1.0000	1.0000	0.2896	1.0000	1.0000	0.6642
浙江	1.0000	1.0000	0.2928	1.0000	1.0000	0.6413
安徽	0.2807	0.2727	0.2341	0.6130	0.4388	0.4038
福建	0.5177	0.4243	0.3509	0.4765	0.2370	0.2139

续表

省份	2015年 第一阶段	2015年 第二阶段	2015年 第三阶段	2016年 第一阶段	2016年 第二阶段	2016年 第三阶段
江西	0.3507	0.1977	0.1738	1.0000	1.0000	0.6768
山东	1.0000	1.0000	0.2638	1.0000	1.0000	0.6747
河南	0.2452	0.3081	0.2834	0.3819	0.3152	0.2935
湖北	0.2724	0.3555	0.3156	0.6374	0.6909	0.6272
湖南	0.2574	0.4480	0.4069	0.4561	0.5496	0.5228
广东	1.0000	1.0000	0.3082	1.0000	1.0000	0.6536
广西	1.0000	1.0000	0.2357	1.0000	1.0000	0.6479
海南	1.0000	1.0000	0.2838	1.0000	1.0000	0.6662
重庆	0.9039	0.5341	0.4654	0.5699	0.6661	0.6128
四川	1.0000	1.0000	0.2731	1.0000	1.0000	0.6590
贵州	1.0000	1.0000	0.2761	1.0000	1.0000	0.6644
云南	1.0000	1.0000	0.2949	0.7570	0.7401	0.6810
西藏	1.0000	1.0000	0.3113	1.0000	1.0000	0.6605
陕西	1.0000	1.0000	0.2853	1.0000	1.0000	0.6839
甘肃	1.0000	1.0000	0.5974	1.0000	1.0000	0.6569
青海	1.0000	1.0000	0.2779	1.0000	1.0000	0.6615
宁夏	1.0000	0.5394	0.3944	1.0000	1.0000	0.6723
新疆	0.7533	0.5781	0.4967	1.0000	1.0000	0.6600
平均值	0.7892	0.7577	0.3260	0.8904	0.8658	0.6300

省份	2017年 第一阶段	2017年 第二阶段	2017年 第三阶段	2018年 第一阶段	2018年 第二阶段	2018年 第三阶段
北京	1.0000	1.0000	0.6698	1.0000	1.0000	0.5906
天津	1.0000	1.0000	0.6575	1.0000	1.0000	0.5658
河北	0.3851	0.3788	0.3433	0.1672	0.2739	0.2493
山西	1.0000	1.0000	0.6596	0.9199	0.9640	0.8764
内蒙古	1.0000	1.0000	0.6543	1.0000	1.0000	0.5697
辽宁	0.4847	0.4879	0.4595	0.2533	0.3231	0.3011
吉林	1.0000	1.0000	0.6860	1.0000	1.0000	0.6123
黑龙江	1.0000	1.0000	0.6819	1.0000	1.0000	0.6140
上海	1.0000	1.0000	0.6643	1.0000	1.0000	0.5801

续表

省份	2017年 第一阶段	2017年 第二阶段	2017年 第三阶段	2018年 第一阶段	2018年 第二阶段	2018年 第三阶段
江苏	1.0000	1.0000	0.6596	1.0000	1.0000	0.5809
浙江	1.0000	1.0000	0.6414	1.0000	1.0000	0.5610
安徽	1.0000	1.0000	0.6533	1.0000	0.8331	0.7589
福建	0.3166	0.2844	0.2598	0.2346	0.1990	0.1780
江西	1.0000	1.0000	0.6798	1.0000	1.0000	0.6003
山东	1.0000	1.0000	0.6665	1.0000	0.9061	0.8334
河南	0.2601	0.3611	0.3364	0.5075	0.6436	0.6065
湖北	0.8459	0.7154	0.6680	0.4356	0.6044	0.5657
湖南	0.3443	0.4494	0.4174	0.2974	0.4469	0.4153
广东	1.0000	1.0000	0.6386	1.0000	1.0000	0.5571
广西	1.0000	1.0000	0.6405	1.0000	1.0000	0.5479
海南	1.0000	1.0000	0.6600	1.0000	1.0000	0.5830
重庆	0.4808	0.5560	0.5121	0.4364	0.6523	0.5849
四川	1.0000	1.0000	0.6583	1.0000	1.0000	0.5535
贵州	1.0000	1.0000	0.6646	1.0000	1.0000	0.6015
云南	0.9041	0.8143	0.7490	0.5035	0.6766	0.6348
西藏	1.0000	1.0000	0.6637	1.0000	1.0000	0.5907
陕西	1.0000	1.0000	0.6780	1.0000	1.0000	0.6015
甘肃	1.0000	1.0000	0.6589	1.0000	1.0000	0.5674
青海	1.0000	1.0000	0.6576	1.0000	1.0000	0.5720
宁夏	1.0000	1.0000	0.6648	1.0000	1.0000	0.5808
新疆	1.0000	1.0000	0.6523	1.0000	1.0000	0.5582
平均值	0.8717	0.8725	0.6115	0.8308	0.8556	0.5675

2. 二阶段实证结果

根据二阶段所构建 Tobit 模型的面板数据回归结果（表5-14），环境因素对于各省份在社会养老服务的财政支出效率值以及效率排名方面均存在影响。人口老龄化程度（llh）、区域规模（rkgm）、城镇化率（czhh）作为外界环境因素对社会养老服务的财政保障支出效率的松弛变量具有负相关关系，而经济发展水平（rjgdp）、市场化程度

(schzhb)、财政分权度（czhfq）、人口密度（rkmd）四个变量对社会养老服务的财政保障支出效率的松弛变量具有正相关关系。但从面板 Tobit 模型的估计结果可以看出，从模型（1）到模型（3）中区域规模（rkgm）、市场化程度（schzhb）、财政分权度（czhfq）和城镇化率（czhh）四个变量分别通过了10%、5%和1%水平下的显著性检验，对社会养老服务财政保障支出效率的影响较为显著；而经济发展水平（rjgdp）仅在模型（3）中通过了10%的显著性检验，人口老龄化程度（llh）却仅在模型（4）中通过了5%的显著性检验，说明该两项变量对于社会养老服务财政保障支出效率具有一定的影响，但影响程度具有不稳定性；此外，人口密度（rkmd）在各个模型中均未通过10%的显著性检验，对社会养老服务财政保障支出效率的影响并不显著。根据实证结果，不同区域的经济和社会环境会对社会养老服务财政保障支出效率带来一定的影响，如若想提升财政保障支出效率，不仅需要改善技术生产效率，还应该关注区域的发展环境，实现效率的综合提升。

表 5-14　　　　　　　　　　面板 Tobit 模型结果

教育投入松弛量	模型（1）	模型（2）	模型（3）	模型（4）
$rkgm$	-6.464992**	-6.88619***	-6.635811***	—
	(-2.25)	(-2.76)	(-2.98)	
$rjgdp$	7353.348	7555.73	7960.84*	—
	(-1.49)	(1.56)	(1.76)	
$schzhb$	1495.046**	1478.879**	1490.20**	1115.794**
	(-2.07)	(2.06)	(2.09)	(2.18)
$czhfq$	13818.52*	14454.37**	14237.70**	—
	(-1.93)	(2.17)	(2.16)	
$czhh$	-2460.774**	-2574.756***	-2561.81***	—
	(-2.45)	(-2.76)	(-2.76)	
$rkmd$	4.055402	4.319823	—	—
	(-0.21)	(-0.23)		

续表

教育投入松弛量	模型（1）	模型（2）	模型（3）	模型（4）
llh	-329.9708 (-0.3)	—	—	-2522.055** (-2.47)
_cons	54401.04 (-1.72)	56709.34* -1.85	53960.84* 1.92	—
/sigma_u	10854.06	10750.36	10760.16	15591.82
/sigma_e	10340.9	10389.05	10387.11	10498.96
Log likelihood	-438.3775	-438.42242	-438.44905	-444.8605
Prob>chi2	0.0297	0.0161	0.0078	0.0223
chibar2（01）	16.14	16.05	16.15	32.44

注：***、**、*分别表示通过显著1%、5%、10%水平检验。

3. 三阶段实证结果

三阶段是对于随机干扰因素的剔除，经过 2000 次 Bootstrap 的抽取和测算，剔除掉随机干扰因素之后，各省份的效率值和排名均有明显的变化和调整。2015 年三个阶段全国的平均效率值则分别为 0.7892、0.7577 和 0.3260；2018 年三个阶段全国的平均效率值则分别为 0.8308、0.8556 和 0.5675（详见表 5-13）。

4. Malmquist 指数实证结果

因全要素生产率（TFP）可以分解为技术效率变化率（EC）和技术进步变化率（TC），而技术效率变化率又可以进一步分解为纯技术效率变化率（PEC）和规模效率变化率（SEC），故可以通过 EC、TC、PEC 以及 SEC 来分析 TFP 的形成原因。各省份的社会养老服务财政治理效率同时受到技术效率变化率（EC）和技术进步变化率（TC）的影响，即不同省份在财政提供社会养老服务方面，因技术、规模、技术改进程度等方面的差异，其对于社会养老服务财政保障支出效率的贡献程度也不同，由此带来全要素生产率的不同。由表 5-15 可知，2016 年全国平均的 TFP 为 0.9852，EC 为 1.1752，TC 为 0.9058，PEC 为 1.3664，SEC 为 0.9392。而到了 2018 年，TFP 下降为 0.8899，EC 也下降为 1.0177，TC 同样下降为 0.8916，PEC 下降更为明显为 0.9811，但 SEC 上升为 1.0604。总之，全要素生产率、技术效率变化率、技术进步变动率、纯技术效率变化率均呈现出下降的变化，但规模效率变化率却呈现出上升的变化。即自 2016 年到 2018 年，随着社会养老服务的日趋成熟以及参与社会养老服务的人员数量的不断增加，其规模带来的效率逐渐显现，但 TC<1，表明全国范围来看，创新活动并没有明显推动社会养老服务技术的进步，即使在规模扩大带来规模效率提升的前提下，社会养老服务的技术提高能力仍旧较低，甚至存在显著降低。

表 5-15　　全国社会养老服务财政治理 Malmqusit 指数

省份	年份	TFP	EC	PEC	SEC	TC
北京	2016	1.2204	1.0000	1.0000	1.0000	1.2204
天津	2016	1.0598	1.0305	1.0000	1.0305	1.0284
河北	2016	0.9204	1.1349	1.0000	1.1349	0.8110
山西	2016	1.0553	1.1616	1.2927	0.8986	0.9085
内蒙古	2016	1.0272	1.4374	1.0000	1.4374	0.7146
辽宁	2016	1.0025	1.0582	1.3744	0.7700	0.9473
吉林	2016	1.1098	2.3127	3.9370	0.5874	0.4799
黑龙江	2016	1.0350	1.3352	1.7644	0.7567	0.7752
上海	2016	1.3521	1.0000	1.0000	1.0000	1.3521
江苏	2016	0.9949	0.9625	1.0000	0.9625	1.0336
浙江	2016	0.8373	1.0296	1.0000	1.0296	0.8132
安徽	2016	1.0869	1.2813	1.6088	0.7964	0.8483
福建	2016	0.9524	0.7027	0.5585	1.2581	1.3554
江西	2016	1.0759	3.2714	5.0577	0.6468	0.3289
山东	2016	0.8558	0.8621	1.0000	0.8621	0.9926
河南	2016	1.0102	1.1768	1.0230	1.1504	0.8585
湖北	2016	0.9321	1.5175	1.9435	0.7808	0.6142
湖南	2016	1.1202	1.1422	1.2269	0.9309	0.9807
广东	2016	0.8818	0.9718	1.0000	0.9718	0.9074

续表

省份	年份	指标				
		TFP	EC	PEC	SEC	TC
广西	2016	1.1348	1.0568	1.0000	1.0568	1.0738
海南	2016	0.9968	1.0970	1.0000	1.0970	0.9087
重庆	2016	0.8503	0.9573	1.2471	0.7676	0.8882
四川	2016	0.9895	1.0066	1.0000	1.0066	0.9830
贵州	2016	0.5722	0.4895	1.0000	0.4895	1.1688
云南	2016	0.8831	0.9007	0.7401	1.2170	0.9805
西藏	2016	0.4777	1.0000	1.0000	1.0000	0.4777
陕西	2016	0.9105	0.9524	1.0000	0.9524	0.9560
甘肃	2016	1.0156	1.0180	1.0000	1.0180	0.9976
青海	2016	1.0212	1.1636	1.0000	1.1636	0.8776
宁夏	2016	0.9703	1.1600	1.8538	0.6257	0.8365
新疆	2016	1.1902	1.2394	1.7299	0.7165	0.9603
平均	2016	0.9852	1.1752	1.3664	0.9392	0.9058
北京	2017	1.5074	1.0000	1.0000	1.0000	1.5074
天津	2017	0.9977	0.8388	1.0000	0.8388	1.1894
河北	2017	0.9117	0.8165	0.3788	2.1553	1.1166
山西	2017	0.9833	0.6149	1.2461	0.4935	1.5992
内蒙古	2017	0.8414	0.6714	1.0000	0.6714	1.2532
辽宁	2017	0.8600	0.5598	0.6507	0.8603	1.5364
吉林	2017	0.9721	0.7047	1.1559	0.6097	1.3794
黑龙江	2017	1.0307	0.7176	1.2755	0.5626	1.4364
上海	2017	1.2213	1.0000	1.0000	1.0000	1.2213
江苏	2017	0.9075	0.6558	1.0000	0.6558	1.3838
浙江	2017	1.2041	0.9610	1.0000	0.9610	1.2529
安徽	2017	0.7886	0.5932	2.2789	0.2603	1.3295
福建	2017	1.0831	0.8554	1.2000	0.7128	1.2661
江西	2017	0.7883	0.5733	1.0000	0.5733	1.3751
山东	2017	1.0350	0.6734	1.0000	0.6734	1.5369
河南	2017	0.9266	0.6382	1.1456	0.5571	1.4519
湖北	2017	0.9285	0.6615	1.0356	0.6387	1.4037

续表

省份	年份	TFP	EC	PEC	SEC	TC
				指标		
湖南	2017	0.9256	0.5670	0.8177	0.6934	1.6324
广东	2017	1.5384	1.3465	1.0000	1.3465	1.1425
广西	2017	0.9827	0.7694	1.0000	0.7694	1.2773
海南	2017	1.0927	0.8452	1.0000	0.8452	1.2928
重庆	2017	0.8662	0.6532	0.8347	0.7826	1.3261
四川	2017	0.9221	0.7581	1.0000	0.7581	1.2163
贵州	2017	0.9009	0.8014	1.0000	0.8014	1.1242
云南	2017	0.9657	0.6038	1.1003	0.5487	1.5994
西藏	2017	1.4813	1.0000	1.0000	1.0000	1.4813
陕西	2017	0.9153	0.6187	1.0000	0.6187	1.4793
甘肃	2017	0.9841	0.6797	1.0000	0.6797	1.4479
青海	2017	0.8716	0.6310	1.0000	0.6310	1.3813
宁夏	2017	1.1717	0.8630	1.0000	0.8630	1.3577
新疆	2017	0.9171	0.6181	1.0000	0.6181	1.4836
平均	2017	1.0169	0.7513	1.0361	0.7800	1.3704
北京	2018	0.9686	1.0000	1.0000	1.0000	0.9686
天津	2018	0.8658	0.8856	1.0000	0.8856	0.9776
河北	2018	0.7464	0.8085	0.7231	1.1181	0.9232
山西	2018	0.8395	1.1564	0.9640	1.1996	0.7259
内蒙古	2018	0.8630	1.0156	1.0000	1.0156	0.8497
辽宁	2018	0.8406	1.0651	0.6622	1.6086	0.7892
吉林	2018	0.8987	0.9828	1.0000	0.9828	0.9144
黑龙江	2018	0.9280	1.1744	1.0000	1.1744	0.7902
上海	2018	1.2130	1.0000	1.0000	1.0000	1.2130
江苏	2018	1.1070	1.2496	1.0000	1.2496	0.8859
浙江	2018	0.9740	1.1278	1.0000	1.1278	0.8636
安徽	2018	1.0878	1.5102	0.8331	1.8128	0.7203
福建	2018	0.9308	0.8807	0.6999	1.2583	1.0568
江西	2018	0.7845	0.8199	1.0000	0.8199	0.9567

续表

省份	年份	指标				
		TFP	EC	PEC	SEC	TC
山东	2018	0.8093	1.1657	0.9061	1.2865	0.6943
河南	2018	0.9218	1.3316	1.7822	0.7472	0.6923
湖北	2018	0.7883	0.9451	0.8448	1.1188	0.8341
湖南	2018	0.7807	1.0966	0.9944	1.1028	0.7119
广东	2018	0.7589	0.5707	1.0000	0.5707	1.3298
广西	2018	0.8476	0.8995	1.0000	0.8995	0.9424
海南	2018	0.9988	0.9949	1.0000	0.9949	1.0039
重庆	2018	0.7980	1.0853	1.1732	0.9250	0.7353
四川	2018	0.8076	0.9532	1.0000	0.9532	0.8473
贵州	2018	0.6752	0.6935	1.0000	0.6935	0.9737
云南	2018	0.6641	0.9381	0.8308	1.1291	0.7079
西藏	2018	1.0199	1.0000	1.0000	1.0000	1.0199
陕西	2018	0.8570	0.8283	1.0000	0.8283	1.0346
甘肃	2018	0.7309	0.9631	1.0000	0.9631	0.7589
青海	2018	1.2709	1.1242	1.0000	1.1242	1.1305
宁夏	2018	0.9138	1.1444	1.0000	1.1444	0.7985
新疆	2018	0.8971	1.1377	1.0000	1.1377	0.7885
平均	2018	0.8899	1.0177	0.9811	1.0604	0.8916

（二）京津冀实证结果分析

从表5-16、表5-17可以看出，第一阶段传统DEA效率下北京市、天津市的社会养老服务财政保障支出效率值均为1，但运用超效率DEA的方式可以看出，2015年北京市的超效率为4.9601，天津市的超效率为1.5852，河北省的超效率为1.0854；2018年天津市的超效率水平达到了18.8056，北京市为2.2316，河北省为0.1672。剔除环境因素后的第二阶段，传统DEA效率仅剩北京市，仍为1，天津市和河北省的效率值均小于1。由此可以看出，河北省的社会养老服务财政治理与北京市和天津市存在差距。

表 5-16　　　　　京津冀传统 DEA 与超效率 DEA 效率对比

第一阶段

省份	2015 年 效率	2015 年 超效率	2016 年 效率	2016 年 超效率	2017 年 效率	2017 年 超效率	2018 年 效率	2018 年 超效率
北京市	1.0000	4.9601	1.0000	3.7478	1.0000	4.0267	1.0000	2.2316
天津市	1.0000	1.5852	1.0000	1.5984	1.0000	1.8533	1.0000	18.8056
河北省	1.0000	1.0854	1.0000	1.0582	0.3851	0.3851	0.1672	0.1672

第二阶段

省份	2015 年 效率	2015 年 超效率	2016 年 效率	2016 年 超效率	2017 年 效率	2017 年 超效率	2018 年 效率	2018 年 超效率
北京市	1.0000	3.9499	1.0000	4.5826	1.0000	5.9765	1.0000	4.2031
天津市	0.3509	1.0876	0.3616	1.0651	0.3034	1.0929	0.2687	1.3462
河北省	0.2022	1.0854	0.2295	1.0582	0.1874	0.3788	0.1515	0.2739

资料来源：运用 Maxdea 软件计算得出。

表 5-17　　　　　　　京津冀社会养老服务超效率

省份	2015 年 TE	PTE	SE	RTS	2016 年 TE	PTE	SE	RTS
北京市	3.1438	3.9499	0.7959	Decreasing	3.7756	4.5826	0.8239	Decreasing
天津市	0.3509	1.0876	0.3227	Decreasing	0.3616	1.0651	0.3395	Decreasing
河北省	0.2022	1.0854	0.1863	Decreasing	0.2295	1.0582	0.2169	Decreasing

省份	2017 年 TE	PTE	SE	RTS	2018 年 TE	PTE	SE	RTS
北京市	4.6102	5.9765	0.7714	Decreasing	4.1201	4.2031	0.9803	Decreasing
天津市	0.3034	1.0929	0.2776	Decreasing	0.2687	1.3462	0.1996	Decreasing
河北省	0.1874	0.3788	0.4946	Decreasing	0.1515	0.2739	0.5530	Decreasing

资料来源：运用 Maxdea 软件计算得出。

为了进一步分析效率，将效率（TE）分解为纯技术效率（PTE）和规模效率（SE），即 TE＝PTE×SE。将京津冀三地社会养老服务财政治理超效率（PTE）与规模效率（SE）进行合成后，得出效率（TE）。可以看出，2015—2018 年，京、津、冀三地均处于规模报酬递减阶段，由此可以判定，河北省社会养老服务效率与北京市、天津市的差距，不能通过加大社会养老服务规模来改善，主要还应通过提升要素质量、提高服务技术水平、改善组织管理能力等方面来有效提升社会养老服务效率。

运用京津冀三地面板数据算出社会养老服务财政治理的 Malmqusit 指数，见表 5-18。因 TFP＝EC×TC、EC＝PEC×SEC，通过表 5-18 可以看出，北京市的技术变动 EC、TC、PEC、SEC 均处于三地相对较高水平。但相较北京市与天津市，河北省的 PEC 较低，表明河北省的社会养老服务的科学技术改善和优化能力较弱。

表 5-18　京津冀社会养老服务财政治理 Malmqusit 指数

省份	年份	TFP	EC	PEC	SEC	TC
北京	2016 年	1.2204	1.0000	1.0000	1.0000	1.2204
天津		1.0598	1.0305	1.0000	1.0305	1.0284
河北		0.9204	1.1349	1.0000	1.1349	0.8110
北京	2017 年	1.5074	1.0000	1.0000	1.0000	1.5074
天津		0.9977	0.8388	1.0000	0.8388	1.1894
河北		0.9117	0.8165	0.3788	2.1553	1.1166
北京	2018 年	0.9686	1.0000	1.0000	1.0000	0.9686
天津		0.8658	0.8856	1.0000	0.8856	0.9776
河北		0.7464	0.8085	0.7231	1.1181	0.9232

资料来源：运用 Maxdea 软件计算得出。

第六章　京津冀协同创新背景下地方财政策略性互动面临的难点

通过对京津冀协同创新过程中经济与社会两个维度的财政策略性互动进行实证检验，我们发现，无论是采取竞争性的还是合作性的互动方式，适度的地方财政互动都对京津冀协同创新产生了积极的推动作用。这表明，在京津冀协同创新的大背景下，地方财政策略的合理配置与协调至关重要。为了进一步推动京津冀协同创新，深入剖析当前地方财政策略性互动中面临的难点以及存在的问题具有重要价值。本部分将从制度内和制度外两个视角出发，全面剖析地方财政策略性互动所面临的难点。

第一节　制度内难点

一　行政区划制度与辖区间行政地位的显著差距[1]

（一）区域内辖区间行政地位布局的特殊性

一般情况下，区域是指国家政权体系和行政层级管理结构下的行政地理单元，并主要是按权力结构分布和行政层级覆盖面划分的[2]。因中国经济体制是由原来的计划经济体制演变而来的，虽早已向市场经济体制转变，但目前仍处于转型期，所以中国长期一直遵循的是行政区划性

---

[1] 王晓洁、王丽：《新时代背景下促进京津冀公共服务供给的财政政策研究》，《经济研究参考》2018年第37期。

[2] 杨龙、彭景阳：《我国区域政治发展研究：理论与问题》，《武汉大学学报》（社会科学版）2002年第5期。

的经济模式,即主要以行政区划边界作为市场分割以及开展经济活动边界的经济发展模式,一般称之为"行政区经济模式"。在计划经济体制下,行政区经济的边界效用极为明显,地方政府对于本地区经济的干预性极强,经济发展模式的弊端越来越明显,如造成地方保护主义行为的横行、市场的严重分割、基础建设的重复以及地区间交易的壁垒,还给资本、技术、人员等生产要素的自由流动制造了众多人为的阻碍,造成资源的浪费、产业分工的混乱以及生产成本、交易成本的增加,阻滞了中国地区经济与社会的快速发展。在现行的市场经济体制下,现行经济虽未沿袭行政区经济模式中经济活动边界严格与行政区边界挂钩的特殊形态[1],但鉴于行政区经济模式中行政区划的典型固定化特点以及中国经济发展在空间上的路径依赖习惯,中国各个地区的经济与社会发展仍受行政区划设置的约束。而京津冀区域中首都、直辖市和普通省份全部涵盖,被称为"中国行政区划中最具有缩影的一个区域框架"[2],京津冀区域的经济和社会发展受行政区划的影响程度较大,尤其在京津冀协同创新的背景下,固定的行政区划可能会带来区域市场的割裂、资源要素配置的扭曲以及市场秩序的扰乱,给京津冀各辖区间的财政合作带来较为显著的影响。

(二)行政权力对区域统一市场的干扰

基于大部分公共物品和公共服务受益范围的限制,以及中国财政分权体制下地方财力的有限性,中国大部分地区的公共物品和公共服务的获得一般会与户籍挂钩,致使流动人口在改善生活水平诉求的实现过程中遇到了各种阻碍。尽管户口制度的影响力正逐步减弱,它仍在一定程度上对人口在享有基本公共服务均等化权利方面构成挑战,进而限制了人口要素的自由流动与合理布局。

京津冀的发展具有显著的政府导向,叠加不同区域的差异化功能定位和各辖区间的长期相处模式,行政权力对于区域统一市场的形成与完善存在一定的干扰。因北京既是中国的首都,又是政治中心、文化中心、国际交流中心,汇聚了众多企业与机构的总部,无论从宏观角度还

---

[1] 王志凯、史晋川:《行政区划调整与城市化经济空间——杭州、萧山地方政府博弈的实证》,《浙江大学学报》(人文社会科学版)2015年第3期。

[2] 《京津冀一体化:转移北京的非首都功能》,第一财经网,2014年4月20日。

是从微观角度，北京都扮演着极其重要的角色，承载着众多且复杂的功能。"首都经济圈""环首都经济圈"明确以北京作为区域核心。拥有特殊城市定位和功能的北京、天津两市在京津冀区域的发展进程中历来备受瞩目，起着京津冀发展的"龙头"作用，而环绕京津的河北则更多扮演着资源提供、物资保障、环境基础等京津"后花园""后勤部"的角色。随着京津冀协同发展的不断推进，京津冀三地间的协同范围和协同程度都在不断扩大和提升，诸如《京津冀协同发展规划纲要》《生态文明体制改革总体方案》《"十四五"时期京津冀生态环境联建联防联治合作框架协议》《关于加快经济社会发展全面绿色转型的意见》等政策文件相继出台，京津冀在区域生态补偿机制建设方面进行了一系列有益探索，京津水源上游流域生态补偿业已实现全覆盖，京津冀三方正在经历"变'独奏'为'交响'"①的双向奔赴协同历程，但行政权力对于区域统一市场的干扰依然存在。

二 财政分权制度与辖区间财政能力的参差不齐

（一）辖区间地方财力地位差距依然明显

区域内不同的行政地位、差异化的经济发达程度、差距明显的社会发展水平都与各辖区间地方财力差距有着千丝万缕的联系。而辖区政府间地方财政合作的推行则主要围绕财政收入与财政支出而展开，各辖区在地方财政合作进程之中，不仅会关注自身财力水平的高低，更会关注合作辖区的财力水平，并希冀在合作中助力本辖区的经济与社会迅速发展。在京津冀区域内，由于北京和天津在行政、经济及社会地位上均显著高于河北其他城市，这直接体现在地方财力的总量差异上。

财政收入水平直接反映了政府从社会经济活动中汲取资源的能力，一个地方的财政治理能力在很大程度上依赖于财政收入的规模和稳定性。图6-1是京津冀区域内各辖区1994年、2004年、2013年、2020年的财政收入情况。1994年北京市财政收入为42.901亿元，天津市财政收入为50.1519亿元，河北省11市均未超过30亿元；2004年北京市

---

① 贾楠、马朝丽：《京津冀加快推动建立横向生态补偿机制》，新华网，2024年4月9日。

财政收入增至744.49亿元，天津市财政收入增至246.18亿元，河北省11市均未达到100亿元；2013年北京市财政收入进一步提高至3661.11亿元，天津市财政收入增至2079.07亿元，河北省11市均未达到500亿元；2020年北京市财政收入增至5484.89亿元，天津市财政收入为1923.11亿元，河北省仅有2市超过500亿元。

财政支出规模直接反映了政府在一定时期内集中、占有和使用的经济资源数量，有效地反映了该地区的财政治理能力水平。图6-2是京津冀区域内各辖区1994年、2004年、2013年、2020年的人均财政支出情况。1994年北京市人均财政支出为824.4387元，天津市人均财政支出为812.11507元，河北省11市均未超过400元；2004年北京市人均财政支出增长为6318.68元，天津市人均财政支出提高到3346.3436元，河北省11市中仅有2市超过1000元；2013年北京市人均财政支出增长为19733.6170元，天津市人均财政支出增长为17318元，河北省仅有1市超过了10000元；2020年北京市人均财政支出增长为50800.8281元，天津市人均财政支出增长为22727.1744元，河北省已有7市超过万元，但仍有4市未达到万元。

由此，从图6-1和图6-2可以看出，虽然各地间的差距有所缩小，但缩小进程和速度均有限，各辖区的地方财政能力差距依然明显，为辖区间财政合作造成了一定的推进难度。

(二) 地方财政能力对土地财政依赖较大[1]

1. 纵向财政不平衡对土地财政的依赖

1994年分税制改革旨在调整中央与地方财政收入分配，尽管改革后地方政府事务与支出责任增多，但并未随财政收入重新分配而相应调整，导致中国财政体制呈现纵向财政不平衡[2]的特点。尽管此后的财政体制经历了多次调整，但改革主要集中在政府间收入分配，事务与支出责任划分基本未变，整体框架与特征保持稳定。同时，省级以下财政体制改革多参照中央模式，由于省市县间共同事务交叉重叠，且受垂直政

---

[1] 辛冲冲、徐婷、周菲：《被动之举还是主动为之——基于纵向财政不平衡与地区竞争对土地财政依赖影响的再解释》，《经济学家》2021年第4期。

[2] 李永友、张帆：《垂直财政不平衡的形成机制与激励效应》，《管理世界》2019年第7期。

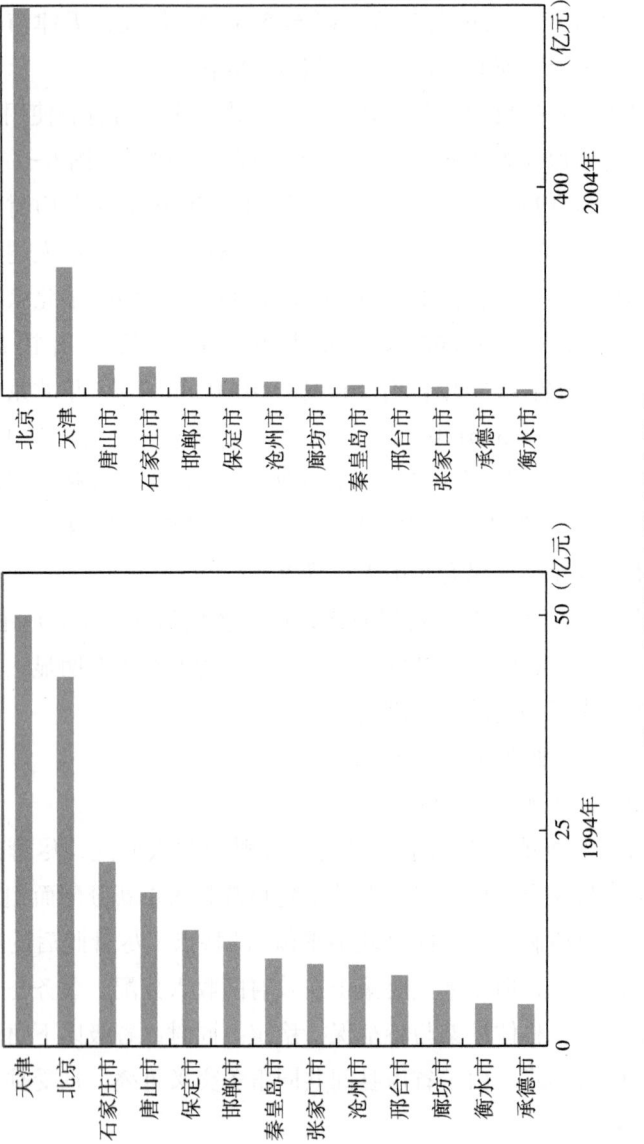

图 6-1 京津冀各市财政收入情况

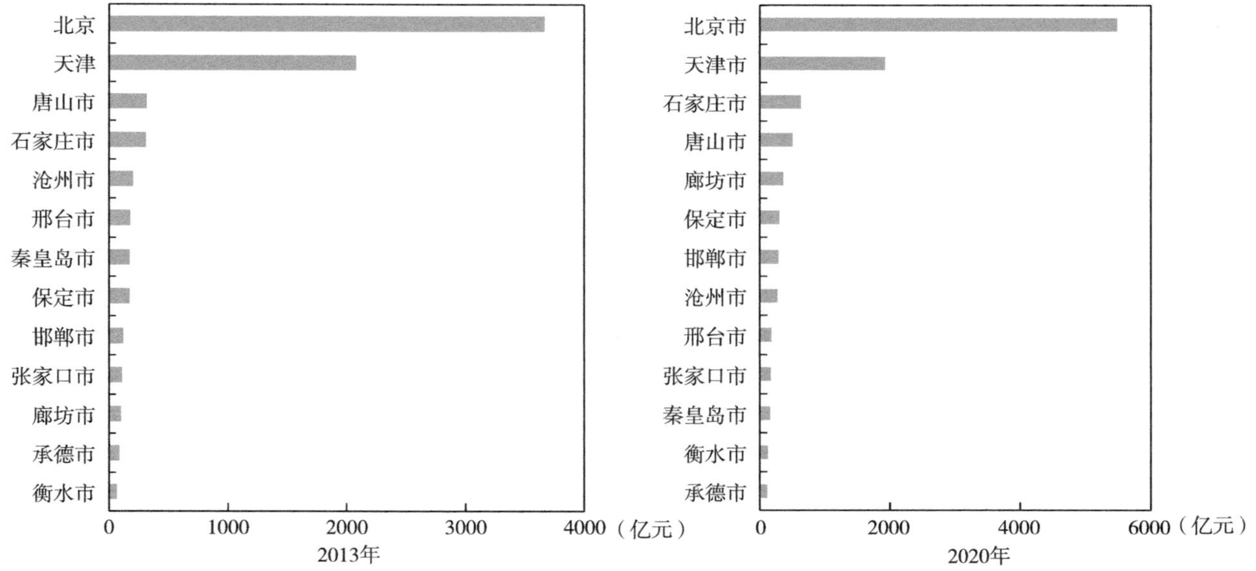

图 6-1　京津冀各市财政收入情况（续）

资料来源：1994年、2020年数据来源于《北京统计年鉴》《天津统计年鉴》《河北统计年鉴》，2004年及2013年数据来源于《中国区域经济统计年鉴》。

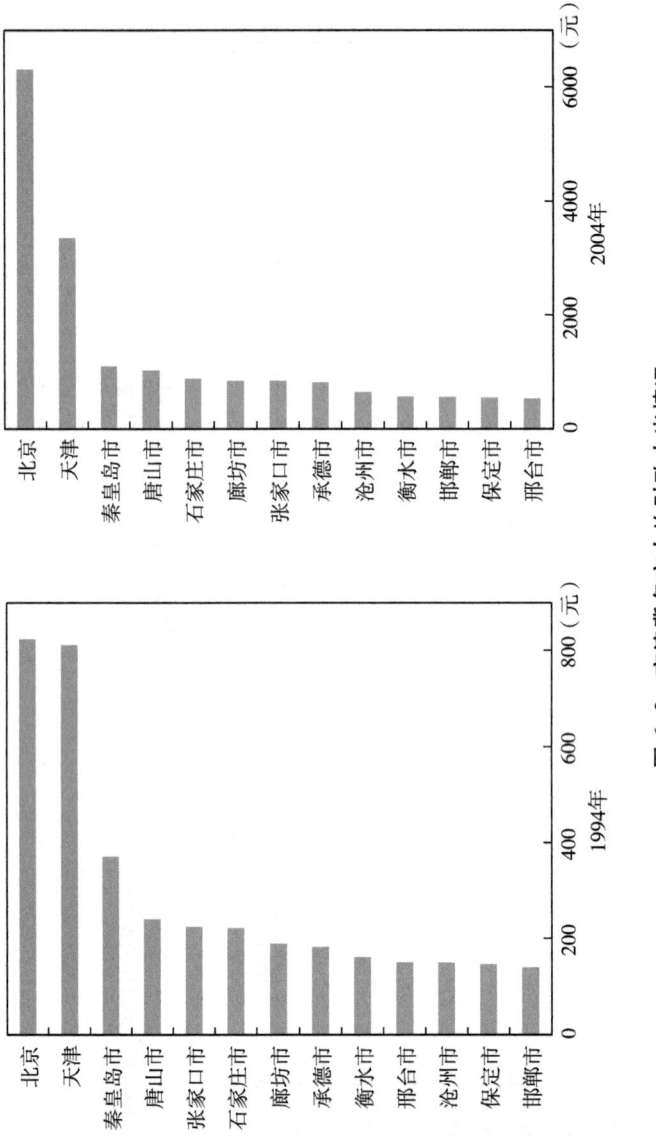

图 6-2 京津冀各市人均财政支出情况

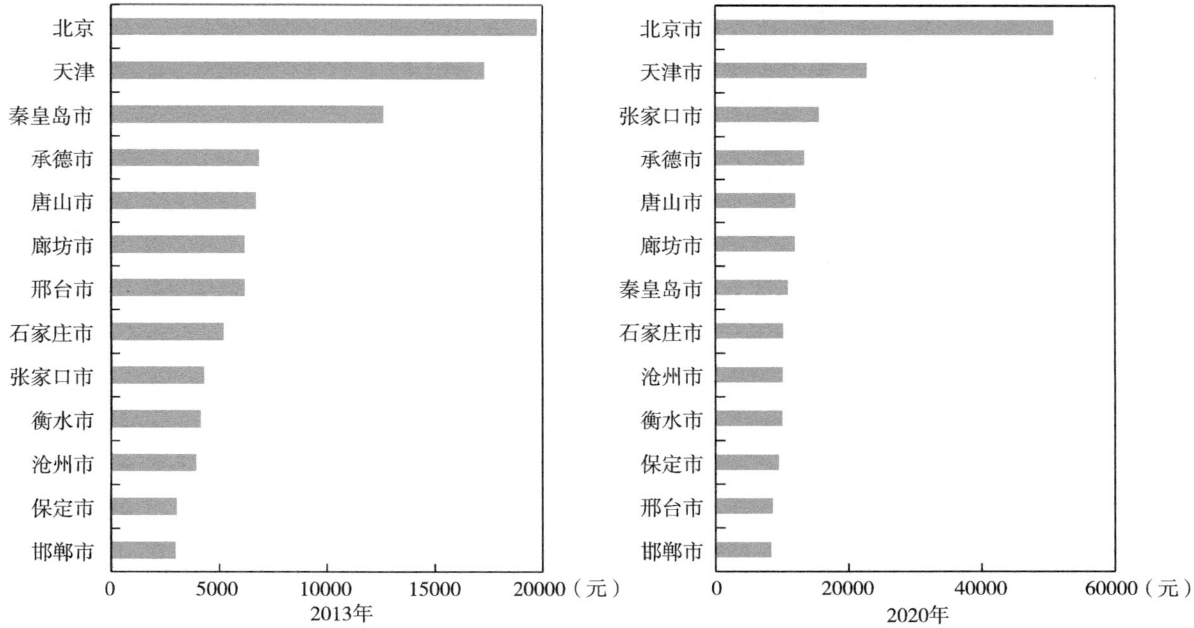

第六章　京津冀协同创新背景下地方财政策略性互动面临的难点 | 165

图 6-2　京津冀各市人均财政支出情况（续）

资料来源：1994年、2020年数据来源于《北京统计年鉴》《天津统计年鉴》《河北统计年鉴》，2004年及2013年数据来源于《中国区域经济统计年鉴》，并经过计算得到。

治管理体制影响,市、县级地方政府纵向财政不平衡问题突出①,在这种"财权与事权明显错配"②特征的财政体制下,地方政府的自有收入与其支出之间的财力缺口不断扩大,地方财政压力持续增加。而随着"营改增"改革的全面实施,营业税退出历史舞台,地方政府的收入来源和渠道进一步收窄,地方财政压力进一步凸显③。再叠加近些年中国正在经历城镇化和工业化的快速发展,大规模基础设施投资成为地方政府吸引投资、促进经济增长的关键策略。然而,这种迅速膨胀的投资需求也进一步加剧了地方政府的财政紧张状况,从而加深了纵向财政不平衡④。此外,随着经济社会的不断发展,公众对公共服务的需求日益增长,地方政府因此面临双重挑战:既要扩大公共服务供给,又要兼顾经济发展任务。在财政资金紧张的背景下,地方政府急需开辟新的收入来源。此时,土地出让的市场化改革为地方政府带来了新的契机,它极大地释放了土地的价值,还让地方政府获得了对土地相关收益的完全支配权。

城市扩张与工业化进程的加速推动了土地需求的迅猛增长,而土地供给则由地方政府独家掌控,土地出让溢价显著,形成了巨大的收益"剪刀差"。这一差额收益强化了地方政府通过出让土地来获取财政收入的动机⑤。在日益增大的财政压力下,地方政府利用其掌握的土地资源配置权,形成了以土地征用、开发和出让为主的发展模式,导致土地财政规模的迅速扩张,并使地方政府对土地财政的依赖呈现逐步上升趋势。

2. 地区间竞争对土地财政的依赖

1994 年的分税制改革不仅调整了中央与地方政府的财政收入分配,

---

① 刘承礼:《省以下政府间事权和支出责任划分》,《财政研究》2016 年第 12 期。
② 储德银、邵娇、迟淑娴:《财政体制失衡抑制了地方政府税收努力吗?》,《经济研究》2019 年第 10 期。
③ 李永友、张子楠:《转移支付提高了政府社会性公共品供给激励吗?》,《经济研究》2017 年第 1 期。
④ 贾俊雪、张超、秦聪、冯静:《纵向财政失衡、政治晋升与土地财政》,《中国软科学》2016 年第 9 期。
⑤ 叶林、吴木銮、高颖玲:《土地财政与城市扩张:实证证据及对策研究》,《经济社会体制比较》2016 年第 2 期。

还有效激发了地方政府的积极性①。在高度集权的政治体制下，地方政府的动力主要来自中央，且自改革开放以来，经济绩效②③逐渐成为官员选拔和晋升的核心标准。分税制后，地方政府获得了财政与政治双重激励，这极大地调动了其发展经济的热情④，促使各地方政府间形成"为增长而竞争"⑤的锦标赛模式，追求更快的经济增长、更高的GDP排名及更多的财政收入。

土地在经济发展中占据重要地位，市场化改革进一步释放了其价值。地方政府对城镇土地一级市场的垄断地位，使土地出让成为其重要的收入来源。土地出让不仅推动了建筑业和房地产业的发展，带来了相关税收，还为地方基础设施建设、公共服务及经济发展提供了财力支持。这与地方政府的利益高度一致，激励其利用土地资源配置权追求财政收入。在土地资源有限的情况下，地方政府通常会结合使用协议出让⑥和招拍挂出让⑦等方式，以最大化整体利益。然而，不论采取何种发展模式，地方政府均面临巨大的财政压力及周边地区的激烈竞争。这种竞争不仅局限于招商引资，更随着经济社会的发展，逐渐扩展到社会福利、经济发展质量、人才吸引等多个维度⑧。尽管不同地区、城市等级及土地财政依赖程度存在差异，但地方政府出于政治晋升和经济增长的双重考量，仍会不遗余力地运用其掌握的土地资源配置权，通过土地出让来获取收益。

---

① 李永友、张帆：《垂直财政不平衡的形成机制与激励效应》，《管理世界》2019年第7期。

② 贾俊雪、张超、秦聪、冯静：《纵向财政失衡、政治晋升与土地财政》，《中国软科学》2016年第9期。

③ 李永友、张子楠：《转移支付提高了政府社会性公共品供给激励吗?》，《经济研究》2017年第1期。

④ 李郇、洪国志、黄亮雄：《中国土地财政增长之谜——分税制改革、土地财政增长的策略性》，《经济学（季刊）》2013年第4期。

⑤ 周黎安：《中国地方官员的晋升锦标赛模式研究》，《经济研究》2007年第7期。

⑥ 贾俊雪、张超、秦聪、冯静：《纵向财政失衡、政治晋升与土地财政》，《中国软科学》2016年第9期。

⑦ 崔华泰：《我国土地财政的影响因素及其溢出效应研究》，《数量经济技术经济研究》2019年第8期。

⑧ 李郇、洪国志、黄亮雄：《中国土地财政增长之谜——分税制改革、土地财政增长的策略性》，《经济学（季刊）》2013年第4期。

第二节 制度外难点

一 辖区间经济社会基础条件存在差距

（一）经济基础条件差距仍较大

工业化进程可细分为前期、初期、中期、后期及后工业化阶段，其界定标准详见表6-1。观察表6-2中京津冀区域内各辖区在2013年（即京津冀协同发展战略实施前）的三大产业结构比例，可见各辖区尚处于工业化的不同阶段。然而，至2020年，根据相关产业结构数据，京津冀各辖区的第一产业占比均已降至10%以下，且第二产业比重均被第三产业超越，标志着这些区域已全面迈入后工业化阶段。这一转变为京津冀区域的协同创新奠定了坚实的基础条件。

表6-1　　　　　　　　工业化阶段的产业结构划分

工业化阶段	三大产业结构占比
工业化前期	第一产业占比>第二产业占比
工业化初期	第一产业占比<第二产业占比，第一产业占比>20%
工业化中期	第一产业占比<20%，第二产业占比>第三产业占比
工业化后期	第一产业占比<10%，第二产业占比>第三产业占比
后工业化阶段	第一产业占比<10%，第二产业占比<第三产业占比

资料来源：郭克莎：《中国工业化的进程、问题与出路》，《中国社会科学》2000年第3期。

表6-2　　　京津冀各辖区2013年、2020年的三大产业占比

	辖区	第一产业占比（%）	第二产业占比（%）	第三产业占比（%）	阶段
2013年	北京市	0.83	22.32	76.85	后工业化阶段
	天津市	1.31	50.64	48.05	工业化后期
	石家庄市	10.05	48.51	41.44	工业化中期
	唐山市	9.03	58.7	32.27	工业化后期
	秦皇岛市	14.67	38.3	47.03	工业化中后期
	邯郸市	12.9	51.34	35.76	工业化中期

续表

	辖区	第一产业占比(%)	第二产业占比(%)	第三产业占比(%)	阶段
2013年	邢台市	15.88	52.38	31.74	工业化中期
	保定市	14.09	54.37	31.54	工业化中期
	张家口市	18.32	42.12	39.56	工业化中期
	承德市	16.54	51.08	32.38	工业化中期
	沧州市	10.39	52.27	37.34	工业化中期
	廊坊市	10.24	52.6	37.16	工业化中期
	衡水市	15.72	52.18	32.1	工业化中期
2020年	北京市	1.2	0.3	83.87	后工业化阶段
	天津市	1.5	1.49	64.39	后工业化阶段
	石家庄市	3.85	8.41	62.19	后工业化阶段
	唐山市	4.4	8.22	38.57	后工业化阶段
	秦皇岛市	4.15	13.82	53.5	后工业化阶段
	邯郸市	4.3	10.37	46.44	后工业化阶段
	邢台市	3.7	14.18	48.41	后工业化阶段
	保定市	5.27	12.42	54.15	后工业化阶段
	张家口市	3.56	16.75	56.31	后工业化阶段
	承德市	4	21.68	46.19	后工业化阶段
	沧州市	4.1	8.51	52.73	后工业化阶段
	廊坊市	3.5	6.69	62.34	后工业化阶段
	衡水市	4	15.06	53.53	后工业化阶段

资料来源：根据《北京统计年鉴》《天津统计年鉴》《河北经济年鉴》数据整理计算。

经过长期的积累与发展，北京市凭借其得天独厚的地理与政治区位优势，吸引了京津冀周边乃至全国的优质资源和高端人才，服务业高度集聚，不仅迅速优化了经济产业结构，高效提升了经济发展水平，成功迈入"后工业化"阶段，还跻身中国市场化与经济发达程度最高的城市之列，成为京津冀区域经济发展的引领者。天津市东临渤海，在保持传统工业优势的同时，积极投身现代工业发展，已顺利进入"工业化后期"阶段。天津市不仅拥有被誉为"中国经济第三增长极"的滨海新区和北方唯一的自由贸易试验区，还稳固地确立了其在环渤海地区的经济中心地位，在京津冀区域中占据举足轻重的经济位置。此外，天津市在京津冀协同创新、自由贸易试验区建设、自主创新示范区建设、"一带一路"建设及滨海新区开发开放等国家战略中均发挥关键作用，彰显了其在京津冀乃至全国的重要经济战略地位。《京津冀协同发展规划纲要》更是结合天津市的工业与港口优势，明确其未来经济发展方向及在京津冀产业结构布局中的"四区"定位，以促进京津冀的错位发展与经济空间格局的优化。河北省作为北京市和天津市的人力、资源等生产要素主要供给地及生态保障区域，虽然各辖区整体上已进入"后工业化阶段"，但第三产业占比仍普遍低于京津两市，经济体量与京津存在显著差距。特别是市场经济环境下，经济实力直接影响协同合作中的"决策权""发言权""谈判资本"。因此，在京津冀区域内经济地位差距较为"稳定"的背景下，各辖区间的创新协作预示着较高的合作协调成本。

（二）社会基础条件差距依然显著[①]

京津冀区域文化相近、地域相连、人文亲缘，易形成相近的意识形态和公共需求。京津冀三地间具有较深的历史渊源，随着历史的更迭，三地的地理区划在交叉与变更中形成了京津冀区域相连相通的地脉、人脉和文脉。但作为首都的北京市、作为直辖市的天津市，在集聚资源方面具有为创业者和投资者提供更佳平台的先天优势，各种优质生产要素，包括各个"经济人"在面对"相连相通的地脉、人脉和文脉"时，为了谋求更大的发展空间和更多的发展机会，集聚京津。而当前随着物质水平的提高，人们对于公共服务的需求更加体现在对公共服务品质的追求，京津冀间的公共资源布局失衡，分别给京津和河北省造成了要素选择结果的"马太效应""虹吸效应"。

为了有效判断出京津冀社会基础条件情况，选择每千人拥有卫生技术人员数和5岁以下低体重营养不良儿童比重两个指标来判断，详见图6-3。依图所示，京津冀三地相较，2007年北京市每千人中有12.2人为卫生技术人员，天津市为6.7人，河北省为3.5人；2020

---

① 王晓洁、王丽：《新时代背景下促进京津冀公共服务供给的财政政策研究》，《经济研究参考》2018年第37期。

年北京市每千人中卫生技术人员有12.6人,天津市为8.2人,河北省为7人,差距虽然有所缩小,但仍旧显著。2007年北京市5岁以下低体重营养不良儿童占比为0.25%,天津市为0.13%,河北省为3.44%;2020年北京市、天津市、河北省5岁以下低体重营养不良儿童占比分别为0.18%、0.56%和1.63%,也说明社会基础条件差距正在逐步缩小,但仍旧存在进一步改善的空间。

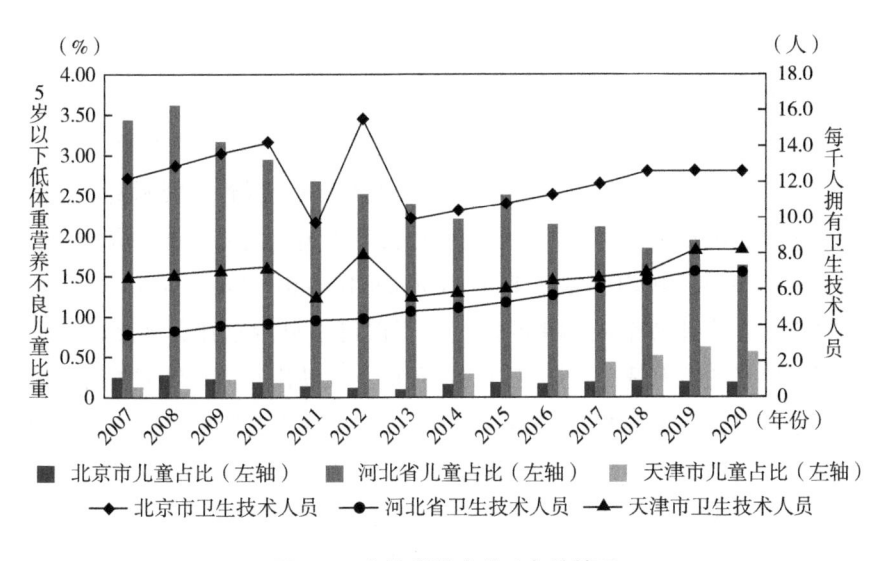

图6-3 京津冀社会基础条件情况

资料来源:历年《中国卫生健康统计年鉴》整理得出。

二 辖区个体利益与区域整体利益的异化

京津冀协同发展的目标是将京津冀城市群打造成为具有国际竞争力的世界级城市群,而作为快速推进京津冀协同发展的重要途径,地方财政策略性互动的顺利实现以及其政府加速器功效的发挥均面临辖区资源竞争、辖区财政竞争与区域整体利益的异化阻碍。

(一)辖区资源竞争与区域资源配置的异化

稀缺资源和优质资源往往意味着更高的经济效益和更快的经济发展,大量稀缺资源、优质资源的拥有则意味着经济持续、快速增长的有效支撑和保障。因此,在地方发展经济的过程中,各个地方政府迫于各种优质资源的有限性,会采取各种行政或经济手段和方式进行稀缺以及优质资源的竞争。对于经济相对发达的地方政府而言，为了维持自身在区域内长期的主导身份，必会主动保持其在整个区域内经济的较发达状态，经济相对发达的地方政府会通过行政命令、税收优惠政策、财政支出等方式降低项目投资门槛或者提高项目投资收益，以吸引稀缺自然资源、高端人才、先进技术以及优质资本的流入，促进其经济的快速发展；而对于经济欠发达的地方政府而言，其原有的经济落后身份不仅造成被动的发展局面，还面临经济发展只能使用劣质资源的恶性循环，但地方政府为了变"被动发展"为"主动发展"，经济欠发达的地方政府也往往具有采取各种行政、经济手段来吸附资源的积极意愿和主动性。由此各个地方政府之间长期存在资源要素的竞争。

京津冀区域内因各辖区之间资源要素禀赋的差异性，资源要素竞争仍旧明显。因资本是所有辖区经济和社会发展迫切需要的重要资源，通过考察京津冀区域内各辖区 FDI（Foreign Directive Investment，外商直接投资）占京津冀全域 FDI 的比重，不仅可以显示京津冀区域内各辖区资本要素的占有情况，还可以一定程度上反映出京津冀区域内各辖区之间的政府竞争情况[①]。从表 6-3 可以看出，京津冀协同发展战略实施之前，北京市和天津市对于资本的吸附能力大于河北。而自京津冀协同发展之后，观察 2014 年到 2020 年的 FDI 数据，天津 FDI 占比明显下降，北京市 FDI 的比重持续稳定，而河北省内各市的 FDI 占比整体提升显著，尤其是省会石家庄市、冬奥会城市张家口市等 FDI 比重提升明显。由此可以判断，虽然京津冀区域内资源要素竞争依然激烈，且差距明显，但随着京津冀协同发展的推进，资源要素的集聚程度正在逐步有所改善。

表 6-3　　　　　　　京津冀区域内各辖区的 FDI 占比

地区	2007 年	2008 年	2009 年	2010 年	2011 年	2012 年	2013 年
北京市	0.3970	0.3594	0.3266	0.3024	0.2846	0.2786	0.2681
天津市	0.4136	0.4385	0.4813	0.5155	0.5266	0.5203	0.5292

---

① 邹蓉：《地方政府财政竞争与公共服务供给：1999—2011》，《湖南社会科学》2013 年第 3 期。

续表

地区	2007年	2008年	2009年	2010年	2011年	2012年	2013年
石家庄市	0.0256	0.0260	0.0290	0.0116	0.0148	0.0294	0.0300
唐山市	0.0503	0.0494	0.0423	0.0415	0.0436	0.0421	0.0423
秦皇岛市	0.0267	0.0237	0.0244	0.0236	0.0242	0.0218	0.0232
邯郸市	0.0130	0.0150	0.0177	0.0234	0.0257	0.0271	0.0266
邢台市	0.0118	0.0115	0.0109	0.0121	0.0146	0.0123	0.0130
保定市	0.0137	0.0316	0.0227	0.0225	0.0175	0.0190	0.0199
张家口市	0.0037	0.0038	0.0043	0.0048	0.0055	0.0085	0.0086
承德市	0.0009	0.0033	0.0036	0.0033	0.0021	0.0042	0.0011
沧州市	0.0122	0.0095	0.0088	0.0111	0.0117	0.0123	0.0128
廊坊市	0.0272	0.0250	0.0247	0.0233	0.0232	0.0183	0.0188
衡水市	0.0042	0.0033	0.0037	0.0048	0.0059	0.0062	0.0063

地区	2014年	2015年	2016年	2017年	2018年	2019年	2020年
北京市	0.2046	0.3366	0.3092	0.3071	0.3136	0.3195	0.3193
天津市	0.1467	0.1602	0.1610	0.1609	0.1664	0.1655	0.1512
石家庄市	0.0831	0.0792	0.0849	0.0810	0.0831	0.0857	0.0894
承德市	0.0146	0.0102	0.0080	0.0017	0.0099	0.0014	0.0082
张家口市	0.0324	0.0280	0.0299	0.0252	0.0247	0.0229	0.0240
秦皇岛市	0.0617	0.0465	0.0477	0.0640	0.0622	0.0639	0.0653
唐山市	0.1389	0.1089	0.1039	0.0997	0.0936	0.0956	0.0959
廊坊市	0.0670	0.0590	0.0566	0.0611	0.0567	0.0587	0.0431
保定市	0.0584	0.0384	0.0459	0.0401	0.0392	0.0442	0.0477
沧州市	0.0336	0.0355	0.0302	0.0389	0.0385	0.0369	0.0396
衡水市	0.0219	0.0145	0.0158	0.0160	0.0151	0.0140	0.0138
邢台市	0.0474	0.0128	0.0366	0.0366	0.0358	0.0281	0.0379
邯郸市	0.0896	0.0701	0.0702	0.0677	0.0612	0.0633	0.0646

资料来源：2008—2021年《北京统计年鉴》《天津统计年鉴》《河北统计年鉴》。

在资源集聚的过程中，各辖区为了最大化自身利益，往往不仅忽视周边辖区的利益，甚至将区域整体效益的优化置于次要地位，这导致资源在一定程度上的浪费。以北京为例，其拥有丰富的科技创新资源，但在2014年8月京津冀签署"1+5"合作协议之前，河北省与天津市并未充分利用北京市显著的科技与人才优势。以中关村为例，随着京津冀协同发展上升为国家战略，中关村秦皇岛分园、滨海—中关村科技园等合作项目才开始在河北省和天津市落地。中关村国家自主创新示范区是中国创新发展的一面旗帜，长期聚焦高质量发展，硬科技属性逐步增强，截至2021年底，中关村企业在京外设立分公司达4.12万家，子公司3.39万家。其中，在津冀地区设立分支机构9032家，142家科技企业在雄安新区布局。技术合同成交额实现大幅增长，从2012年的602.4亿元跃升至2800.5亿元①。这一现象也从侧面反映了京津冀区域内各辖区在资源配置和区域利益分配上的"异化"。

（二）辖区财政竞争与区域协作发展的异化②

政府活动的有效实现往往需要财政作为财力上的支持，因此政府之间的竞争也表现在地方政府之间的财政竞争上。与国外地方政府主要通过税收优惠等方式展开政府之间的竞争不同，中国中央税、地方税以及共享税的立法权集中于中央，地方政府可以运用的税收优惠手段有限。无论是基于上述资源要素竞争，还是为了刺激本地区经济、提升本地区公共服务水平，均具有增加本辖区财政支出的驱动力，在地方财政支出方面表现出一定的竞争关系。

而一个地区财政支出占GDP的比重可以表现出该地区经济的发展对于政府行为的依赖程度，从而一定程度上体现出该辖区的财政支出竞争程度，即财政支出占GDP的比重及增长速度越高，表明该辖区地方财政竞争程度越高，反之则越低。图6-4和表6-4则分别表示京、津、冀三地间的财政竞争趋势以及京津冀各辖区2007—2020年度的地方财政竞争情况。其中图6-4显示出，京津冀三地的财政支出占GDP的比重呈现出的发展趋势有所差异，河北省呈现出整体逐步上升的态势，而北京、天津在2016年之前是上升趋势，2016年之后呈现出明显的下降趋势。即表明三地GDP对于政府行为的依赖程度存在一定的差异性，也一定程度上反映出京津冀三地中河北省的财政支出竞争程度整体呈现

---

① 《先行先试 中关村示范区十年建设硕果累累》，中华人民共和国科技部，https://www.most.gov.cn/dfkj/bj/zxdt/202212/t20221216_184027.html。

② 王丽：《区域协同的财政路径选择——从财政竞争走向财政合作》，《学术论坛》2018年第3期。

越来越高的趋势。再者，京津冀三地中天津市以及河北省财政支出占GDP的比重的图形较为陡峭，尤其是2016年以前的天津市，说明天津市与河北省的财政支出占GDP的比重增长较快，进而表明2016年以前天津市、河北省相较北京市而言，总体上财政支出竞争程度较高。根据表6-4还可以进一步判别出京津冀各辖区的地方财政支出竞争程度及走势，各个辖区的财政支出占GDP比重并未因京津冀协同发展而带来明显的变化。其中2007年北京市、天津市以及张家口市的比值较高，2013年北京市、张家口市以及承德市的比值较高，2020年张家口市的比值较高，这充分表明相较其他辖区，这几个辖区的GDP对于政府财政支出的依赖程度较高，从而在一定程度上反映出几个辖区的地方财政竞争程度也越高，从而表现出辖区政府想通过财政支出来提升经济与社会发展的意愿较为强烈。

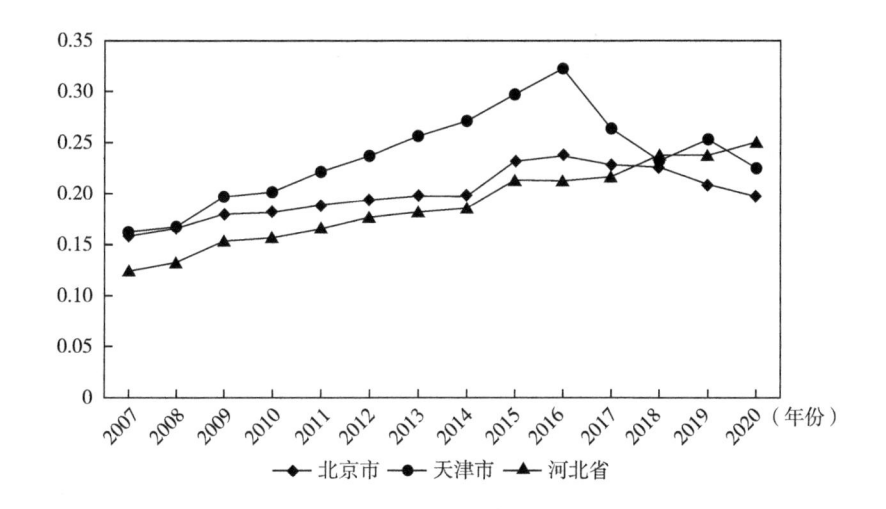

图 6-4　京津冀三地财政竞争趋势

资料来源：根据2008—2021年《北京统计年鉴》《天津统计年鉴》《河北经济年鉴》相关数据整理计算得出。

表 6-4　　　　　　　　京津冀各辖区地方财政竞争情况

地区	2007年	2008年	2009年	2010年	2011年	2012年	2013年
北京市	0.1764	0.1868	0.1908	0.1925	0.1997	0.2061	0.2140

续表

地区	2007年	2008年	2009年	2010年	2011年	2012年	2013年
天津市	0.1662	0.1673	0.1495	0.1493	0.1589	0.1662	0.1774
石家庄市	0.0691	0.0683	0.0803	0.0897	0.0988	0.1031	0.1075
唐山市	0.0694	0.0722	0.0750	0.0744	0.0812	0.0836	0.0812
秦皇岛市	0.1058	0.1164	0.1289	0.1459	0.1576	0.1755	0.1714
邯郸市	0.0810	0.0779	0.0981	0.1117	0.1178	0.1255	0.1199
邢台市	0.0936	0.1109	0.1256	0.1422	0.1502	0.1633	0.1615
保定市	0.0952	0.1052	0.1158	0.1312	0.1358	0.1410	0.1585
张家口市	0.1629	0.1542	0.1940	0.1880	0.2070	0.2161	0.2239
承德市	0.1374	0.1494	0.1707	0.1754	0.1742	0.1995	0.2058
沧州市	0.0686	0.0728	0.0875	0.0967	0.1023	0.1108	0.1170
廊坊市	0.0952	0.1013	0.1152	0.1330	0.1415	0.1494	0.1505
衡水市	0.0995	0.1054	0.1386	0.1434	0.1479	0.1591	0.1734
河北平均	0.0980	0.1031	0.1209	0.1301	0.1377	0.1479	0.1519

地区	2014年	2015年	2016年	2017年	2018年	2019年	2020年
北京市	0.1974	0.2316	0.2369	0.2284	0.2257	0.2090	0.1971
天津市	0.2711	0.2971	0.3223	0.2636	0.2322	0.2530	0.2238
石家庄市	0.1394	0.1600	0.1550	0.1605	0.1845	0.1810	0.2073
唐山市	0.0843	0.1157	0.1147	0.1120	0.1189	0.1157	0.1285
秦皇岛市	0.1849	0.1914	0.1960	0.1876	0.1932	0.1972	0.2019
邯郸市	0.1545	0.1954	0.1786	0.1734	0.1921	0.2000	0.2170
邢台市	0.1789	0.2117	0.2119	0.2002	0.2541	0.2597	0.2777
保定市	0.1401	0.1517	0.1602	0.1766	0.1892	0.1901	0.2609
张家口市	0.2956	0.3403	0.3305	0.3540	0.3920	0.3939	0.4019
承德市	0.1980	0.2165	0.2126	0.2304	0.2741	0.2868	0.2994
沧州市	1.8821	0.1824	0.1681	0.1735	0.1905	0.1913	0.1987
廊坊市	0.1390	0.1948	0.1871	0.2023	0.2045	0.2002	0.1975
衡水市	0.1991	0.2192	0.2115	0.1958	0.2600	0.2620	0.2691
河北平均	0.3126	0.2083	0.2066	0.2045	0.2239	0.2261	0.2370

资料来源：根据2008—2014年《中国区域经济统计年鉴》，2015—2021年《北京统计年鉴》《天津统计年鉴》《河北统计年鉴》相关数据整理计算得出。

在京津冀协同的进程之中，京、津、冀三地政府于地方"自利"与区域"共赢"间的博弈在地方财政竞争与财政合作中显而易见，而适度的政府间竞争有助于提升政府的行政效率，适度的财政竞争有利于提高财政资金的使用效率，但就现实情况而言，竞争的适度原则难以实现。在京津冀协同发展的背景下，因各辖区之间行政地位、经济地位以及社会地位的差距已经导致当前各辖区之间明显的地方财力地位差距，各辖区之间没有规划的"锦标赛式"财政支出和税收竞争虽然短期内可以提高本辖区的经济增长速度，但对于京津冀区域的整体性发展而言，由于缺乏整体布局和规划，难免会形成"各自为政""一亩三分地"的发展格局，造成财政资金以及各种资源配置一定程度的浪费，更不利于京津冀城市群整体竞争力的有效提升。

第七章　国内外区域协同创新的财税政策经验借鉴

区域协同发展是国家经济战略的核心环节，对达成区域经济均衡与高效发展具有举足轻重的作用。全球范围内，诸如纽约都市圈、东京都市圈、伦敦都市圈等成功案例，以及中国内部的京津冀、长三角、粤港澳大湾区等重要区域和新区，均作为区域经济的增长极和创新中心，展现了显著的引领和示范作用。探究这些区域的财政政策实践，我们能够深刻洞察到财政工具在促进区域资源高效配置和要素自由流通中的关键作用，如税收优惠、财政补贴、投资引导等，及如何在优化产业结构、提升创新能力、加强基础设施建设等方面发挥作用。这些经验不仅揭示了如何通过财政激励措施引导资本、人才和技术等生产要素向优势区域集聚，进而驱动经济增长，还展示了如何通过财政转移支付和区域合作机制，促进区域间的协调发展，缩小区域内经济社会差距。

第一节　国外区域协同创新的财税政策

一　东京都市群

（一）区域协同创新概况

根据日本《首都圈整备法》，"东京都市圈"亦称"首都圈"，囊括东京都以及周边的茨城县、栃木县、群马县、埼玉县、千叶县、神奈川县和山梨县，共计"一都七县"。作为日本的经济与政治中枢，东京都市圈展现了一种独特的"东京模式"发展策略，成为主要依赖人工规划构建的都市圈的全球典范。都市圈内各城市各司其职，功能定位明确且互补性强，构建了一个多中心、多圈层的城市功能网络。其中，东京都是全国的政治、文化、金融、信息中心及高新技术研发基地；神奈川县凭借其国际港口的优势，成为对外贸易的重要枢纽；而埼玉县利用丰富的陆路资源，不仅承担了一部分政府职能，还在交通运输方面发挥着关键作用。[①]

从经济层面看，东京都市圈的整体经济表现卓越。东京都市圈作为日本的经济重镇和产业转型典范，其生产总值约占日本经济总量的1/4[②]。2022年东京都市圈GDP总量为14631亿美元，人均GDP为39758美元。其中，东京都行政区域GDP总量为8273亿美元，稳居全球城市前列，并占东京都市圈的56.54%，彰显了其作为核心区域的强大经济实力；其次是神奈川县、千叶县和埼玉县，GDP分别占东京都市圈的18.59%、12.75%、12.11%，共同构成了都市圈经济的重要支柱。然而，值得注意的是，尽管东京都的人均GDP高达58921美元，显示出极高的经济发展水平，但在过去的30年里，人均GDP却并未能实现显著增长，反而呈现出一种停滞甚至是略有下滑的趋势。[③]

从社会层面看，东京都市圈的轨道系统发达、优质高等教育资源聚集。东京都市圈的一体化是建立在高度发达的交通体系基础之上的，其中轨道交通产业发挥着举足轻重的支撑作用。东京都市圈积极建设区域内轨道系统，实现了交通网络的高度现代化和便捷化，大大缩短了跨区域的通勤时间，使得都市圈内的人员流动更加频繁和便捷，使得不同地域、不同领域、不同机构之间的合作成为可能。东京都市圈约10万平方千米的区域内，密布着超过2000千米的轨道网络。日常通勤中，都市圈内选择轨道交通作为出行方式的通勤者约占86%；而在交通高峰时段，甚至高达91%。[④] 东京都市圈是日本优质高等教育资源的核心集

---

① 生义媛：《促进长三角协同创新的公共政策研究》，硕士学位论文，南京财经大学，2021年。

② 吴寒天、刘柳：《东京都市圈"高等教育枢纽"发展成效及其理论生发价值》，《比较教育研究》2022年第11期。

③ 《东京都市圈人均GDP仅为上海圈1.5倍：未来10年上海能否超东京?》，搜狐网，https://www.sohu.com/a/751008898_121651744。

④ 罗芝婷、范毅男：《长三角区域经济发展不平衡问题解决对策——借鉴纽约、东京都市圈发展经验》，《国际商务财会》2022年第8期。

聚地，汇聚了全国约33％的高等教育机构，并吸引了44％的大学生在此求学。尤为显著的是，这些高等教育资源中的90％以上又进一步集中在东京都内，从而构成了以东京都为核心的高等教育密集区。①

（二）相关财税政策

1. 产业扶持政策

东京都市圈的形成与发展在很大程度上得益于政府的精心规划与积极引导。通过精心制定产业政策，政府不仅优化了产业空间布局，还成功培育了主导产业，通过财政投资、转移支付和税收优惠等多维度措施②，加速了产业结构的升级转型，从而有力推动了东京都市圈内部以及与其他地区间的产业协调共进。（1）财政投资与基础设施。政府通过国家项目直接投资地方基础设施，特别是重点交通设施和港口，为偏远和落后地区提供发展动力。同时，贷款支持促进这些地区的城市开发与建设，为产业升级奠定了坚实基础。（2）转移支付与平衡发展。为平衡区域发展，政府实施财政转移支付，补贴都市地域发展项目，鼓励企业向大都市外围转移，并返还部分税款给接纳企业的地方政府，形成合理的产业布局。（3）税收优惠与产业引导。为了促进技术创新和开发，全面实施了多方面的税收支持措施，并出台了《中小企业技术开发促进临时措施法》《促进基础技术开发税制》《增加试验研究经费的纳税减征制度》③等相关法规制度。例如，对高新技术企业，免征计算机物产税、固定资产税，购置电子设备减缴7％所得税，允许当年进行30％折旧等；对科技创新研发的中小企业减免12％—17％企业税额，减免法人税额25％等。④

此外，为了优化都市圈的功能布局并增强都市圈的承载能力，东京都市圈重点实施了两项空间建设举措：一是推进业务核都市的建设，二

---

① 吴寒天、刘柳：《东京都市圈"高等教育枢纽"发展成效及其理论生发价值》，《比较教育研究》2022年第11期。

② 中国人民银行上海总部国际部课题组：《东京城市经济圈发展经验及其对长三角区域经济一体化的借鉴》，《上海金融》2008年第4期。

③ 林旷达、冯绍雯：《美英德日四国中小企业扶持政策研究》，《经济责任审计》2024年第1期。

④ 李瑶亭：《上海政产学研协同创新研究——东京、香港的经验借鉴》，《无锡商业职业技术学院学报》2017年第2期。

是进行中心城市（即东京）的整备与再开发工作①。其中，为增强东京都市圈在全球的核心竞争力，提出构建多轴型都市圈结构，通过加强广域交通、通信等基础设施网络，侧重于发展新城和业务核心都市，如重要科技创新节点——筑波科学城和柏叶新城②，进而分散东京的人口、产业以及其他城市功能。随着政府主导作用的影响以及东京都市圈工业化与城市化进程的演进，促使东京都市圈产业转型"退二进三"基本规律形成，并形成了"总部内设，生产外设""研发内设，制造外设"③特征显著的价值链分工机制。

2. 人才吸引政策

东京都市圈，作为日本的经济核心、科技创新高地与文化汇聚之地，集中了大量企业与就业人口，经济活力强劲且集中度高。其强大的全球竞争力，在很大程度上得益于吸引并留住高科技人才的能力。科技创新的发展紧密依赖于高科技人才的技术创造力。自20世纪90年代末起日本高度重视高科技、高素质人才的培养，并制定了一系列旨在促进创新人才培养的战略规划，如政府相继出台了240万科学技术人才综合开发和培养计划、COE计划和创新人才培养机构评价计划，还实施万人博士后计划，提升以年轻研究者为核心的流动性。④这些计划的实施对于东京都市圈高素质人才的积累和科技创新能力的提升起到了关键作用。但日本是老龄化严重的国家，人口老龄化所带来的直接的经济问题就是就业人口的减少。虽然日本全国65岁以上老年人口占比为25.97%，但东京都市圈65岁以上老年人口占比23.94%，人口相对年轻化。⑤

---

① 姜乾之、张靓：《东京大都市圈演化的治理结构研究》，《现代日本经济》2020 第3期。

② 姜紫莹：《东京都市圈科技新城规划逻辑的发展与转变——基于筑波科学城与柏叶新城的比较研究》，中国城市规划学会编：《人民城市，规划赋能——2022中国城市规划年会论文集》，中国建筑工业出版社2022年版。

③ 姜乾之、张靓：《东京大都市圈演化的治理结构研究》，《现代日本经济》2020 第3期。

④ 姜乾之、张靓：《东京大都市圈演化的治理结构研究》，《现代日本经济》2020 第3期。

⑤ 王应贵、娄世艳：《东京都市圈人口变迁、产业布局与结构调整》，《现代日本经济》2018 第3期。

日本政府秉持"教育先行战略",将教育视为国家发展的基石。在这一战略导向下,东京都市圈作为日本教育的核心区域,自然而然地形成了一个以东京都为中心,向周边地区辐射的大学集群网络。为了进一步提升日本高等教育的国际影响力和通用性,日本文部科学省在2014年推出了"顶级全球性大学计划",并由日本学术振兴会负责具体实施。该计划精选了13所A类大学和24所B类大学进行重点资助,旨在通过定向支持推动这些高校达到国际领先水平。值得注意的是,在这37所被选定的高校中,有17所位于东京都市圈内,占比高达46%。其中,包括6所A类大学和11所B类大学,这一数据充分显示了东京都市圈在日本高等教育体系中举足轻重的地位。[1] 随着这些高校的快速发展,东京都市圈不仅成为学生汇聚的学府之地,更逐渐演化为人才和知识的聚集地,以及创新活动的重要枢纽。

3. 公共服务供给政策

东京都市圈,作为全球最具活力和影响力的都市区之一,其发展历程不仅见证了城市化进程的快速推进,也深刻反映了在公共服务提供方面政府引导与全社会共同参与,以应对城市发展挑战的重要作用。

为了积极应对全球性问题以及全国出生率的迅速下降,2023年东京都政府发布"未来的东京"战略2023版,提出"不受收入限制,二孩以后0—2岁儿童保育费免费""支持为0—18岁儿童提供福利""扩大儿童和育儿支持措施""扩大初创企业参与公共采购""扩大可再生能源的普及"等一些主要措施,体现出政府对于未来城市发展、科技创新、城市基础设施更新的持续性关注和支持。[2]

东京都市圈市郊铁路的发展经历了从民营铁路的大规模建设到国铁战略转型,再到市场化改革和土地政策放宽的过程。在东京都市圈市郊铁路的建设中,政府通过一系列措施发挥了重要的引导和支持作用。具体而言,政府不仅制定并实施了《私设铁路条例》《轻便铁道补助法》等鼓励铁路建设的政策,还通过放宽土地政策为铁路发展提供了广阔的

---

[1] 吴寒天、刘柳:《东京都市圈"高等教育枢纽"发展成效及其理论生发价值》,《比较教育研究》2022年第11期。

[2] 《国际大都市战略2023 | 东京:押注科创,大力推氢能》,澎湃网,https://m.thepaper.cn/baijiahao_25836735。

空间。同时，还采取了补贴、优惠税制和低息贷款等财政手段，为铁路项目提供了强有力的资金支持，确保了市郊铁路网络能够顺利形成并持续发展。①

此外，日本社会正面临老龄化趋势，其中一个显著特点是老年人为了获取长期的养老服务而选择迁移。为应对这一挑战，日本政府依据《老龄社会对策基本法》，制定了《老年社会对策大纲》。该大纲强调"强化地方能力"的核心理念，旨在确保老年人在所居住的地区能够安心生活。在这一政策导向下，地区政府高度重视福利设施的建设与服务供给。全社会也形成了共同参与、积极应对超老龄社会的良好氛围。政府不仅加大投入，还鼓励创新养老居住模式，以适应老年人的多样化需求。以东京都市圈为例，在政府的鼓励和支持下，形成了三种富有创意的养老居住形式：医疗护理机构结合，就近设置养老设施；与教育机构和幼儿园结合，就近建设养老公寓；与商业地产融合，配置养老服务。② 这种政策保障的福利设施与服务供给，既有助于满足老年人的养老需求，也为开发商带来新的机遇，有助于整个区域的持续性发展。

二 纽约都市群

（一）区域协同创新概况

纽约都市圈从缅因州北部一直延伸到弗吉尼亚州南部，跨越了10个州，并包含纽约、波士顿、费城、巴尔的摩、华盛顿5大核心城市。这些城市各具特色、错位发展、相互补充，共同构成了庞大的纽约都市圈。纽约都市圈是美国的经济中心、文化中心、教育中心、政治中心和创新中心。

从经济层面看，2022年纽约都市圈的GDP总量达到了约21632.09亿美元，彰显了其在全球经济中的重要地位。作为国际金融和商业的核心，纽约市汇聚了众多美国大集团的总部和金融机构，成为世界上最重

---

① 蒋中铭、程世东：《东京都市圈市郊铁路发展对我国国铁的启示》，《北京交通大学学报》（社会科学版）2022年第4期。

② 欧阳慧、李沛霖：《东京都市圈生活功能建设经验及对中国的启示》，《区域经济评论》2020年第3期。

要的商业和金融中心之一。除了金融服务业，纽约还是美国的工业中心，服装、印刷、化妆品等行业均在全国占据领先地位，同时机器制造、军火生产、石油加工和食品加工等行业也占据重要的地位。与纽约相邻的华盛顿，则是美国的政治中心，对国际经济产生深远的影响。许多全球性金融机构，如世界银行、国际货币基金组织和美洲发展银行的总部均设在华盛顿，进一步增强了其在全球经济中的影响力。波士顿，被誉为"美国雅典"，因其丰富的教育资源而著称。这里拥有100多所大学，吸引了超过25万名大学生前来求学。同时，波士顿还聚集了大量的研究机构和高科技企业，被誉为"美国东海岸的硅谷"。哈佛大学、麻省理工学院、波士顿学院、东北大学和波士顿大学等高等学府，为波士顿都会区注入了源源不断的学术和创新活力。此外，费城以其重工业而闻名，而巴尔的摩的冶炼工业则依托密集的铁路线和公路线，展现出了较大的竞争力。这些城市各自发挥优势，相互补充，增加了纽约都市圈各大城市之间的协同性，有助于增强都市圈的整体竞争力。[1]

从社会层面看，纽约都市圈拥有庞大的人口规模和高密度的人口分布。作为美国人口最多的城市，纽约的人口密度极高，为都市圈提供了丰富的劳动力和消费市场。纽约都市圈拥有较为完善的公共服务和基础设施，包括教育、医疗、文化、体育、交通等。以交通为例，区域交通运输网络是都市圈发展的关键支撑，纽约都市圈的交通基础设施由两大核心系统构成：一是公路系统，涵盖高速公路、汽车专用道及骨干公路，为城市内外连接提供便捷通道；二是区域铁路系统，包括地铁、通勤铁路及城际铁路等，构成了高效密集的轨道交通网络[2]。自美国迈入"大都市区化"的新发展阶段以来，由于数百个地方政府各自为政，导致了"治理碎片化"。之后，纽约都市圈建立了跨州协调机制，这一机制涵盖交通、规划、公共服务等多个关键领域，试图对都市圈内的持续经济社会发展提供有力保障。但随着时间的推移，设施老化、空间发展不平衡等问题日益凸显，基础设施、环境保护等方面的治理复杂性进一步加剧。

---

[1] 陈江生、刘瞳：《城市间分工协作是发展的决定性因素——纽约都市圈建设的经验和启示》，《共产党员（河北）》2017年第10期。

[2] 钱文静：《东京和纽约都市圈经济发展的比较研究》，《商》2015年第31期。

(二) 相关财税政策

1. 产业扶持政策

纽约都市圈内形成了明确的产业分工：历史文化中心费城、科技教育中心波士顿、政治中心华盛顿、老工业中心巴尔的摩。其中，纽约不仅为自身发展提供资金支持，还通过传媒和交通运输等关键领域，为都市圈其他城市建立对外联系；华盛顿则主要提供政治产品、政治庇护及相关经济利益；波士顿专注输出高素质人力资源、智力资源、技术和思想；其他中心城市则更多聚焦制造业。不同的城市功能形成了都市圈内各个城市自己的优势产业，实现了整个区域内的产业分工、城市分工与协作以及都市圈内的错位协调发展，为促进都市圈的协同创新发展奠定了基础。

在纽约都市圈的发展过程中，虽然市场力量起到了主导作用，但政府的推动作用同样不可忽视。纽约都市圈通过财税激励政策，巧妙地打造了功能互补、错位发展的内外圈层产业结构。如针对纽约都市圈多中心化的特点，为促进区域均衡发展，纽约市采取了"极核城市"产业外迁的税收优惠策略。具体来说，纽约颁布了"企业搬迁和就业援助计划"，规定从纽约市迁出并在市外至少连续运营 24 个月的企业，每年可享受 300 美元的所得税优惠。[①] 2015 年，美国财政部发布《新市场税收抵免方案》，提供至少 35 亿美元的税收抵免额度，以鼓励向低收入城市和农村进行投资和开发，进一步促进郊区城市的经济发展[②]。2020 年，美国联邦通信委员会启动了"农村数字机会基金"，加大了对郊区数字服务的财政补贴力度，推动数字服务发展，缩小区域内"数字鸿沟"。

2. 人才吸引政策

尽管纽约作为全美高校和科研机构的高度集中地，但文理专业的配置却存在显著的不均衡现象，尤其在通信、生物等理工科领域，人才短缺问题尤为突出。为了有效应对这一挑战，纽约政府积极实施一系列人

---

① 徐楠芝：《促进都市圈公共服务均等化的财税政策研究——基于美国的经验借鉴》，《税务与经济》2023 年第 2 期。
② 《美国财政部发布新一轮〈新市场税收抵免方案〉》，国际财经中心网站，https：//iefi.mof.gov.cn/pdlb/wgcazx/201506/t20150616_1256949.html。

才政策，旨在促进科技人才的汇聚与成长。政府提出"纽约人才引进草案"，资助纽约创业企业高管前往全国各大院校，吸引电脑科学和工程专业优秀学生，并定期组织院校学生去纽约访问企业，近距离感受纽约的科技氛围和企业文化。纽约政府还发起了"科技天才管道"的倡议，通过整合政府资源和民间基金，为用人单位建立起一套完善的人才梯队体系，旨在持续为科技产业输送高质量的人力资源。还围绕"应用科学计划"，由市政府直接提供土地和财政支持，以此吸引全球顶尖的理工类院校来纽约设立分校或研究机构。如罗斯福岛上的康奈尔科技园区和研究生院，每年培养约 2000 名科技类研究生。为了进一步优化人才培养模式，政府还向学校委派驻校企业家和客座讲师，让学生在学习过程中就能接触到行业前沿的知识和实践经验；并为每名学生指定一位产业导师，帮助他们更好地规划职业生涯，实现校园与企业的无缝对接。①

3. 公共服务供给政策

美国都市圈构建了从州政府到地方政府，再延伸至都市圈层面的多层次地方财政体系，为都市圈内公共服务的均等化提供了稳固而有力的财政支持。如纽约政府为康奈尔科技园区投入了首期 1 亿美元的改造费用，旨在加速城市基础设施的升级，以适应创新经济的发展需求。此外，政府还设立了多项基金，包括纽约种子期基金，用于为初创企业提供种子期投资；都会区振兴基金，用于资助纽约都会区 11 个县的基础设施建设；纽约合作基金，专注于投资在金融技术、医疗健康 IT、生命科学等领域处于种子期或扩张期的纽约公司。此外，纽约政府还注重提升城市信息化水平，建立了全球最大的免费 Wi-Fi 网络，将传统的公共电话亭改造成现代的信息中心与免费 Wi-Fi 点，为市民和游客提供了极大的便利。同时，推出"数字纽约"平台，将纽约五个行政区的公司、创业、投资以及媒体等资源整合在一起，实现了创新创业和投资孵化信息的共享。还通过资助创业孵化中心、提供低租金的共享办公地点等方式，为初创企业提供孵化器、办公场地和培训信息，从而营造

---

① 李健：《纽约科技创新中心建设经验及对中国城市的启示》，江苏智库网，https：//www.jsthinktank.com/peiyuzhiku/cxxcsfzypgyjy/yjdt/201804/t20180403_5255713.html。

了一个良好的创新创业环境。① 而在住房政策方面，美国的综合住房法案第202条，通过政府预付款资助、房租补贴、征收低收入住房税以及提供开发商税收抵免等多种措施，全面支持非营利性组织建设或购买老年住房，有力促进了养老产业的住房建设与发展②。

三 伦敦都市群

（一）区域协同创新概况

伦敦都市圈形成于20世纪70年代，是以英国首都伦敦为核心城市，涵盖伯明翰、谢菲尔德、利物浦、曼彻斯特等次中心城市，以及众多中小城镇所组成的圈域型都市圈③。都市圈面积约为4.5万平方千米，占英国总面积的18.4%，人口规模约占英国总量人口的32.66%④，是欧洲最大的都市区。

从经济层面看，伦敦都市圈是英国产业密集带和经济核心区，是欧洲最大的经济中心。2022年GDP达8553.02亿美元，约占英国全国的80%，人均GDP达3.9万美元。⑤ 伦敦都市圈是英国重要的生产基地和经济活动中心。在伦敦都市圈中，伦敦作为核心引擎，其产业结构以商业服务业和金融业为主导，展现出强大的经济活力与创新能力。这种优势不仅巩固了伦敦的国际金融地位，还有效辐射并带动了周边城市的产业升级与发展。与此同时，伯明翰、谢菲尔德、利物浦等次中心城市也紧跟步伐，逐步形成了以先进服务业为核心的产业结构，为都市圈内的经济多元化发展贡献了力量。⑥ 伦敦都市圈中的诸多城市都曾经历经济

---

① 李健：《纽约科技创新中心建设经验及对中国城市的启示》，江苏智库网，https://www.jsthinktank.com/peiyuzhiku/cxxcsfzypgyjy/yjdt/201804/t20180403_5255713.html。

② 郑军、张璐：《税收政策支持养老服务业发展的国际比较及启示》，《南华大学学报》（社会科学版）2020年第2期。

③ 白义霞：《借鉴伦敦都市圈规划的经验 构筑京津冀区域经济一体化的设想》，《天津经济》2007年第5期。

④ 《伦敦、纽约、东京都市圈人口发展趋势概览_地区_城市_圈层》，搜狐网，https://www.sohu.com/a/541764643_121123820。

⑤ England city GDP 2022, Statista, https://www.statista.com/statistics/1344407/gdp-of-cities-in-england/.

⑥ 《大都市圈：未来的国家竞争力高地》，中国共产党新闻网，http://theory.people.com.cn/n/2014/0610/c40531-25127000.html。

萧条、环境恶化、交通拥堵等问题，通过积极构建与城市特色和发展需求相契合的创新体系，将科技创新作为推动区域综合发展的关键引擎，这些城市不仅成功实现了经济的复苏与增长，还有效改善了环境和交通状况。

从社会层面看，宜居宜业布局公共服务。伦敦都市圈强调政府干预与市场手段的结合，以推动市政交通和公共服务设施的合理布局。伦敦政府提出"终身社区"概念，致力于打造包容、便捷、有吸引力的街区生活；秉持"职服均衡"理念，确保公共服务与就业机会在空间上的紧密匹配，并通过倾斜公共服务资源，提供儿童保育、培训等设施，消除本地就业障碍，增强企业和居民留在当地的意愿，以实现产城融合和社区的可持续发展。此外，伦敦都市圈还很重视生态环境建设。在城市规划中巧妙融合绿色空间，如在绿带中布局运动场所、在市中心创造绿色开放空间，并秉持"大伦敦国家公园"理念整合生态系统。伦敦将都市圈内300个公园，3万多块菜地，超过300万个大小各异的花园整合成一个优良的生态旅游系统，不仅丰富了居民的休闲生活，还提升了城市的生态环境质量，实现了城市发展与生态保护的和谐共生。[1]

（二）相关财税政策

1. 产业扶持政策

从20世纪80年代起，英国政府陆续制定了一系列鼓励创新型企业发展的政策措施。如1954年就引入投资津贴项目，允许企业从税前利润中扣除符合条件的支出，以鼓励企业对生产和研发的投资；2000年对创新型中小企业实施"SME"研发减免计划，企业符合条件的合格研发支出可以享受相应的加计扣除；2008年"SME"计划范围进一步拓展，加计扣除比例由原来的50%提高到75%；2011年加计扣除比例进一步提高至100%；2015年扶持力度再提升，可以从应纳税所得额中额外扣除130%的合格研发支出，而亏损的中小企业还可以选择获得相当于税收抵免额度的现金偿还，最高可按加计后研发成本的14.5%享受税收返还；2021年发布《英国创新战略：创造未来，引领未来》，提

---

[1] 李沛霖：《伦敦都市圈生活功能建设经验及对我国都市圈发展的启示》，《中国经贸导刊》2021年第21期。

出持续完善数字税务系统、提供更大幅度的税收减免以完善企业投资机制，以及加码研发优惠助力技术供给等；同年，还提出允许创新型企业针对固定资产投资申请更高的投资津贴，并将研发税收优惠政策范围进一步拓展到符合条件的数据和云技术研发企业。①

伦敦都市圈长期以来亦是不断增强对科技创新领域的税收优惠，通过降低创新主体的创新成本，激发创新主体的积极性，进而推动创新资源的高效聚集，搭建科技创新产业的"生态圈"。

2. 人才吸引政策

伦敦在培养和吸引人才方面采取了多维度、综合性的策略。伦敦在吸引人才方面，主要依托积分制移民政策和技术移民政策，确保只有符合伦敦需求的高端人才才能被引入；伦敦政府不断创造和改善人才回流环境与创业条件，通过提升科研环境和学术氛围，以及提供具有吸引力的薪酬和福利待遇等方式，以激发并维持高科技研究、基础研究以及高等教育领域内杰出人才的工作热情与创新活力，旨在更好地吸引、留住人才。伦敦也非常注重人才的培养和发展。伦敦都市圈在教育资源方面优势显著。伦敦汇聚了六所顶尖的研究型大学，包括剑桥大学、牛津大学、伦敦帝国学院、伦敦大学学院、伦敦国王学院以及伦敦政治经济学院。这些高校不仅学术声誉卓著，也成为该区域创新与发展的智力源泉。伦敦还非常重视儿童教育，通过设立社区和儿童服务部等机构，为儿童提供全面的教育和学习支持。如对于符合不同条件的家庭，通过财政支持，提供不同程度的保育费用。

3. 公共服务供给政策

伦敦政府通过多维度的策略和有效的措施，保障食品安全与供给、关注老龄化需求、推动低碳交通与绿色出行等，有效满足了公共服务的提供。自2006年实施"伦敦市长食品策略"以来，伦敦政府从食品安全性、经济型、环境友好型、社会文化支撑性四个维度入手，致力于提供安全、足量、新鲜的优质农产品。如推行"足食伦敦"计划，推广和鼓励在河流两岸、铁路沿线的非传统种植，以增加本地供给。面对不断

---

① 《英国：借力税收优惠 打造创新生态》，澎湃新闻，https：//www.thepaper.cn/newsDetail_forward_17284276.

提升的老龄化趋势，伦敦政府从养老房屋供给、建成环境改善和交通配套三方面入手，提升城市功能对养老居住的支持。如推动公共停车位、公共汽车、公共座位、公共厕所等市政基础设施的适老化改造。伦敦设计和建成多模式、高集成的公共交通系统，实现地铁、市郊铁路、路面巴士、小汽车、跨境铁路的接驳顺畅，以及设计了拥堵收费价格调整机制，以增强公共交通的吸引力，为都市圈绿色通勤提供强有力的支撑。[①]

第二节 国内区域协同创新的财税政策

一 长三角

（一）区域协同创新概况

长三角作为中国经济的核心引擎之一，持续展现出强大的经济实力和良好的发展态势。2022年，该区域41个城市共同实现了生产总值29万亿元，占全国总量的24%，经济增长量达到1.42万亿元，彰显了其在全国经济中的重要地位。在协同创新方面，长三角区域更是取得了显著成效。根据浙江省科技厅发布的《2022长三角区域协同创新指数》（见表7-1）显示，该区域的协同创新呈现出快速增长的趋势。成果共用、资源共享和创新合作三大指标均实现了稳步增长，其中成果共用指标年均增速高达13.98%，资源共享指标和创新合作指标也分别实现了10.33%和7.82%的增长，区域协同创新指数年均增速为9.47%。长三角区域的协同创新发展呈现出三大明显趋势：一是研发经费与人才的高位集聚，该区域持续加大科研投入，吸引和集聚了大量高端人才，为科技创新打下了坚实的基础；二是前沿科学与技术的融合联通，长三角区域在前沿科技领域不断加强合作与交流，推动了技术的融合与创新；三是科创产业与资本的双向奔赴，该区域积极促进科技创新与产业发展的深度融合，同时吸引了大量资本的关注和支持，为科技创新提供了强大的动力。这些趋势不仅凸显了长三角在科技创新方面的领先地位，也预

---

① 陈小华：《英国城市交通拥堵收费的成功策略与启示》，《上海城市管理》2012年第1期。

示着未来该区域将持续加大在科研投入、人才引进、技术融合和产业发展等方面的力度。长三角区域的协同创新发展明确强调了科技创新的重要性，通过加强区域间的合作与交流，推动科技创新资源的共享与优化配置，为该区域的经济高质量发展和提升国家整体科技实力奠定了坚实基础。

表7-1　　　　　　　　2022年长三角区域协同创新指数

指标	年均增速（%）
成果共用指标	13.98
资源共享指标	10.33
创新合作指标	7.82
区域协同创新指数	9.47

资料来源：浙江省科技厅2023年4月18日发布的《2022长三角区域协同创新指数》。

（二）相关财税政策

1. 产业扶持政策

2023年，国家统计局、科学技术部与财政部联合发布的《2022年全国科技经费投入统计公报》显示，长三角一市三省在研究与试验发展（R&D）方面的经费投入总计9386.3亿元，实现了11.4%的年度增长，占全国总经费（30782.9亿元）的30.5%，且增速超出全国平均水平（10.1%）1.3个百分点。尤为显著的是，该区域内所有地区的R&D经费投入均突破千亿元大关，且投入强度（即R&D经费与地区生产总值的比值）均超越了全国平均线2.54%。鉴于R&D活动的规模和强度是衡量国家或地区科技实力与核心竞争力的国际标准，上述数据有力证明了国家在长三角区域科技创新上给予了强有力的财政资金支持。

此外，为激励科技创新，企业可享受多项税收优惠政策，包括减免税款和研发费用加计扣除，旨在提升企业自主创新能力，加速科技进步与产业升级。针对小微企业，特别制定了税收减免政策，如免征企业所得税及实施3%的简易个人所得税征收率，有效减轻小微企业负担，助力其健康成长。此外，文化产业亦获税收支持，通过减免营业税及同样适用3%的简易个人所得税征收，有力促进了文化产业的繁荣发展。

安徽紧扣"一体化"与"高质量",充分整合长三角区域创新资源,与上海、江苏、浙江携手推进科技联合攻关、创新平台共建及科技资源共享,显著加速了安徽科技成果的转化与创新能力跃升。三省一市采纳"六统一"合作模式,即统一聚焦领域、需求征集、组织对接、项目评审、立项管理及经费拨付,紧密围绕企业及产业需求,建立了常态化的科研合作机制,针对关键难题与"瓶颈"进行专项突破[①]。遵循"中心+专业化创新研发机构"架构,安徽联合国家技术创新中心、江苏省产业技术研究院及上海长三角技术创新研究院,采用"一统机制、一团队、一体化管理"[②]策略,规划并建设长三角国家技术创新中心安徽中心。同时,加强省级创新平台的联合共建,深化区域协同创新生态构建。

2. 人才吸引政策

合肥市发布了一系列激励政策,针对入职于市重点产业链入库企业、专精特新企业及新型研发机构的出站博士后,提供20万元的生活津贴。政策明确规定,对于在上述单位稳定就业且满足特定条件的个人,允许其按照不超过90平方米的标准购买人才公寓,并享受备案价格10%的优惠。此外,为吸引非本市户籍的全日制高校毕业生来合肥企业求职,政策还规定一次性发放面试补贴,具体为市外省内毕业生500元,省外毕业生1000元。[③] 上海市实施了系列人才引进政策,如所有用人单位引进的博士可直接落户;来自上海高校及全国"双一流"高校的应届硕士,在满足基本条件后亦可直接落户;对于本科生,部分"双一流"高校应届毕业生可在全市落户,而所有15所在沪"双一流"高校的应届本科生,若在五个新城及南北转型重点区域就业,并符合基本申报条件,同样可落户。此外,上海2023年取消了外省市户籍灵活就业人员在上海缴纳社保的限制,以进一步吸引人才。南京市为吸引高校毕业生,提供了住房租赁补贴政策,如博士、硕士、学士(含高级工及以上)每月分别补贴2000元、800元、600元,补贴期限最长可达36个

---

① 卞晓庆:《长三角一体化助力提升安徽科技创新水平》,《安徽科技》2023年第7期。
② 《打造创新高地,长三角要协同融通》,人民网,2023年10月13日。
③ 《一图读懂〈合肥市服务人才发展若干政策(试行)〉》,合肥市人民政府网站,https://www.hefei.gov.cn/public/19571/107844686.html。

月。杭州市发布了《杭向未来·大学生创新创业三年行动计划（2023—2025年）实施细则》，规定符合条件的大学生在杭州新创企业，经评审后可获得5万至20万元资助，优秀项目更可获得最高50万元的资助。

3. 公共服务供给政策

为促进长三角区域协同创新发展，上海、江苏、安徽、浙江四地联合设立了财政专项资金，专门针对660平方公里一体化示范区先行启动区内的跨区域重大项目进行投入。江苏在此框架下，出台了两项财政政策支持措施以强化长三角生态环境共保联治：首先，每年划拨专项转移支付资金用于相关出资；其次，加强对该专项资金的管理使用指导，并在投资基金、生态补偿及政府债券等领域进一步增大支持力度。2022年10月1日，《推进长三角区域社会保障卡居民服务一卡通规定》正式施行，该规定由上海、江苏、浙江、安徽三省一市人大常委会同步审议通过。此举标志着长三角区域社保卡居民服务"一卡通"协同立法工作的完成。根据规定，社保卡在长三角区域内被确立为公共服务、政务服务及住宿登记等事项的有效身份证明。持卡人凭社保卡可在社会保障、医疗健康、交通运输、文化旅游及金融服务等多个领域享受相应服务。

二 珠三角

（一）区域协同创新概况

珠三角，作为中国南方经济最为活跃的区域之一，长期以来凭借其强大的制造业基础和优越的地理位置，在全国乃至全球经济中占据重要地位。2022年，珠三角九市GDP合计达到104681.82亿元，不仅较2021年增长了4096.56亿元，还占据了广东省GDP总量的81.07%和全国GDP的8.65%，广东省连续30多年保持在全国GDP排名中的领先地位。珠三角区域的经济活力不仅体现在其庞大的经济总量上，更在于其持续不断的创新驱动力。作为全球重要的制造业基地，珠三角正逐步突破传统的路径依赖，加速向新阶段现代产业体系[①]转型。这一过程中，区域协同创新成为推动珠三角经济高质量发展

---

① 吴涛、洪泽华：《新路径、新平台、新体系——珠三角破除路径依赖 打造发展新引擎》，中国政府网，https://www.gov.cn/xinwen/2023-01/21/content_5738302.htm，2023年1月21日。

的关键力量。

珠三角区域在协同创新方面展现出强劲动力。该地区通过强化产业间协同合作，推动传统制造业向高端化、智能化、绿色化转型，并积极引进与培育高新技术产业，实现了传统产业与新兴产业的良性互动与共同发展。同时，珠三角高度重视科技创新的引领作用，持续加大科研投入，建立高水平科研机构与创新平台，加强产学研合作，加速科技成果转化与产业化，为区域经济发展提供坚实科技支撑。此外，该地区充分利用丰富的人才资源，建立健全人才流动与共享机制，优化人才资源配置，并积极引进国内外高端人才，为区域创新发展注入新活力。在政策层面，珠三角各市加强协同，制定并实施一系列支持区域创新发展的政策措施，这些政策在促进产业升级、科技创新、人才引进等方面发挥关键作用，为珠三角区域的协同创新提供了有力保障。

（二）相关财税政策

1. 产业扶持政策

珠三角地区作为中国经济发展的前沿阵地，一直以来都高度重视产业创新与科技发展。为了持续推动区域经济的高质量发展，珠三角九市制定并实施了一系列产业扶持政策，旨在加强科技创新、促进产业升级，并深化区域协同合作。珠三角地方政府持续加大科创财政资金的投入，为研发活动提供强有力的资金保障。2021 年，珠三角九市的研发支出超过 3600 亿元，研发投入强度达到 3.7%，显示出政府对科技创新的高度重视和大力支持。通过提供税收优惠、资金扶持等政策，珠三角地区积极培育国家高新技术企业。珠三角区域国家高新技术企业数量已达到 5.7 万家，这些企业在科技创新和产业升级中发挥了重要作用。此外，加强知识产权保护力度，提高专利授权量，特别是发明专利的授权量。2021 年，专利授权量达到 78 万件，其中发明专利授权量超过 10 万件。珠三角地区将战略性新兴产业作为科技创新和产业升级的关键词[1]，通过政策引导、资金支持等方式，推动新能源、新材料、生物医药、高端装备制造等战略性新兴产业的发展。通过建立区域创新体系、

---

[1] 《珠三角发力科技创新：深圳 R&D 投入强度首"破 5" 新兴产业、先进制造成关键词》，21 经济网，https://www.21jingji.com/article/20220226/92a0531ac0e4efdae410cb6c91392340.html。

共享创新资源、协同推进重大项目等方式，深化区域协同创新发展，提高区域经济的整体竞争力和创新能力。

此外，为持续优化珠三角产业布局并促进区域协调发展，2023年3月中共广东省委、广东省人民政府发布了《关于推动产业有序转移促进区域协调发展的若干措施》，明确将加大财政支持力度。具体措施包括：落实先进制造业及"小升规"企业的财政扶持政策，助力中小企业向专精特新方向发展；2023—2027年，省财政将新增专项资金，通过注入资本金等方式支持主平台建设，并根据融资规模给予适当奖补；对达到建设标准且企业入驻率高的新建或改扩建标准厂房，以及产业有序转移工作成效显著的地市，将给予奖励；同时，对粤东粤西粤北地区新引进并投产的符合产业导向的制造业项目，将按设备购置额比例给予奖励。此外，还将在整合原有粤东西北振兴发展股权基金的基础上，设立省粤东西北产业转移基金，并鼓励地方政府专项债券资金优先支持园区基础设施建设，以全面推动产业有序转移和区域协调发展。

2. 人才吸引政策

珠三角地区为吸引高端及紧缺人才，实施了力度颇大的个人所得税优惠政策。在横琴粤澳深度合作区，根据2023年4月11日出台的《横琴粤澳深度合作区享受个人所得税优惠政策高端和紧缺人才清单管理暂行办法》（以下简称《管理办法》），三类人才可享受个税优惠，包括领域或专业领先且作出突出贡献的高端人才、年度收入超50万元的高端人才以及符合特定要求的紧缺人才，其中"双15%"税收优惠政策尤为亮眼，对个人所得税税负超过15%的部分予以免征。同时，根据财政部、国家税务总局发布的《关于延续实施粤港澳大湾区个人所得税优惠政策的通知》，珠三角九市也积极响应，如出台《广东省财政厅 广东省科学技术厅 广东省人力资源和社会保障厅 国家税务总局广东省税务局关于进一步贯彻落实粤港澳大湾区个人所得税优惠政策的通知》对在粤港澳大湾区工作的境外高端及紧缺人才，按内地与香港个税税负差额给予补贴，且该补贴免征个税，最高补贴额可达500万元/纳税年度，进一步减轻了人才的税收负担。

除了个税优惠，珠三角地区还采取了多项措施吸引人才。首先，通过建设高标准产业园区、科研机构和国际化社区，提供优质的工作和生活环境，加强基础设施如交通、教育、医疗的建设，提升城市宜居性。其次，加大人才引进力度，通过招聘会、海外引才活动等吸引国内外优秀人才，并与高校、科研机构合作，开展人才联合培养和交流。此外，珠三角还注重提供职业发展机会和平台，鼓励企业研发，支持人才参与重大项目和创新创业。最后，完善人才服务体系，提供一站式服务，包括住房、子女教育、医疗保障等，确保人才能够充分了解并享受政策待遇，从而构建一个具有国际竞争力的人才发展环境。

3. 公共服务供给政策

为持续推进珠三角产业布局优化和区域协调发展，广东省持续大力推进珠三角地区产业向粤东粤西粤北转移，并进一步倡导要为转移工作营造良好发展环境，指出要大力优化营商环境、畅通流通网络、加大招商引资力度及强化组织保障。

珠三角地区还全面实施基础设施一体化政策，旨在加速交通互联互通与公共服务共享的一体化进程。贯彻党的二十大精神，广东省人民政府于2022年12月提出加速推进珠三角水资源配置工程建设。作为国家重大水利工程及粤港澳大湾区的重要民生项目，该工程采用深层管道输水方式，穿越珠三角核心城市群，旨在解决广州、深圳、东莞等地的生活生产缺水问题，并为香港等地提供应急备用水源，为区域发展提供坚实的水资源保障和战略支撑。面对工程规模的扩大和难度的提升，技术创新成为关键。为此，相关科研专家组建项目建设团队，深入研究技术方案，逐一攻克难点痛点，确保工程顺利推进。

三 粤港澳大湾区

（一）区域协同创新概况

粤港澳大湾区，作为国家重大发展战略，承载着推动新发展格局构建、引领高质量发展、展现中国式现代化成果的重要使命。这一区域，涵盖了香港、澳门及广东省珠三角九市，以其高度的开放性和强大的经济活力，成为全球增长最快、最具活力的湾区之一。[①] 在协同创新方

---

① 朱琳：《粤港澳大湾区吸引众多外资布局》，《经济日报》2022年12月27日。

面，粤港澳大湾区展现出了显著的成效和不断提升的综合创新能力[①]。

首先，创新人才集聚效应显著。粤港澳大湾区凭借其优越的经济环境和政策优势，吸引了大量国内外创新人才汇聚于此。这些人才在科研、产业、金融等多个领域发挥着重要作用，为湾区的创新发展提供了强有力的人才支撑。同时，湾区内的高校、科研机构和企业也积极合作，共同培养创新人才，形成了良性循环的人才集聚效应。

其次，创新载体持续壮大。在粤港澳大湾区，企业、高校和科研机构等创新载体不断涌现并持续壮大。这些载体在科技创新、成果转化、产业升级等方面发挥着重要作用，为湾区的协同创新提供了坚实的平台支撑。同时，湾区内的创新载体之间也加强了合作与交流，形成了协同创新的良好氛围。

再次，知识产权保护和产出水平提升。粤港澳大湾区在知识产权保护方面取得了显著成效，为创新成果的转化和应用提供了有力保障。同时，湾区内的科研机构和企业在科技创新方面也取得了丰硕的成果，专利申请量和授权量持续增长，为湾区的创新发展注入了新的活力。

最后，区域协同创新活跃度和紧密度增强。在粤港澳大湾区的建设过程中，各城市之间的协同创新活跃度和紧密度不断增强。通过加强政策沟通、资源共享和产业协作，湾区内的城市在科技创新、产业升级、城市建设等方面实现了协同发展。这种协同创新的模式不仅提升了湾区的整体竞争力，也为区域内的企业和居民带来了更多的发展机遇和福祉。

（二）相关财税政策

1. 产业扶持政策

粤港澳大湾区作为国家重大发展战略区域，其产业扶持政策旨在促进区域内外资源的高效配置与协同发展，加速形成具有国际竞争力的现代产业体系。依据《粤港澳大湾区建设、长江三角洲区域一体化发展中央预算内投资专项管理办法》，粤港澳大湾区产业扶持政策明确支持范围涵盖广东省珠三角九市，并优先关注河套深港科技创新合作区、横

[①] 陈能军：《集聚科创要素，激发大湾区高质量发展动能》，《光明日报》2023年10月11日。

琴粤澳深度合作区等关键区域。政策主要聚焦具有港澳特色的科技创新平台、政府投资的非经营性港澳青年创新创业平台、内地与港澳合作办学的高等教育机构，以及促进内地与港澳互联互通的基础设施工程及其配套项目，同时涵盖对大湾区建设具有标志性或重大意义的其他领域。在资金扶持上，采用直接投资方式支持地方政府投资项目，根据项目所在地区的经济发展水平，分别设定不超过固定资产投资额（不含征地拆迁费用）30%、45%、60%的支持上限，若地方申请资金需求低于此标准，则按实际申请数额予以资助，以确保资金的有效利用和精准扶持。

2. 人才吸引政策

为持续促进粤港澳大湾区的人才流动与集聚，财政部与国家税务总局于2023年8月18日联合发布了《关于延续实施粤港澳大湾区个人所得税优惠政策的通知》。该政策明确，广东省与深圳市将根据内地与香港个人所得税税负差额，为在大湾区工作的境外高端人才和紧缺人才提供补贴，且此补贴享受个人所得税免征待遇。对于这类人才的认定及补贴发放，将遵循广东省与深圳市的相关规定执行。值得注意的是，原政策执行期限至2023年年底，而新政策将其延长至2027年12月31日，体现了长期吸引与留住人才的决心。此外，政策还特别针对横琴粤澳深度合作区、前海自贸区和南沙先行启动区内符合条件的企业，实施15%的优惠企业所得税率，并对在这些区域工作的港澳居民实行"澳人澳税、港人港税"政策，进一步增强了大湾区对港澳及国际人才的吸引力，为区域的经济合作与高质量发展提供了坚实的人才支撑。

以河套深港科技创新合作区为例[1]，该区域积极打造"协同创新"品牌，通过一系列财税政策优化人才发展环境。《河套深港科技创新合作区深圳园区发展规划》指出，允许在不违背国家法律基本原则及不损害国家主权、安全和社会公共利益的前提下，深圳园区海关监管区内注册的港资企业可协议选择适用香港法律解决合同纠纷，并选择香港作为仲

---

[1]《暨南大学经济学院副院长钟韵：打好深港协同牌 实现粤港澳大湾区应用基础研究能力大跃升》，腾讯网，https://view.inews.qq.com，2023年9月5日。

裁地，为港资企业提供了更大的法律灵活性。同时，对特定封闭区域内的鼓励类产业企业实施15%的企业所得税优惠税率，并配套制定优惠产业目录，以降低企业税负，促进产业发展。此外，该规划还全面落实粤港澳大湾区符合条件的高端人才和紧缺人才的个人所得税税负差额补贴，特别是对在深圳园区工作的香港居民，其个人所得税税负超过香港税负的部分予以免征，有效减轻了科研机构和人员的税收负担，进一步增强了粤港澳大湾区对国际高端人才的吸引力，为区域的科技创新和协同发展提供了强有力的人才保障。

3. 公共服务供给政策

粤港澳大湾区在推进高质量发展的过程中，交通网络互联互通取得了显著成就[1]，包括港珠澳大桥、南沙大桥的开通，广深港高铁的恢复通车，以及深港公交地铁扫码互通的实现，为居民提供了极大的便利。为进一步加强服务衔接，广东省发布了《广东省社会保障卡居民服务一卡通管理条例（草案征求意见稿）》，明确港澳居民可凭相关证件申领社会保障卡，并享受与内地持卡人同等的权利和服务，涵盖交通、旅游、文化等多个领域。同时，大湾区正加速形成"轨道上的大湾区"[2]，基本实现"一小时生活圈"。为增强互联互通的灵活性，广东省采取了一系列措施，如改革铁路投资建设管理体制，划分广州、深圳两大都市圈进行分别管理；创新口岸通关模式，实现"一站式通关"和"合作查验、一次放行"，提升通关效率；深化三地规则与机制的"软联通"，确保港澳企业在法律、会计、建筑等领域享受国民待遇，并实现商事登记"一网办通"；推动金融、教育、医疗等领域的深度合作，如实施"深港通"、债券"南向通"、"跨境理财通"，推广人民币作为跨境收支主要结算货币，以及应用移动支付软件提高金融服务便利性；落实港澳居民及随迁子女同等享受九年义务教育政策，开展"港澳药械通"试点；并建立了"1+12+N"港澳青年创新创业孵化基地体系。针对大湾区"一个国家两种制度、三个关税区"的特殊性，虽然区域市场一体化建设面临诸多挑战，广东省

---

[1] 谢宝剑：《粤港澳大湾区高质量发展加速推进》，《光明日报》2023年7月18日。
[2] 程远州：《粤港澳合作 互联互通正加速》，中国政府网，https://www.gov.cn/xinwen/2022-04/20/content_5686194.htm，2022年4月20日。

正积极探索创新税收协同政策，以促进大湾区的深度融合与协同发展。

第三节　国内重点新区协同创新的财税政策

一　上海浦东

（一）创新发展概况

上海浦东新区位于东海之滨、黄浦江畔，自1990年被确立为经济技术开发区以来，便紧密围绕中央赋予的五大战略定位，实现了从稻田瓦房到高度现代化国际标杆城市的华丽蜕变。1990年，正值国家改革开放的关键时期，浦东新区应运而生，被确立为经济技术开发区，并享受部分经济特区政策。步入21世纪后，随着南汇区的并入，浦东新区步入了全面建设的新阶段，基础设施日益完善，各功能区逐步成型，更被批准为全国首个综合配套改革试验区，引领改革新风尚。2013年，上海自贸试验区的正式挂牌，标志着浦东新区正式迈入"自贸区时代"。浦东新区以创新为核心，勇于尝试、敢于突破、自主改革，成功完成了多项改革试点任务，展现了强大的改革动力和创新能力。浦东新区以全国极小比例的土地面积，创造了卓越的经济成就。2023年，该区年生产总值达到约1.67万亿元，显示出强大的经济实力与增长潜力。浦东新区已成功构建起以第三产业为主导、第二产业为坚实支撑的现代化产业体系，其中第三产业增加值占比高达75.1%，第二产业增加值占比24.8%。重点发展产业如汽车制造业、电子信息制造业、成套设备制造业等保持了强劲的增长势头。

浦东新区在经济社会发展的同时，高度重视民生发展。在教育、医疗、基础设施、公共服务等方面均取得了显著成效，为浦东新区的可持续发展奠定了坚实的基础。浦东新区拥有完善的教育体系和众多的医疗卫生机构，为居民提供了丰富的教育资源和医疗保障。同时，浦东新区还注重城市基础设施的建设和完善，为居民提供了便捷的生活条件。此外，浦东新区还积极推进生态文明建设，加强环境保护和治理工作，努力营造宜居宜业的生活环境。

（二）相关财税政策梳理

1. 产业扶持政策

上海浦东新区，作为中国经济发展的重要驱动力，展现出强大的经济实力与优化产业布局。2022年，获批多个特色产业园区与民营经济总部集聚区，正培育六大"千亿级"硬核产业集群。第二产业，特别是高科技领域如芯片、创新药、智能制造等发展迅猛，与第三产业共同构建多元化经济体系。自贸试验区建设促进了外资引进与贸易扩大，为区域经济发展注入新动力。这些成就得益于政策的鼎力支持（详见表7-2）。

表7-2　　　　　　　　浦东新区产业支持政策梳理

创业投资企业优惠政策		
文件	适用对象	具体政策
《国务院关于印发中国（上海）自由贸易试验区临港新片区总体方案的通知》（2019年）	对新片区内符合条件的从事集成电路、人工智能、生物医药、民用航空等关键领域核心环节生产研发的企业	自设立之日起5年内减按15%的税率征收企业所得税
财政部、税务总局、发展改革委、证监会《关于上海市浦东新区特定区域公司型创业投资企业有关企业所得税试点政策的通知》（2021年）	特定区域内公司型创业投资企业，转让持有3年以上股权的所得占年度股权转让所得总额的比例超过50%的	按照年末个人股东持股比例减半征收当年企业所得税
	特定区域内公司型创业投资企业，转让持有5年以上股权的所得占年度股权转让所得总额的比例超过50%的	按照年末个人股东持股比例免征当年企业所得税
	新区开办的生产性外商投资企业，对带项目在成片土地上从事基础设施建设的外商投资企业	减按15%的税率征收所得税
	新区设立的从事机场、港口、铁路、电站等能源、交通建设项目的外商投资企业，经营期在十五年以上的企业	从开始获得年度起，第一至五年免征企业所得税，第六至十年减半征收所得税
	外资银行、外资银行分行、中外合资银行及财务公司等金融机构，外国投资者投入资本或分行由总行拨营运资金超过10000万美元且经营期在十年以上的	经营业务所得，减按15%的税率征收所得税

续表

创新型企业优惠政策		
文件	适用对象	具体政策
《上海市创新型企业总部认定和奖励管理办法》（2023年）	2022年1月1日以后深圳市注册或迁入，新设法人实体企业的实缴注册资本超过1亿元的创新型企业总部	择优给予最高不超过500万元开办资助
	符合上述第（一）项条件的创新型企业总部	以不超过1000平方米办公面积、每平方米每天不超过8元的标准，按租金的30%，由相关区给予三年资助；自建办公用房的按上述标准分年度给予资助
	自2022年1月1日以来年销售收入首次达到5亿元、10亿元、15亿元创新型企业总部	分别择优给予500万元、300万元、200万元奖励

资料来源：根据文件整理。

2. 人才吸引政策

上海浦东新区将人才视为其最核心、最宝贵且战略性的资源，其发展成就与庞大的人才规模密不可分。据统计，新区目前汇聚了145万人才，包括近8万名外籍精英。浦东之所以能吸引如此众多的人才，不仅得益于其完善的基础设施与竞争力强的薪资待遇，还离不开其吸引力十足的税收政策。2023年浦东新区正式推出了"1+1+N"人才政策体系，旨在打造"国际人才发展引领区"，向全球传递出对人才的渴求与尊重，以人才驱动发展的坚定决心。① 一是实施高端人才个人所得税减负试点。鉴于浦东新区内金融与高新技术产业为主导，高端人才税负普遍较高，新区通过地方财政补贴机制，对区内高收入人才的所得税给予部分减免，力求将个人所得税税负控制在更为合理的20%至25%，从而显著提升高端人才的吸引力，使其在全球竞争中更具优势。二是向用人单位提供引才奖励。针对新区内金融业与科技创新产业对高端人才的迫

---

① 缪晓琴：《浦东新区创建国际人才发展引领区》，《中国改革报》2023年2月3日。

切需求，浦东新区设计了系统的引才激励政策。这些政策不仅覆盖了企业引进海内外顶尖人才（如院士）的直接财政补贴，还扩展至应届毕业生及退役军人的就业促进，有效缓解了企业引进高端人才的成本压力，激发了企业引才育才的积极性，进一步拓宽了人才输入渠道，促进了就业市场的繁荣与稳定（详见表7-3）。

表 7-3　　　　　　　浦东新区中小微企业人才吸引政策

适用对象	优惠政策
区内全职引进海内外院士的重点产业科创企业	每引进1人给予用人单位最高不超过100万元奖励
设立博士后培育平台的企业	给予一次性最高60万元资助
引进海外博士后的企业	每引进一人可获得10万元引才奖励
开展博士后科研项目的企业	单个项目最高可获得十万元项目资助

资料来源：新华财经。

3. 公共服务供给政策

浦东新区的税务部门面对庞大且类型多样的企业群体，深知其涉税需求的复杂性与综合性，因此，持续致力于简化办理流程与拓展服务渠道，以创新驱动服务模式升级。

首先，在简化办理流程方面，浦东新区正积极探索"进一个厅，办全国事"的智慧办税新模式，旨在降低企业的跨区域办税成本。同时，各办税服务厅均提供无差别的税费服务，结合"办问协同为主+预约办税兜底"的立体化服务策略①，显著提升了纳税人的业务办理效率与办税体验。此外，通过搭建新型税收服务直通平台，如在大企业内部设立服务联络员，实现问题的快速上报与协调解决，确保了税收服务的零距离与税企沟通的无障碍。

其次，在创新申报模式上，浦东新区走在全国前列，率先实施出口退免税的无纸化管理试点。鉴于新区进出口总额庞大且持续增长，传统

---

① 周渊：《浦东引领区税收征管服务"新10条"发布》，《文汇报》2023年3月31日。

的纸质单证处理方式不仅加重了税务机关的工作量，还延长了企业的退税周期，影响了资金流。自2015年起，自贸试验区便率先开启了无纸化改革，企业只需提交电子数据，无须再提供纸质凭证，这一举措极大地减轻了企业的负担，提高了退税效率，缩短了退税时间近1/3，实现了税企双赢。

最后，针对浦东地区产业与人员的多样性和复杂性，税务部门提供了个性化的服务方案。对于初创企业，税务人员扮演"联络员"角色，介绍税收政策，帮助企业快速融入环境；随着企业发展，税务人员转变为"辅导员"，引导企业良性发展；当企业达到一定规模时，税务人员则提供全面的"创业导师"式服务，助力企业构建良好的税务生态。这种分阶段、定制化的服务模式，确保了浦东新区的企业能够顺利入驻、稳步发展并长期留存。

二 广东深圳

（一）创新发展概况

深圳位于中国南部，毗邻香港，是珠江三角洲地区的重要组成部分。自1980年被设立为经济特区以来，深圳就肩负着改革开放和现代化建设的重任，成为中国对外开放的重要窗口。自1979年建市以来，深圳的经济发展速度举世瞩目。从最初的地区生产总值仅1.96亿元，到如今经济总量已跃升至3.46万亿元[①]，深圳实现了从农业为主到工业和服务业为主导的产业结构深刻转变，展现了跨越式的发展态势。这一过程中，深圳不仅构建起以先进制造业和现代服务业为核心的现代产业体系，还在科技创新方面取得了显著成就。通过不断提升研发投入强度，深圳的企业创新能力显著增强，高新技术企业和专精特新"小巨人"企业数量在全国名列前茅，为经济的持续增长注入了强劲动力。在经济发展的同时，深圳的社会发展也成绩斐然。城市建设日新月异，从昔日的小渔村蜕变成今日的现代化国际大都市，城市基础设施不断完善，交通网络四通八达，为居民提供了便捷的生活环境。此

---

① 《深圳经济特区建立44周年 经济总量从2.7亿元增至3.46万亿元》，广东省人民政府网站，https://www.gd.gov.cn/gdywdt/dsdt/content/post_4483001.html。

外,深圳在民生发展方面同样不遗余力,教育事业实现了跨越式发展,医疗卫生体系逐步健全,社会保障体系不断完善,居民生活水平显著提高。

(二)相关财税政策梳理

1. 产业扶持政策

深圳拥有浓厚的创新氛围,在科技创新、产业创新以及社会治理创新等多个领域均展现出非凡的活力与成就。深圳作为中国改革开放的前沿阵地,一直以来都是创新的代名词,充分利用政策优势,针对制造业、金融业、数字经济及农业等不同产业特点,制定了一系列鼓励政策(详见表7-4)。在制造业方面,通过实施补贴政策,显著提升了制造业竞争力,新增大量单项冠军企业;金融业则通过专项措施提升了发展能级和集聚度,逐步成为全国重要的金融中心;数字经济作为战略性新兴产业,得到深圳政府的高度重视,通过扶持政策显著提升了核心产业增加值,位居全国首位;农业领域则注重科技赋能,推动农业智能化和转型升级。这些政策的有效实施,推动了深圳产业结构的优化升级和经济的快速发展。

表7-4　　　　　　　　　深圳市不同产业财政补贴政策

产业	施行时间	文件	适用对象	具体政策
制造业	2021年3月1日,有效期5年	《关于推动制造业高质量发展坚定不移打造制造强市的若干措施》	1. 参与国家先进制造业集群竞赛的机构 2. 承担国家工业强基项目的机构	按国家拨付资金最高给予1∶1配套资助
			年度产值首次达到1000亿元、500亿元、100亿元的企业	分别给予2000万元、1000万元、300万元的一次性奖励
			1. 重大工业投资项目、上市公司募集资金投资的本地工业项目 2. 企业实施的技术改造项目	按照不超过项目固定资产实际投资额的20%,给予最高5000万元资助
			制造业创新中心的平台建设、技术研发、示范应用等项目	按不超过总投资额的50%,给予最高5000万元资助

续表

产业	施行时间	文件	适用对象	具体政策
制造业	2021年3月1日，有效期5年	《关于推动制造业高质量发展坚定不移打造制造强市的若干措施》	1. 经认定的市级企业技术中心及其能力提升项目 2. 提升供应链企业服务制造业能力，对供应链服务智能化升级改造项目	按不超过其项目投入的20%，给予最高500万元资助
			1. 承担市级工业强基项目的企业 2. 龙头企业和服务商建设工业互联网平台的项目 3. 能效提升、智慧能源管理、资源综合利用、数据中心绿色化改造等项目	按不超过投资额的30%，给予最高1000万元资助
			企业和第三方服务机构开展的制造业产品和服务质量提升、品牌建设推广等项目	按不超过项目实际投入的30%，给予最高500万元资助
			1. 获得国家和省、市绿色制造、工业节能、工业资源综合利用、清洁生产、绿色数据中心等示范项目和荣誉称号的企业 2. 打造工业互联网公共服务平台项目	符合条件的分别给予最高资助100万元、300万元
			省专精特新企业、国家专精特新"小巨人"企业、获得市级"单项冠军产品"称号的企业、获得市级"单项冠军企业"和获得国家"单项冠军"产品称号的企业、国家"单项冠军"示范企业	分别给予20万元、50万元、100万元、200万元、300万元的一次性奖励

续表

产业	施行时间	文件	适用对象	具体政策
制造业	2021年4月1日，有效期5年	《深圳市工业和信息化局关于制造业创新中心建设管理细则》	进入筹建期的市制造业创新中心和公共平台建设类项目	采取事前资助，资助额不超过经审核确定的总投入的50%，最高分别不得超过1000万元和5000万元
			共性/关键技术研发类、示范应用类项目	采用"事前立项、事后资助"方式，单个项目资助金额不超过经审计的项目总投入的50%，不超过3000万元
			获国家或省立项支持的项目	市工业和信息化局按不超过1∶1的比例对已拨付到位的国家或广东省资助资金给予配套。国家、省和深圳市的支持资金总额不超过项目总投资的50%
			在深圳注册设立的分支机构购置或租赁办公用房的	购置办公用房的，按照购房价款的3%给予不超过5000万元的一次性补贴；租赁办公用房的，每年按房屋租金的30%或40%给予补贴
			新注册设立的股权投资企业	以公司制形式或者合伙制形式设立的，按其实缴注册资本和实际募集资金的规模，分别给予500万元至1500万元的奖励
			符合条件的股权投资企业、股权投资管理企业购置或租赁办公用房的	购置办公用房的，按照购房价款的1.5%给予不超过500万元的一次性补贴；租赁办公用房的，可申请不超过500万元的租房补贴

续表

产业	施行时间	文件	适用对象	具体政策
金融业	2022年4月7日生效，有效期5年	《深圳市支持金融企业发展的若干措施》	在深圳新注册设立或新迁入的金融企业总部；新注册的财务公司、村镇银行；	对于金融企业总部实收资本在2亿元至10亿元的，给予相应的500万元至2000万元的一次性落户奖励。对实收资本超过10亿元的，超过部分每增加1亿元增加100万元的奖励，单个企业一次性落户奖励最高金额不超过5000万元
			在深圳注册设立的金融企业总部需要购置或租赁自用办公用房的	购置办公用房的，按购房房价的10%给予不超过5000万元的一次性补贴；租赁办公用房的，前3年给予30%的租金补贴，后2年给予15%或25%的租金补贴
			在深圳新注册设立的金融企业分支机构	给予50万元至200万元的一次性落户奖励
	2023年1月31日至2028年1月31日	《〈关于强化中小微企业金融服务的若干措施〉实施细则》	向深圳市小微企业发放无还本续贷贷款的银行	市财政每年安排5000万元，按照单户同一授信额度下无还本续贷总额的2%给予银行奖励，单户贷款的补贴金额最高不超过10万元
			向深圳市政策性的融资担保机构和小额贷款公司等地方金融机构申请过桥资金的中小微企业	市财政按照过桥资金以当期基准利率计息，对中小微企业给予50%的贴息，单个企业年度贴息金额最高不超过20万元
			深圳市成功发行债券融资工具的企业；协助企业完成债券融资的金融机构、增信机构、中介服务机构	对成功完成融资的深圳市企业，按照发行规模的2%，给予单个项目单个企业最高不超过50万元的补贴；对协助企业完成债券融资的金融机构，按照发行规模的1%，每家机构单个项目最高10万元的标准给予支持，单个项目补贴金额最高不超过30万元

续表

产业	施行时间	文件	适用对象	具体政策
现代农业	2023年9月16日起执行，有效期5年	《深圳市支持现代农业高质量发展的若干措施》	经国家、省批准立项的项目	最高按中央、省财政1:1的比例予以配套资助
			科技成果转化、应用推广	按审定项目总投入的40%—50%给予资助
			年度监测合格的农业产业化重点龙头企业，首次被认定为市级、省、国家农业产业化重点龙头企业的农业企业	分别给予20万元、30万元、50万元和70万元奖励
			新认定为国家级、省级、市级休闲农业与乡村旅游示范点或"三农"类科普教育基地的农业经营主体	分别给予110万元、80万元、50万元奖励
			获得国家、省级预制菜奖项的	分别给予15万元、10万元奖励
	2024年7月9日起施行，有效期5年	《深圳市乡村振兴和协作交流局支持现代农业高质量发展专项资金操作规程》	牵头承担农业项目且单个项目配套资金不超过3000万元的	资助金额不超过项目批复投资总金额的50%
			市级农业高水平前沿基础研究、核心攻关技术	资助标准为按不超过审定项目总投入的50%，给予最高3000万元的补贴
			申报项目的方向为现代农业科技成果转化、数据共享、技术服务、检验检测、人才培训等	按审定项目总投入的40%，给予不超过4000万元资助
			应用转化项目的项目	对应用推广、转化项目，分别按申报项目总投入的50%和40%给予不超过300万元和500万元资助
			特殊医学用途配方食品注册证书奖励项目	给予50万元一次性奖励
			首次被认定为"农业产业化国家重点龙头企业""广东省重点农业龙头企业""深圳市重点农业龙头企业"的农业企业	分别给予70万元（累计）、50万元（累计）和30万元的一次性奖励

续表

产业	施行时间	文件	适用对象	具体政策
数字经济	2021—2023年	《深圳市数字经济产业创新发展实施方案（2021-2023年）》	高端软件产业、人工智能产业、区块链产业、大数据产业、云计算产业、信息安全产业、互联网产业、工业互联网产业、智慧城市产业、金融科技产业、电子商务产业、数字创意产业等重点领域	1. 统筹战略性新兴产业、科技创新、工业互联网、电子商务、金融、文化等领域财政专项资金，优化调整重点支持领域和方向，加大对重点企业和重大项目的支持力度 2. 充分发挥天使投资母基金等基金的作用，引导社会资本加大对数字经济产业的投入 3. 支持银行、担保、小额信贷等机构创新融资方式，通过信贷风险补偿、应收账款抵押、融资担保等方式，优先支持数字经济企业发展
	2023年6月	《深圳市坪山区数字经济高质量发展资金支持措施》	通过国家智能制造成熟度等级认定达到五级（引领级）、四级（优化级）、三级（集成级）的企业	分别给予500万元、300万元、100万元一次性奖励
			企业使用5G新一代信息通信技术打造的5G全连接示范产线、示范车间和示范工厂	分别给予25万元、50万元100万元奖励
			支持建设数字化智能化转型示范园区	按项目建设实际投入的30%，给予单个园区最高150万元一次性资助
			新设立的工业互联网领域公共服务平台	按项目建设实际投入的50%，给予最高500万元一次性资助
			新设立或新迁入的数字经济企业，落户当年或第一个会计年度的营业收入3000万元以上，且纳入坪山区"规上"企业库的	按营业收入的1%，给予最高300万元一次性奖励

资料来源：根据相关文件整理。

此外，为进一步激发各区产业活力，深圳市各区政府积极响应，还纷纷制定了针对区域内重点产业发展的专项资金管理办法，详见表7-5。

表7-5　　　　　　　　深圳市分区域产业补贴政策

区域	时间	政策	支持对象	政策内容
福田区	2022年6月	《深圳市福田区产业高质量发展支持政策》	企业近3年内组织实施的符合产业政策规定条件的企业，或对福田区经济发展有重要贡献的其他组织及个人	给予线下高端品牌门店最高200万元支持；新增专精特新支持、单项冠军配套支持等条款，按市级1：1配套奖励；给予智能制造工厂示范项目最高6000万元建设支持和最高1000万元租金支持；鼓励大型商业促消费活动，给予活动费用最高300万元等系列政策
罗湖区	2022年7月13日至2025年7月13日	《深圳市罗湖区产业发展专项资金管理办法》	在罗湖依法正常经营、对罗湖经济发展有突出贡献的法人、非法人组织和个人，满足条件的企业	单个项目扶持金额在50万元以下（科技创新类企业20万元以下）的，可采用简易程序办理；单个项目扶持金额在50万元以上（科技创新类企业20万元以上），提请领导小组会议审批
南山区	2024年4月8日至2027年4月8日	《南山区促进产业高质量发展专项资金管理办法》	各类申报项目的性质、条件、资助方式和资助额度等，以各项产业扶持措施的规定为准	每家单位单个扶持项目资助金额原则上不得超过1000万元
盐田区	2023年12月	《盐田区产业发展资金管理规定》	在盐田区实际从事经营活动的具有独立法人资格的企业、单位，或主管部门认为对盐田区经济发展发挥重要作用的企业、机构、单位	每家中小微型企业每一年度内享受的扶持总额在500万元以下，每家机构、单位、大型企业、单一集团企业（母公司及其下属合并报表范围的子公司）每一年度内享受的扶持总额在3000万元以下

资料来源：相关文件整理得出。

2. 人才吸引政策

深圳，这座中国改革开放的前沿阵地，一直以来都将人才发展战略视为城市发展的核心驱动力。为了吸引并留住高层次人才，深圳不断出台一系列创新且富有吸引力的政策，如连续发布《深圳前海深港现代服务业合作区境外高端人才和紧缺人才个人所得税财政补贴暂行办法》（2013）、《关于落实粤港澳大湾区个人所得税优惠政策的通知》（2020）、《财政部 税务总局关于延续实施粤港澳大湾区个人所得税优惠政策的通知》（2023）、《深圳市境外高端人才和紧缺人才2023纳税年度个人所得税财政补贴申报指南》（2024）等税收优惠政策。例如，提出在粤港澳大湾区工作的境外高端人才和紧缺人才，其在珠三角九市缴纳的个人所得税已缴税额超过其按应纳税所得额的15%计算的税额部分，由珠三角九市人民政府给予财政补贴，该补贴免征个人所得税。每个纳税年度每个纳税人的个人所得税补贴额最高不超过500万元。

3. 公共服务供给政策

深圳市在公共服务供给方面实施了一系列财政税收优惠政策，旨在解决不同群体的实际需求并促进城市发展。针对住房问题，深圳2016年发布《深圳市公共租赁住房和廉租住房并轨运行实施办法》，通过并轨运行公共租赁住房和廉租住房的政策，旨在为低收入家庭及单身居民提供住房保障；2023年发布《深圳市公共租赁住房管理办法》，旨在进一步规范公共租赁住房的供应分配、使用、监督管理等活动。在应对人口老龄化挑战方面，深圳积极推动社会养老服务高质量发展，2023年通过《深圳市养老机构从业人员补贴试行办法》，为符合条件的养老机构从业人员提供入职补贴和岗位补贴，旨在吸引和稳定社会养老服务人才，提升社会养老服务质量，满足老年人多样化的社会养老服务需求。为打造具有深圳特色的城市夜景，提升城市形象和促进夜间经济，2020年出台《深圳市城市景观照明设施维护费及电费补贴办法》，通过财政补贴鼓励业主自主建设景观照明设施，既美化了城市环境，又拉动了相关产业的发展。

第四节 区域协同创新的财税政策经验借鉴

基于对国外都市群、国内区域以及国内重点新区协同创新财税政策的梳理，可以看出，在促进区域协同创新的过程中，财税政策扮演着至关重要的角色。通过政府引领与市场作用的有效结合、支持方式的多元化运用、支持政策的连续与动态调整以及扶持政策的精准落地，可以有效地推动区域协同创新的发展。

一 政府引领与市场作用的有效结合

政府引领在区域协同创新中起着至关重要的作用，但市场机制同样不可或缺。两者的有效结合能够形成强大的合力，推动区域协同创新的高效发展。政府可以通过制定明确的产业政策和规划，引导资源向重点领域和关键环节集聚。例如，长三角、珠三角及粤港澳大湾区等地政府都出台了相应的产业扶持政策，通过减免税款、研发费用加计扣除等方式，激励企业加大创新投入。因市场机制在资源配置中起着决定性作用，政府应通过构建公平竞争的市场环境，来激发企业的创新活力，为发挥市场在资源配置中的决定性作用提供有效平台。例如，浦东新区在帮扶小微企业发展方面，提供了从创立到成熟阶段的系统性服务措施，既体现了政府的引导作用，又充分发挥了市场的推动作用。

二 支持的多元化运用

在促进区域协同创新的过程中，可以灵活运用多种支持方式，多方位满足不同创新主体的需求，为区域协同创新提供了全方位、多层次的保障，推动区域创新能力的持续提升。一方面，政府可以通过财政补贴和税收优惠等方式，降低企业的创新成本，提高其创新积极性。如日本政府通过财政投资、转移支付、税收优惠等手段，推动区域发展，形成层次分明的产业布局。另一方面，政府可以从多个维度展开支持。通过引导金融机构增加对创新企业的支持力度，利用贷款贴息、风险补偿等手段，有效减轻企业的融资成本，从而助力重点产业的蓬勃发展。政府还可以加大对人才的引进与培养力度，通过提供优越的待遇和条件，积极吸引高端人才及创新团队加盟。以长三角、珠三角及粤港澳大湾区为例，这些地区纷纷出台人才吸引政策，为区域协同创新奠定了坚实的人才基础。还可以搭建平台，诸如长三角地区，三省一市联手搭建创新平台，构建区域协同创新体系，实现区域内创新资源的高效整合。

三 支持政策的连续与动态调整

在推动区域协同创新的过程中，政府既需要保持支持政策的连续性和稳定性，确保政策环境的一致性和可预期性，也需要依据经济社会发展的实际状况，灵活调整并优化财税政策，确保其能够适应不断涌现的新发展需求。例如，浦东新区在 20 多年的实践探索中，形成了一套比较完善健全的管理体制和发展模式，为其他新区和区域发展提供了可借鉴的范本。但政策的连续和稳定并非代表"一成不变"，政府还应根据形势的发展和市场的变化，及时调整支持政策。例如，在面对全球经济形势的变化和国内经济结构的调整时，政府可以适时调整税收优惠政策、产业扶持政策等，以适应新的发展需求。

四 扶持政策的精准落地

在推动区域协同创新的过程中，重视并依据各区县的实际情况与独特优势，制定具有针对性和可操作性的扶持政策显得尤为重要。以珠三角地区为例，该地区通过设立产业转移专项基金，不仅有效支持了产业的有序转移与升级，还根据不同区县的产业特点和优势，实施了差异化的扶持政策，有力促进了区域经济的协调发展。深圳市作为中国经济特区，其各区政府在推动产业发展方面同样表现出高度的积极性和创新性。福田区、南山区等区域，针对各自区域内的重点产业，还纷纷制定了专门的资金管理办法。这些办法不仅体现了对产业发展的精准扶持，还确保了财政资金使用的高效与透明，为区域协同创新的持续健康发展提供了有力保障。

第八章　促进京津冀协同创新的地方财政策略性互动机制设计

"求木之长者，必固其根本；欲流之远者，必浚其泉源"。京津冀的协同创新需要基于京津冀协同创新的路径实现京津冀整体区域利益与京津冀三地个体利益的一致。京津冀区域的社会经济发展经历了从中央计划性的经济协作到地方自发性的经济合作阶段，再到政府主导性的经济协同阶段，直至现在的国家战略性全面协同阶段，京津冀区域内各辖区之间的协作程度和协作范围愈加深入和宽泛，辖区之间的关系也愈发紧密，京津冀区域的协同不仅已经成为一种经济与社会的发展共识，更已成为京津冀区域长期的发展任务和发展目标。随着高质量经济发展目标的确定，京津冀协同更加多元化，对深层次协同的需求也更加迫切，通过地方政府间财政的有效互动，不仅能实现京津冀区域内各个辖区的自身发展，更能实现京津冀区域整体经济和社会实力的长效提升，是京津冀协同创新的目标之所在。

党的二十大报告指出，坚持以推动高质量发展为主题，着力推进城乡融合和区域协调发展，推动经济实现质的有效提升和量的合理增长。京津冀协同发展实际上是一种建立在既有行政区划治理基础之上的新的治理方式。围绕京津冀协同发展重大国家战略，财税作为国家治理的基础和重要支柱，要在京津冀协同发展中发挥基础性和支撑性作用。

第一节　京津冀地方财政策略性互动机制设计原则

《中共中央　国务院关于加快建设全国统一大市场的意见》出台，

不仅彰显了国家推进市场统一化的坚定决心和信心，也预示着地方经济社会发展将面临新的格局。特别是对于京津冀而言，未来企业和产业的壮大依赖于本地区优惠政策保驾护航的空间和可能性均在大大压缩，须在更大程度上依托市场的公平竞争和高效的资源配置。因此，基于可持续高质量发展的视角，京津冀协同创新的实现，应秉承"注重顶层设计规划，增强区域发展 OKR 原则""行政区划相对稳定，加强经济区划作用原则""尊重地方利益诉求，实现区域利益最大化原则""打破系统滞后效应，创新要素优先储备原则"的策略原则，遵循市场规律，推动资源要素的自由流动和优化配置，以促进京津冀的健康、长效发展。

一 注重顶层设计规划，增强区域发展 OKR 原则

在区域发展中，注重顶层设计规划与增强 OKR（目标与关键成果）原则是推动持续、高效和创新发展的关键。这两个方面相辅相成，共同构成现代区域发展战略的核心。顶层设计规划是从全局和战略高度出发，对区域发展的整体方向、目标、路径和重点进行系统性规划和设计。它强调整体性、协同性和长期性，旨在确保各项发展举措符合总体战略，避免各自为政、分散用力。通过顶层设计，可以明确区域发展的优先级，优化资源配置，提高发展效率，从而实现整体利益最大化。OKR 原则是一种先进的目标管理理念和方法，它强调将区域发展的总体目标分解为具体、可衡量的关键成果，并通过定期评估和调整来确保目标的顺利实现。

鉴于京津冀区域内各辖区个体利益与整个区域整体利益之间存在的先天性差异，为了切实推动京津冀区域的协同创新，提升其可能性、连续性与质量，我们既需要从宏观层面对整个京津冀区域进行科学的顶层设计与规划，也需要在确保区域整体发展的前提下，深入考虑各辖区的具体发展情况及与整体发展的协调配合。这意味着，首当其冲应该为京津冀区域内各辖区制定长期、明确的发展定位和规划，以实现个体利益与整体利益的有机统一。在中国特色社会主义市场经济的大背景下，政府引导在区域发展初期确实起到举足轻重的作用。但随着区域发展对高质量要求的不断提升，将更加依赖市场在资源配置中的决定性作用。因此，从长远来看，京津冀区域的发展和创新要素的配置与调整，也必须遵循市场经济的逻辑，通过市场的自发力量来推动。由此，引导和促进创新要素自发地向京津冀区域汇聚，是实现京津冀协同创新目标的核心阶段性任务。这将有助于提升整个区域的创新能力和竞争力，推动京津冀区域实现更高质量、更可持续的发展。

由于政府间的委托代理关系、竞合关系等同时存在，单纯依赖各个政府自发、自觉展开协作的可能性与持久性都存在极大的困难。因此，在促进京津冀协同创新中应设计策略性互动安排，通过顶层设计，加强区域发展的目标绩效管理。KPI（Key Performance Indicator）与OKR（Objectives and Key Results）是当下广为人知，且应用较为广泛的绩效管理理念和管理模式。KPI被称为关键绩效指标，是在遵循具体化（Specific）、可量化（Measurable）、可实现（Attainable）、现实性（Realistic）、实效性（Time bound）即SMART基础上遴选出关键参数作为战略工作目标并进行衡量和评价的方式。KPI强调将工作的精力放在关键事件、关键环节、关键过程以及关键结果之上，并基于确定的目标和尽量量化的结果，通过对指标进一步分类、细化以及考核，实现更为精确和高效的管理。KPI强调过程控制导向，一般采取自上而下的方式进行目标任务分解和指标业绩分配，并通过绩效薪酬与KPI挂钩的方式来实现激励，可以有效刺激工作积极性，但因过分关注KPI数值本身，往往带来主观能动性和弹性变化的丧失，变成"唯KPI论英雄"。OKR是目标与关键成果管理，OKR原则注重目标的明确性、可衡量性和挑战性，以及关键成果与目标的对齐性。它鼓励各参与方围绕共同目标展开协作，发挥主观能动性和创新精神，为实现区域发展的总体目标贡献力量。与KPI相比较，其考核并不关注团队或者企业中的某个部门、某个个人，而是更加关注目标和任务本身，其虽然也自上而下进行目标分解，这种分解后的目标是下级根据自身情况以及对终极目标的理解和掌握，通过沟通和协商后的主动性分解目标。OKR虽以目标为导向，但其并不像KPI那样设定了"预定结果"[1]，更有助于发挥不同个体的

---

[1] 田五星、王海凤：《大数据时代的公共部门绩效管理模式创新——基于KPI与OKR比较的启示与借鉴》，《经济体制改革》2017年第3期。

主观能动性和积极性，让分解目标的实现更加多元、更富有创意、更适合创新性工作的展开。

京津冀协同创新过程中，因京津冀区域的经济、社会、行政条件的特殊性，且发展环境的日新月异，没有成熟有效的路径和方法直接借鉴，都需要"摸着石头过河"，需要创新性思维、创新性方式。故可采取 OKR 的绩效管理模式，通过顶层设计规划确定区域发展的总体战略和目标体系，为各参与方提供明确的行动指南；同时，运用 OKR 原则将整体目标细化为多个明确的关键成果，确保各项工作紧密围绕整体目标展开，形成有效的执行和反馈机制。由此，通过顶层设计规划和 OKR 原则的灵活运用，迅速响应外部变化，调整目标体系和工作重点，保持区域发展的连续性和稳定性，以调动京津冀三地之间的协作积极性，并以京津冀协同发展作为终极管理目标，相较更加具体化却存在指标"僵化"可能的 KPI 绩效管理模式，更符合京津冀协同创新特点和需求，推动京津冀协同发展不断取得新的突破和成就。

二 行政区划相对稳定，加强经济区划作用原则

首先，行政区划的相对稳定是区域协同创新的基础。区域的快速发展和崛起，造成经济区划与行政区划的不匹配，这是一种必然的结果和现象。但行政区划是一个相对静态的概念，而经济区划却是一个相对动态的概念，没有必要强求一个静态的区域划分与动态的区域经济发展问题完全吻合。且行政区划的相对稳定，更加有利于政府高质量治理的有效实现。京津冀区域作为中国的重要经济区域，其行政区划的调整必然涉及多方的利益协调，因此，在推进协同创新的过程中，应保持行政区划的相对稳定，以减少不必要的行政成本和社会动荡。这种稳定性有助于维护区域内各级政府的权威性和政策的连续性，为经济发展提供稳定的制度环境。

然而，稳定并不意味着故步自封。在保持行政区划稳定的同时，还应加强经济区划的作用。经济区划是根据经济发展的内在联系和规律，将一定范围内的地区划分为不同的经济区域，以实现资源的优化配置和经济的高效发展。在京津冀区域，各城市之间的经济发展水平、产业结构、资源优势等仍旧存在差异，因此，通过加强经济区划的作用，可以

更好地发挥各地区的比较优势，形成优势互补、协同发展的良好局面。

故为了促进京津冀协同创新的发展目标，在地方财政策略性互动机制的设计过程中，应当优先遵循行政区划相对稳定的原则。同时，需要加速政府管理职能向治理与服务职能的转变，以弱化行政区划边界对经济区划的制约，并强化经济区划的实际作用。通过地方政府间及各部门间的协调合作，有效解决经济区划和行政区划间的不一致可能带来的边界摩擦与矛盾。即遵循"行政区划相对稳定，加强经济区划作用"的原则，不仅能够确保政策制定的科学性和实施的可行性，还能更好地平衡各方利益，实现资源的优化配置，有助于推动京津冀区域的协同发展向更高层次、更广领域迈进，为区域经济的持续繁荣和创新发展奠定坚实基础。

三 尊重地方利益诉求，实现区域利益最大化原则

在京津冀协同创新的过程中，设计地方财政策略性互动机制时，还应该充分尊重各地方的利益诉求，并通过有效的协调与合作，实现区域利益的最大化。这一原则不仅是推动协同发展的核心，也是确保政策顺利实施和区域可持续发展的关键。通过贯彻这一原则，可以推动京津冀区域的协同发展向更高水平迈进，实现区域经济的持续繁荣和共同富裕。地方利益与区域利益并不是一对相反的概念，地方利益概念往往与中央利益概念相对应，而区域利益概念往往与国家利益概念相对应[①]，故地方利益与区域利益之间往往具有密切的关系。地方政府在现有法律法规框架下，追求本地区的经济和社会利益是合理且正当的需求，甚至是地方政府对本地区居民负责任的表现，应给予基本的尊重。但从全国经济社会发展视角出发、从区域发展视角出发、从该地区的长远发展路径视角出发，地方利益的长效实现需要依赖区域利益的实现和创造。基于比较优势理论，考虑到产业发展的精细化发展趋势以及生产运营成本等，任何地区都无法实现全产业链的本地区化，较大规模市场的依赖是每个地区都面临的生存基本条件。为了在市场中长期立足，各地区需紧密结合自身在产业链中的角色与责任，与地方及区域利益相协调，力求

---

① 魏后凯：《区域经济理论与政策》（下卷），中国社会科学出版社2016年版。

在满足地方发展需求的同时，最大化地促进区域整体利益，实现双赢乃至多赢的局面。

首先，尊重地方利益诉求是建立互信、互利、共赢合作关系的基础。京津冀区域包含多个城市和行政区域，每个地区都有其独特的经济发展需求、资源优势和利益关切。在制定财政策略时，应充分考虑各地区的实际情况和发展愿景，确保政策的公平性和合理性。通过尊重地方利益诉求，可以增强地方政府间的合作意愿和动力，为协同发展奠定坚实基础。

其次，实现区域利益最大化是地方财政策略性互动机制设计的最终目标。在京津冀协同发展的过程中，各地区之间的经济联系和相互依存程度不断加深。因此，财政策略的制定应着眼于整个区域的利益最大化，而非局限于某个地区的局部利益。通过优化财政资源配置、促进产业协同发展、加强基础设施建设等措施，可以推动整个区域的经济发展质量提升和产业结构优化，从而实现区域利益的最大化。

四　打破系统滞后效应，创新要素优先储备原则

首先，打破系统滞后效应是提升区域发展活力和效率的关键。系统滞后效应往往表现为政策响应的迟缓、资源配置的低效以及创新动能的不足。在京津冀区域，由于历史、地理、经济等多重因素的交织，这种滞后效应可能更加明显。因此，在设计财政策略性互动机制时，应着力打破各种形式的行政壁垒和市场分割，促进要素的自由流动和高效配置，从而消除滞后效应，激发区域发展的内在动力。一般而言，如果在经济上行期，企业通常会倾注大量精力于吸引、争夺创新型人才、关键要素、数据及技术。但随着市场统一程度的加深，这些优质创新资源在经济繁荣时期显得尤为稀缺，往往会带来要素价格的攀升，增加获取与储备的成本，有时甚至造成资源在企业或行业内过度积聚，引发浪费。由于技术创新等创新活动的研发周期及成果显现需要时间，这使得经济当前阶段的创新显著性呈现不均衡状态。而当经济步入下行期，可能会迎来一系列创新成果的集中涌现，但同时，经济不景气也迫使许多企业及行业为"过冬"而不得不大量放弃这些创新资源，尤其是创新型人才。可以预计，等到下一轮经济上行期到来时，企业、行业面对创新成

果不足、产品更迭不够等市场问题，将会再次陷入创新要素不足以及创新要素争夺的困境。由此可以看出，基于市场的供求动态变化，这种经济周期与创新要素之间的波动，存在明显的系统滞后效应。

其次，创新要素优先储备是实现区域可持续发展的必然选择。在当前经济全球化和知识经济迅猛发展的时代背景下，创新已成为推动区域发展的核心驱动力。京津冀区域作为中国的重要经济增长极，必须紧紧抓住创新这个"牛鼻子"，通过优先储备创新要素，如人才、技术、资本等，培育新经济增长点，打造具有国际竞争力的创新高地。技术竞争不仅仅取决于企业或者区域的创新能力，更取决于地方政府对前沿技术、市场的预见能力以及投入的决心。京津冀协同发展目标的实现，有赖于京津冀地区的协同创新，因此，创新要素的持续储备成为实现这一长远目标的必然选择。为了有效抵御经济周期与创新要素之间的波动性，以及打破市场形成的自然创新成果滞后效应，政府应该根据京津冀三地功能定位以及围绕京津冀整体价值链，设计创新要素优先储备方案，甚至进行反周期操作。如在经济上行时期，政府应"忍住冲动"，尽量不"下场"用高薪抢夺人才、资本、数据、技术；而在经济下行时期，政府一方面应根据三地产业链布局和定位以及未来市场演化趋势，"亲自"吸引高质量人才、资本、科技等创新要素；另一方面还可以通过财政补贴、税收优惠等方式来引导、鼓励、帮助相关企业以及相关产业储备重要创新要素，降低企业、产业因经济不景气而"裁掉"创新人才要素的可能，保障创新的连续性和高效性，高质量发挥政府的引导和保障作用，通过打破市场自发形成的系统滞后性，有效提升京津冀协同创新水平，为京津冀协同发展保驾护航。

第二节 京津冀地方财政策略性互动机制设计思路

改革开放40多年来，从充满创新活力的长三角，到备受全球瞩目的上海浦东新区和深圳，这些地区的快速发展一再印证了市场作为资源配置方式的卓越效率。当前，我们身处中国特色社会主义新时代，更应深刻认识到尊重市场规律、遵守市场规则在社会主义市场经济改革中的重要性，并将其作为必须遵循的原则。这不仅是对过去成功经验的总结，也是对未来发展的科学指引①。在中国式财政分权体制框架暂时无法全面重构的当下，为缓解纵向财政不平衡、促进财权与事权更好地协调匹配，我们需要从以下两个方面进行深度调整。首先，应加速推进纵向政府间的事权与支出责任划分改革。这主要涉及明确界定中央与地方，以及省级及以下地方政府的事权范围和所承担的支出责任。通过这一改革，我们可以将过去低层级政府过度承担的公共服务责任合理上收，从而使各级政府间的共同事权和责任变得更为清晰和合理，进而减轻地方政府的财政支出压力。其次，在部分事权上收的同时，中央政府可考虑适度下放部分财权。具体而言，我们可以探索建立以共享税为主体的税收收入划分模式，这不仅有助于稳定地方财源，还能保障地方政府的可支配财力。此外，我们还应加快完善地方税收体系，积极推进房产税、资源税、环境税等税种的改革，并研制出切实可行的改革方案。通过这些举措，我们可以培育地方政府的主体税种，从而进一步充实地方的可用财力②。

一 制度内策略性互动机制设计

在复杂的多级政府体制和财政体制下，中央与地方政府之间以及多级地方政府相互之间，既存在利益一致的情况，也难免出现利益冲突。特别是在区域协同创新的进程中，诸如人才、数据、资本、科技等关键的创新要素资源是有限的，而优质资源更是稀缺。因此，在推动区域发展的过程中，必须兼顾区域整体和各辖区的发展需求。当区域发展与某辖区的发展方向一致时，两者的需求可以得到同步满足，形成共赢的局面。然而，当两者的发展方向出现偏差或相背而行时，地方政府及其财政部门将面临艰难的选择。这种情况可能引发多层级政府间、多部门间乃至多元化主体间的复杂博弈，增加发展过程中的不确定性和成本。为了降低这种博弈带来的成本，并形成辖区发展与区域整体发展的长效合力，我们需要进行精心的制度设计和机制安排。这包括但不限于明确各级政府间的权责划分、建立有效的沟通协调机制、优化资源配置方式以

---

① 王丽：《雄安新区建设中的政府责任与政府边界》，《甘肃社会科学》2019年第2期。
② 王晓洁等：《促进京津冀协同发展的财税政策研究》，中国社会科学出版社2019年版。

及制定激励相容的政策措施等。通过这些努力，我们可以更好地平衡各方利益，促进辖区与区域发展的和谐共赢。

（一）形成区域内预算协调的生态化[①]

党的二十届三中全会审议通过的《中共中央关于进一步全面深化改革 推进中国式现代化的决定》指出，有效的政府治理是发挥社会主义市场经济体制优势的内在要求。财税体制改革是国家治理体系和治理能力现代化的重要组成部分，而健全预算制度是深化财税体制改革的重要一环。预算制度的健全不仅在经济体制改革中占据不可或缺的地位，而且深刻影响经济、社会、政治、文化、生态文明以及党的建设等多个领域的深层次变革。其中，预算法的修订作为政府预算管理体制改革的重要标志，其意义尤为深远。京津冀区域协同这一改革背景为地方财政策略性互动机制的设计提供了新的思路。京津冀区域作为中国的重要经济增长极，其财政政策的制定与实施直接关系到区域协同发展的成效。因此，在设计地方财政策略性互动机制时，必须紧密结合国家治理体系和治理能力现代化的改革要求，以政府预算改革为核心，全面深化财政管理体制改革。京津冀区域应着眼于构建更加科学、规范、透明的地方财政预算体系，确保财政资金的合理分配和高效使用。同时，应加强地方政府间的财政协调与合作，打破行政区划壁垒，实现财政资源的优化配置和共享。此外，还应注重发挥财政政策在促进经济转型升级、推动社会公平正义、保护生态环境等方面的积极作用，为京津冀区域的全面协调可持续发展提供有力支撑。由此，以政府预算改革为核心的政府预算管理体制改革，不仅是推进国家治理体系和治理能力现代化的关键举措，也为京津冀地方财政策略性互动机制的设计提供了重要遵循。通过深化财政管理体制改革，加强地方政府间的财政协调与合作，京津冀区域必将迎来更大的发展空间和更加光明的未来。

1. 区域内推广参与式预算

参与式预算作为一种治理机制，允许公民直接或间接地参与到公共

[①] 刘连环、高菲、温立洲、王丽：《我国政治生态文明与政府预算管理》，《经济研究参考》2017年第50期。

资源分配和使用的决策过程中①。它不仅随时间（如年度周期）和地理空间（如城市范围）而变化，更体现了地方政府、公民和社会组织之间的多元互动。这一理念最初源于巴西阿雷格里港的城市治理创新，如今已在世界各国得到广泛探索和实践。例如，联合国人居署高度认可参与式预算作为城市善治原则的体现，并将其作为全球范围内城市治理实践创新的重要推广内容。参与式预算的核心价值在于鼓励市民积极参与决策过程，特别是对公共资金使用的分配和监督。这种参与不仅能增强政府与社会之间的互信，更是推动全过程人民民主的重要途径。通过公开透明的预算制定过程，公民可以了解公共资源的分配情况，提出自己的意见和建议，并监督预算的执行。这不仅有助于增强公民对政府的信任感，还能促进政府决策的科学性和有效性。在京津冀区域，推广参与式预算可以激发三地居民对区域协同发展的热情和积极性，为京津冀协同发展奠定坚实的民意基础，故应该积极培育、支持和鼓励三地政府、社会组织以及广大市民参与到该区域的公共预算决策中。

参与式预算的推广可以为京津冀地方财政策略性互动机制提供民意基础和决策参考；京津冀地方财政策略性互动机制的构建也可以为参与式预算的推广提供制度保障和实施平台。两者相互促进、相得益彰，共同推动京津冀区域的治理现代化和协同发展进程。为实现京津冀区域公共预算的有效参与，需要创新相关制度，为区域内参与式预算的发展提供坚实的制度与技术保障。例如，可以探索建立区域内参与式预算的社会问责机制②，以确保预算决策的公开、透明和有效。同时，还应充分挖掘京津冀协同创新中各方的需求，包括三地政府、社会团体以及民众的需求，并结合京津冀区域的整体发展战略，做好三地之间的预算协调工作。这将有助于促进京津冀区域的协同发展，进一步推动参与式预算在该区域的实践和发展。

2. 加强区域内公共预算协调审查监督

中国新《预算法》第 12 条明确提出讲求绩效的原则，标志着中国

---

① 联合国人居署编著：《参与式预算 72 问》，城市社区参与治理资源平台编译，中国社会出版社 2010 年版。

② 扶松茂：《参与式预算在中国推广的展望》，《民主与科学》2016 年第 1 期。

政府预算的绩效管理改革进一步加速。预示着随着绩效预算管理的逐步深入，中国"简政放权""转变政府职能，提高效能"的改革进程进一步推进，从而提升政府的执政效率，满足政治效率化的诉求，加快政治生态文明的建设速度。京津冀区域作为中国的重要经济增长极，其协同创新发展对于提升区域整体竞争力具有重要意义。然而，当前京津冀三地在财政政策制定与执行上仍存在一定程度的分割与不协调，制约了协同创新的步伐。通过建立统一的预算审查标准、强化人大预算审查监督职能、引入社会参与机制以及加强信息化建设等区域内公共预算协调审查监督路径的实施，可以推动京津冀三地在财政政策上形成更加紧密的合作与互动关系，为区域协同创新提供有力的财政支持和保障。

（1）建立统一的预算审查标准。为确保京津冀三地预算编制和执行的一致性和科学性，必须首先建立统一的预算审查标准。这些标准应涵盖预算编制的时效性、合规性、绩效性等多个方面，确保各地在财政资源分配上遵循公平、透明、高效的原则。通过统一标准，可以消除地区间因标准差异而导致的资源配置不合理现象，进而促进协同创新的顺利推进。具体实施上，京津冀三地财政部门应共同研讨并制定一套适用于整个区域的预算审查标准体系。这套体系既要体现国家宏观政策导向，又要充分考虑区域发展实际和各地财政承受能力。同时，还应建立定期评估和修订机制，以确保标准的时效性和适用性。

（2）强化人大预算审查监督职能。强化人大预算审查监督职能是促进京津冀协同创新、确保财政资源得到合理高效利用的关键环节。为实现这一目标，必须全面提升人大代表的预算审查能力，使他们能够深入理解预算的每一个细节，从而准确判断资源分配的合理性与效益性。同时，完善预算审查流程也至关重要，通过细化审查环节、明确审查重点，可以确保人大代表对预算进行全面而深入的审视，及时发现并纠正可能存在的问题。此外，强化预算监督问责机制同样不可或缺，这不仅是对违规行为的有效制约，更是对财政资源使用效率的有力保障。通过这一系列的措施，可以充分发挥人大在预算审查监督中的核心作用，为京津冀协同创新提供坚实的财政支撑，推动区域经济实现高质量、可持续发展。

（3）引入社会参与机制。引入社会参与机制是加强京津冀区域内公共预算协调审查监督的重要举措，对于促进预算决策的民主化、科学化和透明化具有深远意义。通过拓宽公众参与渠道，政府能够更广泛地听取社会各界的声音，确保预算编制更加贴近民生、反映民意。同时，推进预算公开透明，不仅保障了公民的知情权、参与权和监督权，还有助于提升政府公信力，促进政府与民众之间的互信合作。此外，引入社会组织和专家的力量，可以为政府提供专业、客观的咨询建议，增强预算决策的科学性和前瞻性。综上所述，引入社会参与机制能够形成政府、人大、社会三方良性互动的预算审查监督新格局，为京津冀协同创新提供有力的社会支持和监督保障。

（二）明晰区域内政府责任的空间层次

运用空间视角探究财政问题，对于区域发展具有重要意义。从空间财政体制要素组合结果来看，财政的空间视角可以分为财政全国视角和财政地方视角。基于中国的国情，中国的全国财政体制以及地方财政体制是一致的。但因财政分权的存在，各层级财政的事权、财权存在一定的差异性。尤其是中国的空间经济和空间社会均存在明显的差异性，其政府、财政的事权和财权责任的具体化形式也存在明显的差异，由此引发"空间财政"的思考。空间财政表达的是事权、财权、财力和能力在不同层次空间的分布、组合、互动，带来的数量和质量特征的差异性变化。简而言之，空间财政是财政治理结构在空间维度上的一种系统化反映。为了有效发挥财政治理、政府治理的高效作用，各级政府应肩负起重要责任，秉承效率和公平双原则，明晰区域内各个政府责任以及职责，实现空间财政中的空间效率和空间公平的融合。

空间效率是基于空间经济而言的，包括要素、产业集聚形成的空间正外部性；空间公平是基于空间社会而言的，是指劳动力、人口、家庭与公共服务的匹配性[①]。空间效率是实现空间公平的重要基础性条件，空间公平是实现空间经济的环境条件。无论是空间经济还是空间社会，京津冀区域内均存在非均质的特征，即空间经济存在较大差距，空间社会亦存在较大的差距，必然会造成人才、技术、资金、数据等创新要素的流动。而因财力、财权、事权等驱动力的作用，空间经济和空间社会

---

① 刘尚希：《关于空间财政的几点理论思考》，《财政科学》2022 年第 12 期。

的差异性必然会带来空间财政的竞争，地方政府间的财政支出竞争、税收竞争应运而生，如人才的虹吸效应问题。相近的地理位置、相似的人文环境、差异的经济条件，容易带来京津冀区域内经济和社会差距的拉大，不利于京津冀协同的有效推进。故明晰区域内政府责任的空间层次是促进京津冀协同创新的重要保障。应通过明确各级政府的职责定位和责任边界，明晰京津冀协同创新中京津冀三地之间，尤其是河北省内各层级政府间、财政间的政府职责范围以及财政支出标准、税收政策优惠边界等，弱化区域内经济和社会差距带来的区域内资源的竞争可能性，努力实现京津冀区域内空间经济和空间社会从非均质走向均质状态，推动形成更加高效、有序的地方财政策略性互动机制，为京津冀协同创新提供坚实的制度保障和组织基础。

（1）宏观层面：中央政府需要承担起顶层设计和总体规划的责任。这包括制定京津冀协同创新的总体战略，明确三地的发展定位、产业分工和合作方向，以及协调解决跨区域的重大问题和挑战。中央政府还应通过财政政策支持、税收优惠等措施，为京津冀协同创新提供有力的政策保障和资金支持。

（2）京津冀区域层面：三地政府需要建立起有效的协同合作机制。这包括共同制定区域发展规划，推进产业协同发展、基础设施互联互通、生态环境共治等方面的合作。同时，三地政府还应根据各自的资源禀赋和比较优势，明确各自的发展重点和产业分工，避免盲目竞争和重复建设。

（3）地方政府层面：各市、县（区）政府需要切实承担起推动本地创新发展的责任。这包括营造良好的创新环境，支持本地企业开展科技研发、技术创新和成果转化等活动，培育和发展具有地方特色的创新型产业。同时，还应加强与京津冀其他地方政府的沟通协作，共同推动区域协同创新向纵深发展。

但明晰区域内政府责任的空间层次并不意味着各自为政、各行其是，而是要在坚持协同发展的前提下，充分发挥各级政府的积极性和创造性，形成合力推动京津冀协同创新的发展。通过构建地方财政策略性互动机制，可以进一步促进京津冀三地之间的政策协同、资源共享和优势互补，为区域经济的持续健康发展提供有力支撑。

(三) 构建并完善地区间利益共享机制

深化京津冀协同创新共同体建设，是"十四五"京津冀协同发展向深度广度拓展的重要内容。京津冀协同创新并非单纯的北京市、天津市两个直辖市以及河北省的协同创新，而是京津冀区域内各辖区之间的协同创新，需要在各辖区之间、各城市之间构建并动态完善地区间利益共享机制。以产业协同创新为切入点，积极探索京津冀跨区域、跨领域、跨类别的协同创新的利益共享新机制新路径，对于切实推进京津冀协同创新具有极其重要的价值。但地区间利益共享机制的构建，应以地区间的人口自由流动为前提，即以京津冀区域内各创新要素的自由流动为前提，这就需要依托政府的引导来创建有助于各辖区发展和整体区域发展的切实可行的利益共享机制，而政府引导的终极目标是在实现各辖区间创新要素自由流动下京津冀协同创新的持续性和高质量。由此，通过京津冀协同创新基金制度安排、转移支付制度优化等制度路径实现地区间利益共享。

1. 协同创新基金制度的合理安排

为推进京津冀区域的协同创新，区域内各辖区政府已决定共同组建"京津冀协同创新基金"。该基金以区域内各辖区财政共同分担和筹集的启动资金为基础，构建京津冀区域协同共建的"财政性资金池"[①]。这一资金池将作为专项资金，专门用于支持京津冀区域内公共事务的协调发展，以促进整个区域的整合与提升。在启动资金的筹措方面，可借鉴欧盟成员国的"会费"[②]缴纳模式。与此类似，通过各辖区政府之间的充分协商，并综合考虑各辖区的财政负担能力及资金筹措的稳定性，将确定"京津冀协同创新基金"中各辖区的出资额度和出资比例。这样的制度安排旨在确保基金能够长期稳定运行，同时也体现了各辖区在协同创新过程中的责任与担当。

在国内，上海、江苏、浙江和安徽四个省市曾于2012年共同出资，

[①] 白彦锋：《创新财税政策促进京津冀地区协同发展》，《中国经济时报》2014年4月16日。

[②] 欧盟预算资金中各成员国按其国民收入比例所交纳的"会费"占比高达75%，各成员所征收的增值税按1%的比例上缴，基本占欧盟收入的14%，https://finance.sina.com.cn/j/20050618/00121698091.shtml，2005年6月18日）。

每地各出资 1000 万，联合成立了"长三角合作与发展共同促进基金"。该基金致力于跨界基础设施、生态环境保护和产业升级的共同建设与扶持。这一实践为区域协同发展提供了有力的资金支持。鉴于中国京津冀区域的协同创新目前尚处于起步阶段，因此在设立协同创新基金的初期，应坚持自愿平等的参与原则。这意味着区域内各辖区政府可以根据自身的财政实力和对未来发展趋势的预判，自主选择是否加入或退出该基金。同时，即使选择参与京津冀协同创新基金，各辖区也保留基金以外的独立经济权益。然而，随着区域协同创新水平的不断提升，以及地方财政合作关系的日趋稳定与制度化，区域协同创新基金的自愿性特质将逐渐减弱。最终，随着"一体化"目标的逐步实现，该基金的参与将可能转变为一种强制性要求，以确保区域协同创新的持续深入发展。

（1）协同创新基金应该建立明确的目标导向。针对京津冀区域的发展需求和产业特点，基金应聚焦于支持关键核心技术研发、推动产业升级和转型、培育高素质人才等方面。通过明确目标，可以确保基金的使用更加精准、高效，从而推动京津冀协同创新取得实质性进展。

（2）协同创新基金应注重多元化投入和市场化运作。除了政府财政资金投入外，还应积极吸引企业、高校、科研机构等社会各方参与，形成多元化的投入机制。同时，基金应引入市场化运作方式，通过公开竞争、择优支持等方式，提高资金使用效率，确保项目的质量和效益。

（3）协同创新基金还应建立完善的监管和评估机制。政府应加强对基金的监管力度，确保资金使用的合规性和安全性。同时，应建立定期评估机制，对基金支持的项目跟踪评估，及时发现问题并采取相应措施进行改进。通过监管和评估相结合，可以确保协同创新基金持续健康运行，为京津冀协同创新提供有力支持。

协同创新基金制度作为一种有效的财政工具，能够整合各方资源，促进科技创新和成果转化，但协同创新基金制度的合理安排需要各级政府、企业、高校和科研机构等各方共同参与和努力。只有形成紧密的合作机制和良好的创新氛围，才能充分发挥协同创新基金的作用，推动京津冀区域实现更高水平的协同创新和发展。

2. 转移支付制度的完善和有效运用

转移支付长期以来都是平衡地区间财政差距的有效工具，就京津冀协同创新而言，既可借助自上而下的纵向转移，提高财政能力，又可通过京津冀三地间的横向转移，缩小差距，从而通过财力的适度均衡推进京津冀区域公共服务供给的协同。转移支付存在横向转移和纵向转移两种方式，无论是横向转移还是纵向转移，在决定是否执行支付转移，以及确定转移的数量与方式时，从创新的角度出发，关键指标应当聚焦"人"而非"物"。虽然"物"的产出，如公共基础设施的建设，标志着差距的缩减和基本功能的达成，但"物"的存在以及分配的均衡，并不直接等同于创新力与生产力的实质性提升。而人力资本差异的缩小对于创新力差距的缩小具有关键性作用，所以选择以"人"为关键考察指标，才能有效判断转移支付带来的创新效率和公平，才能判断转移支付所带来的创造力的提升可能、生产效率的提升可能，才能够实现空间公平和空间经济的有机融合。

（1）加大争取中央转移支付力度。京津冀协同创新需要大量的资金投入，用于支持科研创新、人才培养、技术转移和产业升级等。然而，由于三地经济发展水平存在差异，财政能力也不尽相同，单纯依靠地方财政难以满足协同创新的资金需求。这就需要通过中央转移支付等财政手段，为京津冀协同创新提供更为稳定和可持续的资金支持。建议中央统筹考虑京津冀协同发展过程中产业转移和非首都功能疏解带来的基本公共服务支出增加情况，加大对河北省的一般性转移支付力度。作为国家重点战略项目之一，中央对于京津冀的政策与资金支持将会呈现长效性，合理、高效运用中央给予的纵向财政支持，是促进京津冀协同发展的必然选择。基于人本逻辑，运用因素法测算因承接北京产业转移和非首都功能疏解造成的公共服务成本增加额，建议中央在基于均衡性等一般性转移支付资金时将其作为一项特殊因素予以考虑，即对于因人口转移而增加的公共服务成本，中央应根据人口转移的数量核定标准给予转入地时限性资金支持，以进一步加大对承接地的一般性转移支付力度。同时，在教育、医疗卫生、社会保障、文化、公共安全等领域给予专项转移支付上的倾斜，增强承接地的公共服务财政投入和保障能力，提高承接地的基本公共服务水平，缩小京津冀区域的基本公共服务水平差距，促进京津冀区域经济社会和谐发展。

通过精准对接国家政策、强化区域协同申报以及完善资金使用监管机制等措施的实施，可以充分发挥中央转移支付在促进京津冀协同创新中的积极作用，为区域经济的创新发展和转型升级提供有力支持。一方面，精准对接国家政策：京津冀区域应密切关注国家政策导向，精准对接中央财政支持的重点领域和方向，积极申报符合政策要求的协同创新项目，争取更多的中央转移支付资金。另一方面，强化区域协同申报：京津冀三地应加强沟通协作，形成合力，共同申报区域性协同创新项目。通过整合三地优势资源，联合开展科研攻关和产业升级等活动，提升项目的整体竞争力和影响力，从而增加争取中央转移支付资金的成功率。此外，完善资金使用监管机制：在加大争取中央转移支付力度的同时，京津冀区域还应建立完善的资金使用监管机制，确保资金专款专用、合规高效。通过加强监管和绩效评估，及时发现和纠正资金使用过程中的问题，提高资金的使用效益和透明度。

（2）完善区域间横向转移支付制度。京津冀区域拥有丰富的创新资源和巨大的市场潜力，但长期以来，由于行政区划、经济发展水平和政策差异等因素，三地之间的协同创新并未得到充分释放。因此，推动京津冀协同创新成为提升区域整体创新能力和竞争力的关键。横向转移支付制度作为一种重要的财政工具，可以在京津冀协同创新中发挥积极作用。首先，通过横向转移支付，可以实现财力从经济发达地区向欠发达地区的转移，从而缩小地区间财政能力差距，为协同创新提供更为均衡的财力支持。其次，横向转移支付可以促进地区间公共服务水平的均等化，提升欠发达地区的基础设施和公共服务水平，为创新资源的流动和共享创造有利条件。最后，通过横向转移支付制度的建立和完善，可以加强京津冀三地政府之间的合作与协调，形成共同推动协同创新的合力。可以根据京津冀三地的经济发展水平、财政能力和公共服务需求等因素，制定差异化的横向转移支付标准，确保资金的合理分配和有效使用。如在完善河北省与天津市滦河横向生态补偿机制的基础上，进一步研究产业转移、功能疏解等方面横向转移支付机制；如京津在一定期限内通过横向转移支付方式对河北省由于承接京津功能疏解增加的公共服务成本予以合理补偿等，逐步建立京津冀区域协同治理模式下的良好横向转移支付制度。京津冀区域的基本公共服务的共建与共享可以依托相关各地区间的合作协议，对跨区域的公共服务成本和收益进行分担和分配。即对于互惠互利的公共服务项目，在成本分担方面，共建共享双方或多方可以按照投资额度与未来收益程度，依照相关行业标准协商确定，并通过签订相关协议，明晰成本分担的原则、方式以及金额；在收益分配方面，也可以通过协商、签订协议的方式给予确认。而对于单向流动的服务项目，可以由流入地给予流出地相应的利益补偿，其具体的补偿标准，可以根据有关行业的专业标准由双方协商核定。如2024年2月23日国务院通过《生态保护补偿条例》，指出生态保护补偿包括"财政纵向补偿、地区间横向补偿、市场机制补偿等机制"，对于地区间横向补偿也明确指出国家鼓励、指导、推动生态受益地区与生态保护地区人民政府通过协商等方式建立生态保护补偿机制，开展地区间横向生态保护补偿。横向补偿作为横向转移支付的一种形式，在区域协同发展的时代背景下，其适用范围将会逐步扩大。

（四）多层次创新地方政府绩效考评制度

随着中国经济步入新常态阶段，经济已由高速增长阶段转向高质量发展阶段。在这一转变中，政府正通过推进"新型城镇化"、加大社会服务投入及增强基础设施建设等措施，发挥其服务型政府的职能。这种转变旨在以经济增长的质量替代速度，推动社会向重视生产、生活和生态的长效发展模式转型，以区别于过去"以经济建设为中心"的模式。在服务型政府的绩效评价方面，我们正在改革过去唯GDP论的评价体系，逐步将社会服务、生态环境等因素纳入政府绩效考核范畴。这一改革旨在引导地方政府及其官员在关注经济发展的同时，也重视社会发展和公共服务的数量与质量，从而实现政府在经济与社会发展两方面的均衡职能。针对京津冀协同发展，《京津冀协同发展规划纲要》明确了该区域作为"世界级城市群""改革引领区""经济增长新引擎""环境改善示范区"的功能定位。在这一背景下，京津冀区域已成为紧密相依的利益共同体。为了促进该区域整体实力的快速提升和实现"全方位"协同发展，考虑到区域内经济与社会发展的较大差距，有必要推动京津冀各辖区政府绩效评价体系的大体统一。此外，应在基础政府绩效评价体系中增加针对京津冀政府服务项目和质量、区域整体发展水平、经济差距缩小程度以及公共服务水平差距缩小程度等方面的考核内容和指标。这将有助于督促各辖区通过地方财政合作，共同努力达到各项指标要求，从而顺利通过辖区政府的绩效考核，推动京津冀区域的全面协同发展。

在具体的政府考核指标选择过程中，需明确考核与评价的核心目的，即旨在督促政府职能的有效履行及保障政府政策的顺畅执行。因此，在筛选经济协同发展相关指标时，应秉持竞争与合作并重的原则，并深刻认识到政治晋升与推动本地经济发展之间的紧密联系。通过精心设计的指标，可以促进各辖区地方财政的协同合作，进而实现京津冀区域及各辖区的经济共同发展。同时，这些指标还应引导"政治晋升竞争"发挥其在激发地方政府经济发展方面的积极作用。在筛选促进社会协同发展相关指标时，可着重考虑跨界公共服务合作提供情况等指标。

此外，为全面评估京津冀的协同进程、范围及程度，可以引入第三方考评机制。这一机制将与中央对京津冀协同发展提供的支持资金相挂钩，确保其客观性和有效性。在进行绩效评估时，应特别关注各辖区之间的合作态度、范围、程度、形式及效果，并将这些因素纳入评价体系。同时，还应将京津冀经济"一体化"和社会公共服务"一体化"程度的评价结果作为重要的评价指标。通过对比第三方考评机制与各辖区政府的考评结果，可以进一步推动政府考核指标体系的客观性、科学性和完善性，从而更好地促进京津冀的协同发展。

二　制度外策略性互动机制设计[①]

在区域经济一体化的大背景下，产业链布局的经济协同创新是推动区域经济高质量发展的关键，地方财政策略性互动对于促进资源优化配置、提升整体竞争力具有重要意义。因此，设计制度外策略性互动机制，动态增强地方财政间合作关系，统筹区域产业链布局，具有重要意义。2014 年 8 月，国务院成立了京津冀协同发展小组。自成立以来，京津冀协同发展小组在推动京津冀区域经济发展方面取得了显著的成效，涵盖经济建设、城市规划、科技创新、环境保护等多个领域。该小

---

① 本部分发表于王晓洁、王丽《新时代背景下促进京津冀公共服务供给的财政政策研究》，《经济研究参考》2018 年第 37 期。

组在推进区域协同、政府间合作等方面扮演着重要角色,发挥着重要作用。

(一)动态增强地方财政合作关系,统筹区域产业链布局助力经济协同创新

统筹区域产业链布局助力经济协同创新,可以有效促进区域资源的优化配置和整体竞争力的提升。这不仅是区域经济一体化发展的必然要求,也是实现经济高质量发展的重要途径。故建议对京津冀区域内的地方财政合作与竞争行为进行严格的法律规制,以保障区域内政策的连贯性和减少政策的随意性。

京津冀区域的发展是一个整体性的进程,旨在实现三地的长期共赢。为了缩小京津冀三地之间的差距,形成紧密的产业链成为关键。这要求三地政府及其财政部门建立长期稳定的合作关系,共同规划京津冀区域的产业链布局。通过明确的分工与协同努力,共同推动京津冀区域经济的协同创新,实现更高质量的一体化发展。

在社会主义市场经济背景下,经济的持续繁荣与发展紧密依托产业的成长与壮大。产业的兴旺不仅需要具备吸引市场优质要素的潜力,更要有高效整合这些要素的能力。然而,市场要素的集聚并非仅靠财政投入就能实现的,其优化配置更多依赖市场化的高效运作。因此,如何引领并培育京津冀区域的协同创新功能,如何营造有利于创新要素集聚的"温床",以及如何激发这些要素的活力,使其"愿意来"并"留得住",成为政府与市场需共同面对的挑战。其中,政府主要扮演引导者的角色,为市场力量的发挥创造有利条件,而市场的决定性作用则贯穿整个过程。以2020年北京市发布的《关于建立更加有效的区域协调发展新机制的实施方案》为例,该方案提出到2035年京津冀世界级城市群架构基本形成的宏伟目标①。2024年《河北省人民政府 北京市人民政府关于印发〈北京市通州区与河北省三河、大厂、香河三县市一体化高质量发展示范区新增产业的禁止和限制目录〉的通知》,以更加精细化的管理促进京津冀的协调发展。因在京津冀区域内,构建现代产业

---

① 《北京出台实施方案 推动建立更加有效的区域协调发展新机制》,https://www.beijing.gov.cn/ywdt/gzdt/202010/t20201029_2123874.html。

体系、深化产业链配套以及明确各城市在产业链中的定位等问题，都需要进行精细化的布局与安排。例如，"核心研发"可能集中在北京市，而"成果转化"是在天津市还是河北省，以及在河北省的哪个地区进行，这些都是需要根据各地的资源禀赋、产业基础和比较优势来综合考量的。通过这样的布局，可以更有效地促进京津冀区域的协同创新和经济一体化发展。

1. 动态调整区域经济创新中的政府边界范围

随着京津冀区域协同创新的不断深入，各辖区间的财政合作制度框架也逐渐完善。在这一进程中，政府的行政干预应逐步减少，而市场在区域协同发展中的决定性作用应得到进一步强化，从而激发各辖区自发、主动地寻求合作。在新时代背景下，结合供给侧结构性改革和京津冀协同发展的要求，为了更有效地发挥政府的"有为"作用，我们需要对政府在协同创新中的责任内容和边界范围进行动态调整。虽然市场与政府都具有资源配置的功能，但在京津冀协同发展的实践中，我们应结合区域整体发展规划，针对性地解决因行政区划等因素导致的市场分割、要素流动不畅及扭曲等问题。具体而言，对于因产业转移而引发的人口流动等问题，各辖区可通过财政合作，如提供直接财政资金支持给承接地，以消除要素流动的障碍。而对于市场能够自行优化配置的资源和要素，政府则可通过地方税收优惠政策等手段改善市场环境，引导并尊重市场的选择和配置结果，从而推动京津冀市场实现"一体化"。这样的调整和优化，不仅有助于提升京津冀区域协同发展的效率和质量，还能更好地激发市场和社会的活力，实现政府、市场和社会的良性互动和共同发展。

2. 明晰各地区在区域产业链中的价值地位

在常规观念中，产业梯度差异常被视为产业转移的先决条件。然而，我们必须强调这种差异的"合理性"，因为合理的产业梯度才是产业转移真正的基础和必要条件。产业转移本质上是国家或地区间基于产业梯度进行的产业接力。但若产业梯度差异过大，或产业发展环境存在显著落差，便可能对产业转移构成阻碍。从经济和技术层面来看，京津冀三省市确实存在技术梯度差距，这进一步导致了产业梯度的差距。北京市在产业技术上领先于天津市和河北省，但京津冀的经济协同创新需求又迫使它们展开竞争性合作。面对较大的梯度差距,各方在关注内容和节点上难以达成一致,有价值的"沟通"和协作难以展开,可能导致差距进一步拉大。因此,京津冀各辖区需要依托自身的产业优势和地理优势,在京津冀整体产业链中找到合理、有效的定位。通过精准锁定功能定位,各辖区可以聚焦发展比较优势,充分体现各自的产业价值,并参与到价值产业链的构建过程中。只有这样,各辖区之间才能逐渐积累协作和交流的资本,最终形成利益共同体,共同推动京津冀区域的协同创新发展。

3. 加强地方政府间的财政合作

京津冀协同并非仅关乎北京非首都功能的疏解,也不单纯是天津产业结构的优化,更不是单指河北省经济的崛起。相反,它是一个区域内各辖区为实现共同目标而相互服务、共同发展的过程。在这个过程中,各辖区都承担相应的责任和义务。然而,由于北京市和天津市在经济和社会发展水平上显著高于河北省各辖区,因此在京津冀区域的财政合作中,可能会因行政、经济和社会地位的差异而在合作初期引发不平等关系,导致合作决策权的"垄断",进而使得京津冀地方财政合作目标与协同发展目标发生偏离。为了有效规避这类风险,京津冀区域内的各辖区应积极创造更多的沟通交流机会,秉持机会平等的原则,深化对京津冀协同重要性的认识。同时,在选择、设计和实现京津冀地方财政合作路径的过程中,应始终贯彻"协同共赢"的合作理念,确保各方利益的均衡和共同发展。这样的做法不仅能够促进京津冀区域内部的均衡发展,还能够增强各辖区之间的互信和合作意愿,为京津冀协同发展奠定更加坚实的基础。

(二)梯次推进地方财政竞合关系,推进公共服务均等化实现社会协同创新

京津冀三地经济发展水平、产业结构存在差异,因此,在财政投入和政策支持上需要有所侧重,形成梯次发展的格局。通过明确各地的功能定位和产业分工,制定差异化的财政政策,可以有效引导资源要素的合理流动和优化配置,促进区域内的产业协同和创新发展。公共服务是保障民生、促进社会公平的重要手段,也是吸引人才、激发创新活力的重要因素。京津冀区域在公共服务方面存在较大的差距,这在一定程度

上制约了区域内的协同创新。因此，需要通过财政手段加大对欠发达地区的公共服务投入，提升整个区域的公共服务水平，为协同创新创造更好的社会环境和条件。通过梯次推进地方财政竞合关系、推进公共服务均等化，构建促进京津冀协同创新的地方财政策略性互动机制。地方财政竞合关系应在有序竞争的基础上进行公平合作，避免无序竞争导致的资源浪费和效率低下，还应建立合理的利益分配机制，确保各方在合作中既能共享成果，也能共同承担风险。从而有助于优化区域内的资源配置、提升公共服务水平、激发创新活力，为京津冀区域的全面、协调、可持续发展提供有力支撑。

1. 区域财政逻辑匹配公共服务"双层"地位

党的二十大报告明确指出了促进区域协调发展的战略方向，并将推进京津冀协同发展视为其中的重要一环。报告着重强调，必须显著提升基本公共服务均等化水平，这不仅直接关乎民众的福祉，更是推动京津冀区域实现一体化和协同发展的关键所在。作为国家的重大战略，京津冀协同发展的核心目标之一便是补齐民生短板，确保公共服务的均等化。这一目标的实现对于促进区域内的均衡发展具有至关重要的意义。在此背景下，京津冀区域公共服务均等化的定位凸显出其重要性，它不仅构成了京津冀协同发展的核心组成部分，还为实现区域内要素的合理流动、资源的均衡配置、产业的合理分工以及协同创新提供了重要的保障和基础环境。具体而言，京津冀基本公共服务均等化的定位包含两个层面。首先，它本身就是京津冀协同发展不可或缺的重要目标。通过公共服务的协同，并以均等化的形式展现，能够更为直观地反映出协同发展的具体成果。其次，基本公共服务均等化是实现京津冀区域内各种要素高效流动、资源均衡分配、产业合理布局以及创新协同发展的先决条件。只有在公共服务实现均等化的基础上，才能为区域内的协同发展提供坚实有力的支撑。基于上述定位，应从公共服务权责的合理配置、公共服务政策的衔接整合、公共服务资源的统筹共享等多个层面入手，构建一套系统化的机制，以全面提升京津冀基本公共服务均等化水平。这套机制的构建将有助于有效解决当前京津冀协同发展中所面临的公共服务资源不均衡、供给主体参与度不足等问题和难点，从而推动京津冀协同发展迈向更高的质量水平。

综上所述，鉴于京津冀基本公共服务均等化水平在推动区域协同发展中的核心地位，应深刻认识到其重要性，并采取有效措施进行推进。考虑到京津冀区域紧密的经济社会联系和人脉文脉相通，本书提出实施部分"区域财政"管理的理念，旨在打破原有的行政区划和地理界限，根据现有财力水平和户籍制度，循序渐进地对京津冀区域内的基础设施和基本公共服务进行统一规划、配置和提供。通过这一理念的落实，以实现交通、通信和基本公共服务的本质一体化，进一步促进京津冀区域的全面、协调和可持续发展，为协同发展战略提供坚实的财政保障。

2. "阳光财政"耦合公共服务供给保障

"阳光财政"理念的实施，确保了财政信息的公开透明，这不仅增强了政府行为的公信力，也为社会资本参与公共服务建设与创新活动提供了清晰的指引。通过"阳光财政"，京津冀三地政府能够更为精准地把握区域内的财政需求与供给，实现财政资源的优化配置，进而为公共服务供给提供稳定的资金保障。公共服务供给的改善与提升，则是京津冀协同创新的重要基石。区域内公共服务的均等化、优质化，直接关乎民生福祉与创新环境的营造。在"阳光财政"的支持下，京津冀区域得以持续加大在公共服务领域的投入，优化服务资源配置，从而吸引并留住更多的人才与创新要素，为协同创新提供强大的智力支撑与物质基础。二者的耦合，不仅体现在财政资金的透明分配与公共服务供给的有效保障上，更在于它们共同营造了一个公平、高效、可持续的协同发展环境。在这一环境中，政府、企业、社会各方能够形成合力，共同推动京津冀区域的协同创新进程。

鉴于京津冀公共服务均等化所具有的特殊性，包括服务水平存在的较大差距、区域内复杂的行政区划管理特征，以及均等化进程对政府间行政协调和政策推动的高度依赖，我们必须创新公共服务提供机制，以确保其有效性和公平性。为实现这一目标，将竞争理念引入公共服务体系显得尤为重要。特别是针对京津冀区域内的"共同事务"和"跨区域公共产品"，不仅需要严格遵守"阳光财政"原则，通过预算公开等管理方式提升透明度，还应接受来自中央、京津冀三地政府、相关部门，以及广大民众和专家学者的全面监督。这种监督机制将有助于确保公共服务的有效提供，并提升其效率。同时，为了推动京津冀公共服务均等化的实现，地方财政在区域协同发展中的重要引导和促进作用不可忽视。在京津冀三地共同致力于实现公共服务均等化目标的过程中，融入竞争意识将成为提升服务质量与效率的关键所在。通过这种方式，可以更有效地推进京津冀公共服务均等化进程，进而为京津冀经济协同发展奠定坚实基础。

参考文献

一　中文文献

［法］埃里克·布鲁索、［法］让·米歇尔·格拉尚编：《契约经济学：理论和应用》，王秋石、李国民、李胜兰等译校，中国人民大学出版社2011年版。

［美］埃莉诺·奥斯特罗姆：《公共事物的治理之道：集体行动制度的演进》，余逊达、陈旭东译，上海译文出版社2012年版。

［以色列］埃尔赫南·赫尔普曼：《经济增长的秘密》，王世华、吴筱译，中国人民大学出版社2020年版。

［英］弗里德里希·冯·哈耶克：《哈耶克文选》，冯克利译，河南大学出版社2015年版。

［德］赫尔曼·哈肯：《大自然成功的奥秘：协同学》，凌复华译，上海译文出版社2018年版。

［美］赫伯特·金迪斯：《理性的边界：博弈论与各门行为科学的统一》，董志强译，格致出版社、上海三联书店、上海人民出版社2011年版。

［美］兰斯·E.戴维斯、［美］道格拉斯·C.诺思：《制度变迁与美国经济增长》，张志华译，格致出版社、上海人民出版社2018年版。

［英］马特·里德利：《美德的起源：人类本能与协作的进化》，吴礼敬译，机械工业出版社2015年版。

［美］曼瑟·奥尔森：《权力与繁荣》，苏长和、嵇飞译，上海人民出版社2005年版。

［美］米尔顿·弗里德曼、［美］罗斯·弗里德曼：《自由选择：个人声明》，胡骑、席学媛、安强译，商务印书馆1982年版。

［瑞典］索伦·霍姆伯格、［瑞典］博·罗斯坦主编：《好政府：政治科学的诠释》，包雅钧、梁宇、刘舒杨、孙响译，北京大学出版社2020年版。

［美］威廉·K.弗兰克纳：《善的求索：道德哲学导论》，黄伟合、包连宗、马莉译，辽宁人民出版社1987年版。

［美］沃尔特·艾萨德：《区位与空间经济》，杨开忠、沈体雁、方森、王滔等译，北京大学出版社2011年版。

［古希腊］亚里士多德：《政治学》，吴寿彭译，商务印书馆1965年版。

［英］亚当·斯密：《国民财富的性质和原因的研究》，郭大力、王亚南译，商务印书馆1972年版。

［法］朱·弗登博格、［法］让·梯若尔：《博弈论》，黄涛等译，中国人民大学出版社2015年版。

安虎森主编：《区域经济学通论》，经济科学出版社2004年版。

成刚：《数据包络分析方法与MaxDEA软件》，知识产权出版社2014年版。

范周主编：《雄安新区发展研究报告》（第五卷），知识产权出版社2018年版。

高轩：《当代中国政府组织协同问题研究》，上海三联书店2015年版。

洪银兴：《论创新驱动经济发展》，南京大学出版社2013年版。

户艳领等：《京津冀区域科技创新指数构建及协同度测度研究》，科学出版社2020年版。

李国平、陈红霞等：《协调发展与区域治理：京津冀地区的实践》，北京大学出版社2012年版。

李婷：《协同创新初论：打开创新黑箱的钥匙》，经济管理出版社2020年版。

李中：《制度创新与我国经济发展方式转变》，人民出版社2016年版。

连玉明：《城市的战略》，社会科学文献出版社 2021 年版。

联合国人居署编著：《参与式预算 72 问》，城市社区参与治理资源平台编译，中国社会出版社 2010 年版。

林毓铭：《社会保障与政府职能研究》，人民出版社 2008 年版。

刘尚希、李成威：《现代财政论纲》，经济科学出版社 2019 年版。

毛伟：《创新发展的理论与评价》，浙江工商大学出版社 2020 年版。

齐子翔：《京津冀协同发展机制设计》，社会科学文献出版社 2015 年版。

孙久文、叶裕民编著：《区域经济学教程》（第三版），中国人民大学出版社 2020 年版。

王国成：《行为—制度—增长：基于博弈模型的分析框架及应用》，中国社会科学出版社 2012 年版。

王丽：《促进京津冀区域协同发展的地方财政合作研究》，人民出版社 2018 年版。

王晓洁等：《促进京津冀协同发展的财税政策研究》，中国社会科学出版社 2019 年版。

韦文英：《区域价值》，知识产权出版社 2012 年版。

魏后凯：《区域经济理论与政策》（下卷），中国社会科学出版社 2016 年版。

杨开忠：《中国区域发展研究》，海洋出版社 1989 年版。

于维生、朴正爱编著：《博弈论及其在经济管理中的应用》，清华大学出版社 2005 年版。

俞可平主编：《治理与善治》，社会科学文献出版社 2000 年版。

赵红军：《中国经济奇迹：政府治理的作用》，北京大学出版社 2021 年版。

郑涌、郭灵康：《全面实施预算绩效管理：理论、制度、案例及经验》，中国财政经济出版社 2021 年版。

安体富、郭庆旺：《内生增长理论与财政政策》，《财贸经济》1998 年第 11 期。

白彦锋：《创新财税政策促进京津冀地区协同发展》，《中国经济时报》2014年4月16日。

陈诗波、王书华、冶小梅、唐文豪：《京津冀城市群科技协同创新研究》，《中国科技论坛》2015年第7期。

陈诗一、张军：《中国地方政府财政支出效率研究：1978—2005》，《中国社会科学》2008年第4期。

陈喜强、邓丽：《政府主导区域一体化战略带动了经济高质量发展吗？——基于产业结构优化视角的考察》，《江西财经大学学报》2019年第1期。

成为杰：《区域合作的系统耦合模型及现实分析》，《华北电力大学学报》（社会科学版）2011年第6期。

储德银、邵娇、迟淑娴：《财政体制失衡抑制了地方政府税收努力吗？》《经济研究》2019年第10期。

崔华泰：《我国土地财政的影响因素及其溢出效应研究》，《数量经济技术经济研究》2019年第8期。

崔民选、阎志：《基于供给侧结构性改革的京津冀空间发展战略研究》，《区域经济评论》2016年第5期。

崔树义、田杨、杨素雯：《积极应对人口老龄化，推动养老服务业发展——"老龄化背景下养老服务面临的挑战与对策"学术研讨会综述》，《中国人口科学》2018年第3期。

戴宏伟：《区域欲协调必先协作》，《中国社会科学报》2011年5月26日。

段铸、程颖慧：《京津冀协同发展视阈下横向财政转移支付制度构建》，《经营与管理》2014年第11期。

段铸、程颖慧、康绍大、王晓伟、钱宇：《基于生态补偿机制的京津冀财政合作研究》，《经营与管理》2016年第9期。

扶松茂：《参与式预算在中国推广的展望》，《民主与科学》2016年第1期。

高玉：《京津冀协同发展税收分享政策研究》，《首都经济贸易大学学报》2015年第6期。

顾亚明：《日本分级诊疗制度及其对我国的启示》，《卫生经济研究》2015 年第 3 期。

郭庆旺、贾俊雪：《地方政府行为、投资冲动与宏观经济稳定》，《管理世界》2006 年第 5 期。

郭园庚：《雄安新区与京津冀协同创新共同体建设的互联共生》，《河北学刊》2018 年第 4 期。

何颖、李思然：《新公共管理理论方法论评析》，《中国行政管理》2014 年第 11 期。

贾俊雪、张超、秦聪、冯静：《纵向财政失衡、政治晋升与土地财政》，《中国软科学》2016 年第 9 期。

蒋萍、王勇：《全口径中国文化产业投入产出效率研究——基于三阶段 DEA 模型和超效率 DEA 模型的分析》，《数量经济技术经济研究》2011 年第 12 期。

李郇、洪国志、黄亮雄：《中国土地财政增长之谜——分税制改革、土地财政增长的策略性》，《经济学（季刊）》2013 年第 4 期。

李亚玲、汪戎：《人力资本分布结构与区域经济差距——一项基于中国各地区人力资本基尼系数的实证研究》，《管理世界》2006 年第 12 期。

李永友、沈坤荣：《辖区间竞争、策略性财政政策与 FDI 增长绩效的区域特征》，《经济研究》2008 年第 5 期。

李永友、张帆：《垂直财政不平衡的形成机制与激励效应》，《管理世界》2019 年第 7 期。

李永友、张子楠：《转移支付提高了政府社会性公共品供给激励吗?》，《经济研究》2017 年第 1 期。

李忠强、黄治华、高宇宁：《人力资本、人力资本不平等与地区经济增长：一个实证研究》，《中国人口科学》2005 年第 S1 期。

厉以宁：《经济学的伦理问题——效率与公平》，《经济学动态》1996 年第 7 期。

连玉明：《试论京津冀协同发展的顶层设计》，《中国特色社会主义研究》2014 年第 4 期。

林毓铭：《社会保障预期与居民消费倾向分析》，《学术研究》2002 年第 12 期。

刘承礼：《省以下政府间事权和支出责任划分》，《财政研究》2016年第12期。

刘东生、马海龙：《京津冀区域产业协同发展路径研究》，《未来与发展》2012年第7期。

刘汉屏、刘锡田：《地方政府竞争：分权、公共物品与制度创新》，《改革》2003年第6期。

刘连环、高菲、温立洲、王丽：《我国政治生态文明与政府预算管理》，《经济研究参考》2017年第50期。

刘尚希：《关于空间财政的几点理论思考》，《财政科学》2022年第12期。

刘伟：《基于Bootstrap-Malmquist指数的高新技术产业技术创新效率分析》，《经济学动态》2013年第3期。

鲁继通：《京津冀区域协同创新能力测度与评价——基于复合系统协同度模型》，《科技管理研究》2015年第24期。

陆军：《论京津冀城市经济区域的空间扩散运动》，《经济地理》2002年第5期。

马斌、袁硕、申伟宁：《京津冀城市群财政均等化趋势及其空间分布》，《地方财政研究》2019年第6期。

马慧强、韩增林、江海旭：《我国基本公共服务空间差异格局与质量特征分析》，《经济地理》2011年第2期。

彭国华：《内生增长理论发展综述》，《经济前沿》2009年第Z1期。

皮建才、赵润之：《京津冀协同发展中的环境治理：单边治理与共同治理的比较》，《经济评论》2017年第5期。

沈坤荣、付文林：《税收竞争、地区博弈及其增长绩效》，《经济研究》2006年第6期。

孙静、马海涛、王红梅：《财政分权、政策协同与大气污染治理效率——基于京津冀及周边地区城市群面板数据分析》，《中国软科学》2019年第8期。

孙久文、邓慧慧、叶振宇：《京津冀区域经济一体化及其合作途径探讨》，《首都经济贸易大学学报》2008年第2期。

孙久文、原倩：《京津冀协同发展战略的比较和演进重点》，《经济社会体制比较》2014年第5期。

孙瑜康、李国平：《京津冀协同创新水平评价及提升对策研究》，《地理科学进展》2017年第1期。

谭崇台：《怎样认识发展经济学》，《经济学动态》2001年第11期。

田五星、王海凤：《大数据时代的公共部门绩效管理模式创新——基于KPI与OKR比较的启示与借鉴》，《经济体制改革》2017年第3期。

佟林杰：《京津冀区域科技创新协同机制构建研究》，《河北地质大学学报》2017年第4期。

王金秀：《"政府式"委托代理理论模型的构建》，《管理世界》2002年第1期。

王丽：《城镇化对城乡居民养老保险全覆盖的影响效应分析》，《河北学刊》2015年第2期。

王丽：《区域协同的财政路径选择——从财政竞争走向财政合作》，《学术论坛》2018年第3期。

王丽：《雄安新区建设中的政府责任与政府边界》，《甘肃社会科学》2019年第2期。

王丽、刘京焕：《区域协同发展中地方财政合作诉求的逻辑机理探究》，《学术论坛》2015年第2期。

王丽、王晓洁：《京津冀协同背景下公共医疗卫生支出绩效差异实证分析》，《中央财经大学学报》2015年第4期。

王晓洁、王丽：《财政分权、城镇化与城乡居民养老保险全覆盖——基于中国2009—2012年省级面板数据的分析》，《财贸经济》2015年第11期。

王志凯、史晋川：《行政区划调整与城市化经济空间——杭州、萧山地方政府博弈的实证》，《浙江大学学报》（人文社会科学版）2015年第3期。

魏后凯、吴利学：《中国地区工业竞争力评价》，《中国工业经济》2002年第11期。

吴俊培、王宝顺：《我国省际间税收竞争的实证研究》，《当代财经》2012 年第 4 期。

吴易风、朱勇：《内生增长理论的新发展》，《中国人民大学学报》2000 年第 5 期。

谢宝剑：《粤港澳大湾区高质量发展加速推进》，《光明日报》2023 年 7 月 18 日。

辛冲冲、徐婷、周菲：《被动之举还是主动为之——基于纵向财政不平衡与地区竞争对土地财政依赖影响的再解释》，《经济学家》2021 年第 4 期。

徐晨：《京津冀区域协同创新面临的挑战与对策》，《北京经济管理职业学院学报》2016 年第 1 期。

徐妍：《京津冀协同发展中的税收协调问题刍议》，《税务研究》2018 年第 8 期。

杨德勇、岳川、白柠瑞：《基于分形理论模型对京津冀地区农村金融差异的研究》，《中央财经大学学报》2016 年第 1 期。

杨龙、彭景阳：《我国区域政治发展研究：理论与问题》，《武汉大学学报》（社会科学版）2002 年第 5 期。

姚先国、谢晓波：《长三角经济一体化中的地方政府竞争行为分析》，《中共浙江省委党校学报》2004 年第 3 期。

叶林、吴木銮、高颖玲：《土地财政与城市扩张：实证证据及对策研究》，《经济社会体制比较》2016 年第 2 期。

叶堂林、祝尔娟：《京津冀快速崛起的合作方略》，《人民论坛》2014 年第 12 期。

俞国琴：《国内外产业转移理论回顾与评述》，《长江论坛》2007 年第 5 期。

张梁梁、杨俊、罗鉴益：《财政分权视角下地方政府科技支出的标尺竞争——基于 265 个地级市的实证研究》，《当代财经》2016 年第 4 期。

张牧扬：《治理雾霾还需加强地区间横向财政合作》，《第一财经日报》2014 年 2 月 13 日。

张鹏、李林欣、曾永泉：《基于 DEA-Malmquist 指数的粤港澳大湾区科技创新效率评价研究》，《工业技术经济》2021 年第 2 期。

张晏、夏纪军、张文瑾：《自上而下的标尺竞争与中国省级政府公共支出溢出效应差异》，《浙江社会科学》2010 年第 12 期。

张艺缤：《论公平的价值诉求》，《前沿》2011 年第 22 期。

赵玉：《对环京津贫困带的扶持补偿机制研究》，《经济问题探索》2008 年第 3 期。

郑尚植：《财政竞争与地方政府的公共支出结构——基于国内外文献的一个思考》，《云南财经大学学报》2011 年第 6 期。

钟晓敏：《市场化改革中的地方财政竞争》，《财经研究》2004 年第 1 期。

周华林、李雪松：《Tobit 模型估计方法与应用》，《经济学动态》2012 年第 5 期。

周黎安：《中国地方官员的晋升锦标赛模式研究》，《经济研究》2007 年第 7 期。

祝尔娟：《推进京津冀区域协同发展的思路与重点》，《经济与管理》2014 年第 3 期。

祝尔娟、何皛彦：《京津冀协同创新水平测度与提升路径研究》，《河北学刊》2020 年第 2 期。

祝尔娟、文魁：《推进京津冀区域协同发展的战略思考》，《前线》2015 年第 5 期。

邹蓉：《地方政府财政竞争与公共服务供给：1999—2011》，《湖南社会科学》2013 年第 3 期。

二 外文文献

Anselin L., "Thirty Years of Spatial Econometrics", *Regional Science*, Vol. 89, No. 1, 2010.

Barro R. J., "Goverment Spending in A Simple Model of Endogenous Growth." *Journal of Political Economy*, Vol. 98, No. 5, 1990。

Bel G. and Warnerb M. E., "Factors Explaining Inter-Municipal Cooperation in Service Delivery: A Meta-Regression Analysis", *Journal of Economic Policy Reform*, Vol. 19, No. 2, 2013.

Besley T. and Case A. , "Incumbent Behaviour: Vote Seeking, Tax Setting and Yardstick Competition", *American Economic Review*, Vol. 85, No. 1, 1995.

Breton A, *Competitive Governments: An Economic Theory of Politics and Public Finance*, Cambridge: Cambridge University Press, 1997.

Briffault R. , "The Local Government Boundary Problem in Metropolitan Areas", *Stanford Law Review*, Vol. 48, No. 5, 1996.

Brueckner J. K. and Saavedra L. A. , "Do Local Governments Engage in Strategic Property – Tax Competition?", *National Tax Journal*, Vol. 54, No. 2, 2000.

Burridge P. , "Testing For a Common Factor in a Spatial Autoregression Model", *Environment and Planning A*, Vol. 13, No. 7, 1981.

Crespo J. L. , Cabra J. , "The Institutional Dimension to Urban Governance and Territorial Management in the Lisbon Metropolitan Area", *Análise Social*, Vol. 45, No. 197, 2010.

Djankow S. , Glaeser E. L. , Porta R. L. , Lopez-de-Silanes F. and Shleifer A. , "The New Comparative Economics", *Jounal of Comparative Economics*, Vol. 31, No. 4, 2003.

Farrell M. J. , "The Measurement of Production Efficiency", *Journal of the Royal Statistical Society: Series A (General)*, Vol. 120, No. 3, 1957.

Krueger S. , Robert W. W. and Bernickz E. , "The Intergovernmental Context of Alternative Service Delivery Choices", *Journal of Federalism*, Vol. 41, No. 4, 2011.

Leibenstein H. , "Allovative Efficiency vs. 'X-efficiency' ", *American Economic Review*, Vol. 56, No. 3, 1966.

Oates W. E. , *Fiscal Federalism*, New York: Harcourt Brace Jovanovich, 1972.

Ostron E. , *Governing the Commons: The Evolution of Institutions for Collective Action*, Cambridge: Cambridge University Press, 1990.

Pantelis K. , "Strategic Fiscal Interaction Among OECD Countries", *Public Choice*, Vol. 147, No. 3, 2011.

Perrous F. , "Note on the Concept of Growth Pole", in Mckee D. , Dean R. and Leahy W. , eds. *Regienal Economics, Theory and Practice*, New York: The Free Press, 1970.

Salmon P. , "Decentralisation as an Incentive Scheme", *Oxford Review of Economic Policy*, Vol. 3, No. 2, 1987.

Teather R. , *The Benefits of Tax Competition*, IEA Hobart Paper, Available at SSRN, No. 153, 2005.

Tiebout C. M. , "A Pure Theory of Local Expenditures", *Journal of Political Economy*, Vol. 64, No. 5, 1956.

Wilson J. D. , "Capital Mobility and Environmental Standards: Is There a Theoretical Basis for the Race to the Bottom?", *Economic analysis*, Vol. 1, 1996.

Young H. P. , *Individual Strategy and Social Structure: An Evolutionary Theory of Institutions*, Princeton, NJ: Princeton University Press, 1998.

Zodrow G. R. and Mieszkowski P. , "Pigou, Tiebout, Property Taxation, and the Underprovision of Local Public Goods", *Journal of Urban Economics*, Vol. 19, 1986.